U0908780

“十三五”国家重点图书出版规划项目

北京市
社会建设

1978~2018

SOCIAL CONSTRUCTION OF BEIJING

连玉明 / 主编

社会科学文献出版社
SOCIAL SCIENCES ACADEMIC PRESS (CHINA)

北京市社会发展研究中心重点项目
北京国际城市发展研究院社会建设研究重点项目
北京国际城市文化交流基金会智库工程出版基金资助项目

编　委　会

出版者前言

习近平同志指出，改革开放是当代中国最鲜明的特色，是我们党在新的历史时期最鲜明的旗帜。改革开放是决定当代中国命运的关键抉择，是党和人民事业大踏步赶上时代的重要法宝。2018 年是中国改革开放 40 周年，社会各界都会举行一系列活动，隆重纪念改革开放的征程。对 40 年进行总结也是学术界和出版界面临的重要任务，可以反映 40 年来尤其是十八大以来中国改革开放和社会主义现代化建设的历史成就与发展经验，梳理和凝练中国经验与中国道路，面向全世界进行多角度、多介质的传播，讲述中国故事，提供中国方案。改革开放研究是新时代中国特色社会主义研究的重要组成部分，是应该长期坚持并具有长远意义的重大课题。

社会科学文献出版社成立于 1985 年，是直属于中国社会科学院的人文社会科学专业学术出版机构，依托于中国社会科学院和国内外人文社会科学界丰厚的学术和专家资源，坚持"创社科经典，出传世文献"的出版理念、"权威、前沿、原创"的产品定位以及出版成果专业化、数字化、国际化、市场化经营道路，为学术界、政策界和普通读者提供了大量优秀的出版物。社会科学文献出版社于 2008 年出版了改革开放研究丛书第一辑，内容涉及经济转型、政治治理、社会变迁、法治走向、教育发展、对外关系、西部减贫与可持续发展、民间组织、性与生殖健康九大方面，近百位学者参与，取得了很好的社会效益和经济效益。九种图书后来获得了国家社科基金中华学术外译项目资助和中共中央对外宣传办公室资助，由荷兰博睿出版社出版了英文版。图书的英文版已被哈佛大学、耶鲁大学、牛津大学、剑桥大学等世界著名大学收藏，进入了国外大学课堂，并得到诸多专家的积极评价。

从 2016 年底开始，社会科学文献出版社再次精心筹划改革开放研究丛书的出版。本次出版，以经济、政治、社会、文化、生态五大领域为抓手，以学科研究为基础，以中国社会科学院、北京大学、清华大学等高校科研机构的学者为支撑，以国际视野为导向，全面、系统、专题性展现改革开放 40 年来中国的发展变化、经验积累、政策变迁，并辅以多形式宣传、多介质传播和多语种呈现。现在展示在读者面前的是这套丛书的中文版，我们希望借着这种形式，向中国改革开放这一伟大的进程及其所开创的这一伟大时代致敬。

社会科学文献出版社

2018 年 2 月 10 日

主编简介

连玉明　著名城市专家，教授、工学博士，北京国际城市发展研究院院长，全国政协委员，北京市朝阳区政协副主席。兼任北京市人民政府专家咨询委员会委员，北京市社会科学界联合会副主席，北京市哲学社会科学京津冀协同发展研究基地首席专家，基于大数据的城市科学研究北京市重点实验室主任，北京市社会发展研究中心理事长。主持研究2008年北京奥运会重大项目，是北京奥运功能区发展规划首席规划师、北京奥运中心区环境建设总规划师和北京残奥会奥运医疗卫生保障工作顾问。是北京新机场临空经济区发展规划首席战略顾问。2013~2017年，在贵阳市挂职市长助理，兼任贵州大学贵阳创新驱动发展战略研究院院长、大数据战略重点实验室主任。

研究领域为城市学、决策学和社会学，近年来致力于大数据战略研究。著有《城市的觉醒》《首都战略定位》《重新认识世界城市》《块数据：大数据时代真正到来的标志》《块数据2.0：大数据时代的范式革命》《块数据3.0：秩序互联网与主权区块链》《块数据4.0：人工智能时代的激活数据学》《块数据5.0：数据社会学的理论和方法》等，2018年12月研究出版全球第一部《数权法1.0》专著。主编《大数据蓝皮书：中国大数据发展报告》《社会管理蓝皮书：中国社会管理创新报告》《街道蓝皮书：北京街道发展报告》《贵阳蓝皮书：贵阳城市创新发展报告》《临空经济蓝皮书：中国临空经济发展报告》等。主持编制了北京市西城区、朝阳区、门头沟区和贵州省贵阳市“十三五”社会治理专项规划。

内容提要

2018年是改革开放40周年，也是中国特色社会主义进入新时代的关键之年。北京作为全国首都，社会建设的历程是我国社会建设的缩影，随着社会建设重心从社会事业发展到保障和改善民生再到治理创新，北京的社会建设经历了拨乱反正时期的恢复建制、筹办亚运和奥运时期的探索发展和创新治理时期的快速发展三个重要阶段。

在新时代中国特色社会主义的背景下，北京市以党的十九大报告为重要指导，从建设国际一流的和谐宜居之都、落实“四个中心”城市战略定位、履行“四个服务”基本职责重点着手，结合《北京城市总体规划（2016年—2035年）》要求，不断提升城市社会建设水平。16个区则重点落实首都城市战略定位，有序推进社会建设，创新社会治理。

《北京市社会建设（1978~2018）》以北京市改革开放40年社会建设为研究主线，对北京市及16个区40年社会建设历程进行回顾，以社会建设重点事件为切入点对首都社会建设特点进行分析，结合党的十九大报告、《北京城市总体规划（2016年—2035年）》及区级社会建设相关规划，对新时代首都及16个区社会建设提出参考建议。

在此基础上，本书认为，北京市要按照党的十九大报告对社会建设提出的基本方向和明确要求，紧紧围绕建设好伟大社会主义祖国的首都、迈向中华民族伟大复兴的大国首都、国际一流的和谐宜居之都，立足首都城市战略定位，着眼于新的历史时期首都发展的新要求新期待，将社会建设摆在更加突出的地位，从加大社会建设投入、完善社会建设机制、突出民生重点、强调公平与正义等方面入手，加强社会治理创新，全面推进社会建设。

目录

导语

总论

首都功能核心区

中心城区

城市副中心

城市发展新区

CONTENTS

Preamble

Main Report

Core Districts of National Capital Functions

Central City Area

The Sub-center of the Capital

The Development of New Districts

The Eco-conserving Districts

导　语

社会治理体系和治理能力现代化的五大标志

2018年是改革开放40周年，也是中国特色社会主义进入新时代的开局之年。从改革开放40年的发展历程来看，社会建设的重心经历了从精神文明建设到社会事业发展再到保障和改善民生的转变，也实现了从政府管理到社会管理再到社会治理的转变。

党的十九大报告提出，中国特色社会主义进入新时代，我国社会主要矛盾已经转化为人民日益增长的美好生活需要和不平衡不充分的发展之间的矛盾。随着社会主要矛盾的转变，对于社会治理来说，亟须构建适应新时代发展需要的现代社会治理体系。同时，党的十九大报告对社会治理也提出了明确要求，即提高保障和改善民生水平，加强和创新社会治理，这与构建现代社会治理体系，推进社会治理体系和治理能力现代化的发展方向也基本一致。具体来看，构建现代社会治理体系，最重要的就是要结合党的十九大报告提出的要求，从构建共建共治共享的社会治理格局，推进社会治理社会化、法治化、智能化、专业化，树立安全发展理念，实现政府治理和社会调解、居民自治良性互动，促进社会治理与社会服务相辅相成等五个方面着手，加快推进社会治理体系和治理能力现代化。

一　共建共治共享的社会治理格局

随着经济社会的发展，我国在世界舞台上的影响力与日俱增。在这一背景下，其对中国的治理能力也提出了新要求。对外来看，中国作为发展大国，如何参与到全球治理中来成为当前的发展新命题。对内来看，中国特色社会主义进入新时代，伴随着新媒体的快速发展，社会治理的重点逐步转向提升政府公信力，获得百姓政治认可，这与提升治理能力和治理水平密切相关。因此，我国需要适应新时代发展需求，着力打造共建共治共享的社会治理格局。

共建即共同参与社会建设。社会建设涵盖了社会事业、社会福利、社会发展等诸多方面的内容。从社会事业来看，政府应充分发挥自身主导作用，加强对市场和社会的引导与合作，通过政策支持与引导，促进市场和社会等多元主体在社会事业中发挥主体作用。从社会福利来看，政府要完善多元主体参与机制，通过多元主体的有效参与，提升人民的获得感、幸福感和安全感。从社会发展来看，政府要充分认识社会组织的重要作用和社会地位，积极培育和引导社会组织发展，发挥其在推进国家治理体系和治理能力现代化中的重要作用。

共治即共同参与社会治理。参与社会治理既是人民群众的一项重要权利，也是现阶段社会发展对居民的内在需求。特别是进入中国特色社会主义新时代后，民主与法治建设对社会、居民参与社会治理提出了更多要求。因此，政府要从体制机制建设着手，为社会、居民共同参与社会治理提供必要的社会条件和社会环境。

共享即共同享有治理成果。党的十九大报告指出了我国社会主要矛盾的转变，共享则是要解决好这种不平衡不充分的发展问题，实现均衡发展和成果共享。这就需要政府以民生保障为导向，加强体制机制改革和制度保障，解决好当前的主要矛盾，真正实现成果共享。

二　社会治理社会化、法治化、智能化、专业化

2016 年 10 月 12 日，习近平总书记就加强和创新社会治理做出重要指示，明确提出要提高社会治理社会化、法治化、智能化、专业化水平。社会治理创新“四化”标准的提出，对于构建现代化社会治理体系，推进治理能力现代化具有重要的指导作用。

社会治理社会化，要重点推进社会治理的多元主体有序参与，政府与社会要加强合作、形成合力，加快形成社会协同治理局面。从政府的角度来看，要加强对社会参与的引导与支持，完善多元参与机制，利用信息技术拓宽参与渠道，促进社会治理的有序社会化。从社会的角度来看，要强化意识、加强规范，促进社会治理的多元化、有序化。一方面，要强化社会参与意识，充分发挥自身主体作用，尤其要重点发挥社会组织与公众在社会治理中的主体作用，推进社会治理的多元参与。另一方面，要通过行业规章、团体章程、乡规民约等社会规范，加强自我约束、自我管理，推进社会治理的有序参与。

社会治理法治化，要重点形成法治思维，从依法行政和法制宣传着手，全面推进依法治理进程。从政府治理主体来看，要以法治政府建设为导向，贯彻落实依法行政战略部署，不断强化治理主体的法治思维，提升治理主体的法治能力。从社会治理主体来看，政府要加强法制宣传与法治教育，促使法治观念深入人心，营造普遍知法、守法的法治氛围。

社会治理智能化，要重点依托大数据、云计算、人工智能等新兴科技，形成信息准确、及时、开放、联动、智能的社会治理体系。一方面，政府可以依托当前的大数据、云计算等技术，以社会主义核心价值观为导向，建立开放、准确、智能的征信体系。另一方面，政府可以依托现代科技，促进社会、地区、部门之间的数据联通与整合，形成数据共享、精准防控的社会治安防控体系。

社会治理专业化，要重点打造专业治理队伍，形成分类治理体系。首先，要明确分类治理的领域，根据不同领域特征选取不同治理模式，促进治理精细化。其次，要明确各类治理主体，明确主体资质与职能分工，提升治理主体的专业化能力。最后，要建立社会治理效果测评体系，通过效果测评不断完善治理机制、提升治理水平。

三　健全的公共安全体系，更高的公共安全水平

公共安全既与人民群众生命财产安全密切相关，也与我国的改革发展和

社会稳定密切相关。党的十九大报告明确提出，要树立安全发展理念，健全公共安全体系。这一要求既是新时代背景下对公共安全的总体要求，也是维护最广大人民根本利益的重要举措之一。

健全公共安全体系，要从人民群众最关心、反映最强烈的问题入手，以补短板、抓重点的方式，解决好社会问题和社会矛盾，不断提高公共安全水平。首先，要坚持系统治理、依法治理、综合治理、源头治理相结合，健全治安防控体系，优化公共安全环境。其次，要从农产品质量、食药安全等群众最关心的问题入手，完善监管体系，加强质量监管和安全监管，提升公众满意度和公共安全感。再次，要以防为主、防抗救相结合，将常态减灾和非常态救灾相统一，提升灾害防范能力。复次，要明确政府、企业、社会等多方职责，建立责任追究机制，拓宽居民参与公共安全治理的途径，形成共抓共管的公共安全机制。最后，要加强公共安全的教育和宣传，引导公众树立公共安全意识，为建立完善的公共安全体系营造良好的社会氛围。

四　政府治理和社会调解、居民自治良性互动

党的十九大报告明确提出，要实现政府治理和社会调节、居民自治良性互动。这既是对社会治理提出的新要求，也是衡量社会治理水平的重要标准。具体来看，应从提升政府治理能力、培育发展社会组织、增强社会调解功能、完善社区治理体系等四个方面着手，协调好政府、社会、居民三方关系，加快形成政府治理和社会调节、居民自治良性互动局面。

提升政府治理能力和水平。一方面，要对接社会治理“四化”要求，创新治理方式，完善治理机制，推进政府治理法治化、智能化、精细化。另一方面，要以打造共建共治共享治理格局为目标，发挥政府主体在社会治理中的主导作用，加强对社会、居民等多元力量的引导和支持，促进多元参与。

培育和发展社会组织。政府要加大对社会组织的培育力度，形成区域性社会组织孵化中心等机构，促进社会组织发展。同时，政府也要加强对社会

组织的引导，通过政府购买服务、政社合作等形式，充分发挥社会组织在社会治理中的重要作用。另外，政府在降低社会组织成立门槛的同时，也要加大对社会组织的监管力度，促进社会组织的健康发展。

增强社会自我调节功能。一方面，要引导社会成立相关的行业规范、社区公约等社会规范，引导公众加强自身道德规范，通过社会规范协调社会关系，促进社会和谐。另一方面，要通过社会心理服务体系建设，调解社会心态，减少社会矛盾，促进社会和谐稳定。

完善社区治理体系。社区作为基层治理的基本单元，政府要明晰权责，引导社区形成完善的自治体系。要以协商民主为重要形式，建立社区、社会组织、社会工作者三方联动的工作机制，形成社区、居民、社区组织、志愿者等多方力量共同参与的社区治理格局。同时，政府要加大对社区的人力物力支持力度，以人力支持促进社工队伍的职业化、专业化发展，以资金支持带动社区项目的有序开展、促进社区发展，为社区自治体系建设提供必要的保障。

五　社会治理与社会服务相辅相成

党的十九大报告明确指出，“提高保障和改善民生水平，加强和创新社会治理”。所以，创新社会治理的出发点和落脚点都应该是提高保障和改善民生水平，通过创新社会治理来保障最广大人民群众的根本利益，通过创新服务来解决好人民群众最关心的问题。从这一层面来说，社会治理与社会服务是相辅相成的。社会服务水平体现了社会治理水平，社会服务创新也是社会治理创新的重要途径。因此，要寓服务于治理之中，以服务创新不断促进社会治理创新。

首先，树立“公民本位”观念，推进服务型政府建设。要以保障最广大人民群众的根本利益为首要原则，以公众意愿为导向，以公众满意度为标准，创新公共服务与社会服务，以提升服务水平来提升治理能力。

其次，从服务不充分不均衡着手，创新公共服务和社会服务。一方面，要跟随社会发展步伐，重点从教育、文化、卫生、养老等与民生密切相关的服务领域着手，增加服务内容，满足公众日益多元化、个性化的服务需求，解决好服务不充分的问题。另一方面，要从区域发展不均衡着手，促进区域之间、城乡之间公共服务与社会服务的均衡发展，解决好服务不均衡的问题。

再次，以多元参与为重点，创新社会治理与社会服务机制。充分发挥政府、社会、市场等多元主体的特征优势，促进政府与社会、市场的合作，形成更高效的社会治理与社会服务机制。同时，政府要加强对社会的引导，促进其形成自我服务、自我管理的运行机制，降低政府参与治理的成本。另外，政府要为社会、市场、公众参与社会治理和社会服务提供必要的制度环境，加快形成多元主体积极参与的良好社会氛围。

最后，要以社会主义核心价值观和法治思想为引领，引导社会、公众的服务需求趋于合理化、合法化。随着经济社会的发展，社会、公众的需求逐渐多元化、复杂化，如何引导其服务需求合理化、合法化发展成为当前社会治理的重要命题。一方面，要重点以社会主义核心价值观为引领，加强宣传、教育与引导，促进社会、公众服务需求与社会主义核心价值体系相符，与社会治理的发展方向一致。另一方面，要重点以法治思想为引领，加强宣传、教育与引导，促进社会、公众服务需求与现有的法律体系相符，全面推进依法治国进程。

总　论

第一章　改革开放以来北京市社会建设回顾与展望

改革开放以来，北京市社会建设随着经济建设的不断推进得到了极大发展。北京的社会建设历程，整体上经历了恢复建制、探索发展和快速推进三个时期，各个方面均取得了巨大成效。特别是近年来，北京市建立了社会建设的专门机构，社会事业不断进步，人民生活水平显著提高，基本形成了现代社会的治理结构。下一步，北京要按照党的十九大报告与《北京城市总体规划（2016年—2035年）》提出的要求，以建设国际一流的和谐宜居之都的标准，将社会建设摆在更加突出的地位，从加大社会建设投入、完善社会建设机制、突出民生重点、强调公平与正义等方面入手，加强社会治理创新，全面推进社会建设。

一　中国特色社会主义的社会建设基本历程

中国特色社会主义的社会建设经历了一个长期而复杂的历史过程，起始于新民主主义革命时期，发展于改革开放之后。特别是党的十八大以来，以习近平为核心的第五代领导集体带领我国进入了中国特色社会主义的新时代，我国社会建设进入了全面发展与创新的新阶段。总体来说，改革开放以来中国特色社会主义的社会建设历程主要经历了以下三个阶段（见图1）。

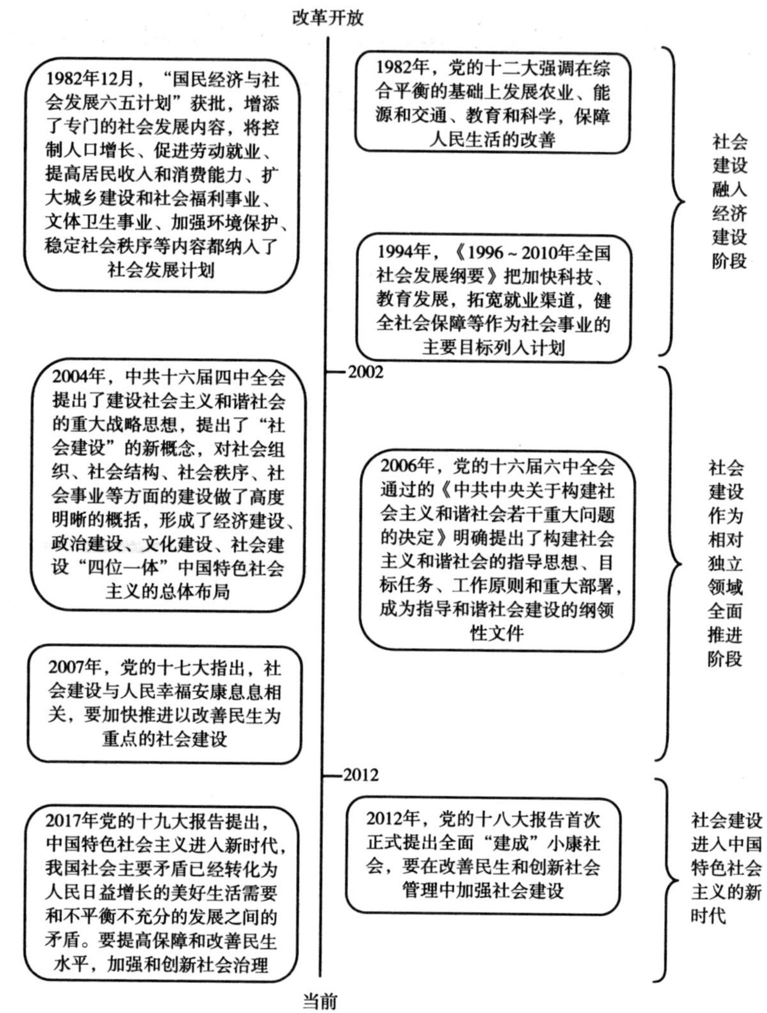

图1 改革开放以来社会建设领域重大事件一览

资料来源：根据人民网、新华网等网络资料整理。

（一）社会建设融入经济建设阶段（1978~2001年）

1978 年至 2001 年，我国进入了以经济建设为中心的快速发展时期。在此阶段，社会建设主要以与经济建设相融合的方式得到初步发展，发展速度较慢。

在以邓小平同志为核心的第二代领导集体时期，与精神文明建设、民生保障相关的社会建设领域得到初步发展。在此时期，中央先后提出“一手抓物质文明，一手抓精神文明”“计划生育”基本国策，并在 1982 年发布的“六五计划”中增添了专门的社会发展内容。

在以江泽民同志为核心的第三代领导集体时期，社会建设内容逐步丰富，得到了进一步发展。在此时期，中央提出了新社会阶层、可持续发展等相关概念，科教发展、社会保障等成为社会发展的重要内容与目标，社会建设得到快速发展。

（二）社会建设作为相对独立领域全面推进阶段（2002~2011年）

在以胡锦涛同志为核心的第四代领导集体时期，我国的经济社会发展进入了新阶段，社会问题逐渐显现，社会建设进一步受到重视，成为中国特色社会主义总体布局的重要内容，社会建设实现了全面、快速发展。

一方面，社会建设作为独立领域，与经济建设、政治建设、文化建设一起，构成了中国特色社会主义总体布局。“社会建设”概念于 2004 年被正式提出，并明确了社会组织、社会结构、社会事业等一系列社会建设领域相关概念。2006 年，《中共中央关于构建社会主义和谐社会若干重大问题的决定》发布，成为指导和谐社会建设的纲领性文件。党的十七大明确提出，要加快推进以改善民生为重点的社会建设。

另一方面，社会建设保障体系逐步完善。在此时期，建立了城市最低生活保障制度、医疗救助制度、新型农村合作医疗制度和养老保险制度、居民廉租房制度等，并为解决农民工的子女教育、社会保险等重点问题提供保障。同时，出台了《劳动合同法》《劳动争议调解仲裁法》《就业促进法》《社会保险法》等保障性法律，进一步保护劳动者权益。

（三）社会建设进入中国特色社会主义的新时代（2012年至今）

2012 年以来，我国在以习近平同志为核心的中央领导下，进入了中国特色社会主义的新时代，社会建设成果显著，社会主要矛盾发生转变，社会建设的重点逐步转向保障和改善民生。

一方面，以民生保障为重点的社会建设成效显著。2012 年党的十八大报告首次正式提出全面“建成”小康社会。从“建设”到“建成”说明小康社会基本建设已经取得了较大成效。2017 年党的十九大报告提出，中国特色社会主义进入新时代，我国社会主要矛盾已经转化为人民日益增长的美好生活需要和不平衡不充分的发展之间的矛盾。

另一方面，我国社会建设已经进入中国特色社会主义的新时代，社会建设的重点也将有所转变。党的十八大报告提出要在改善民生和创新社会管理中加强社会建设，并就此提出了一系列具体的目标措施。党的十九大再一次强调要提高保障和改善民生水平，加强和创新社会治理。相关数据显示，我国的民生投入不断加大，养老、低保、教育、医疗等社会建设领域制度不断完善，说明我国民生保障领域的发展迅速。

二　改革开放以来北京市社会建设历程与成就

改革开放在推进北京经济建设的同时，也极大地推进了北京的社会建设。北京的社会建设从恢复建制，到筹办亚运会、奥运会，再到创新治理，经历了拨乱反正、探索发展和快速发展三个时期，各个方面均取得了巨大成效，形成了现代社会结构，建立了社会建设的专门机构，社会事业不断进步，人民生活水平显著提高。

（一）改革开放以来北京市社会建设历程

北京社会建设的历程与重大标志性事件的发生密切相关。改革开放以来的拨乱反正时期，北京进入恢复建设和建立体制机制的重要时期。亚运会和奥运会的举办，则对北京的社会建设提出了更高要求，极大地推进了北京社会建设与世界城市建设的接轨。党的十七大以来，随着我国社会建设重心的进一步明确，北京进入了社会治理全面创新时期，以民生为重点的社会建设快速发展。

1. 拨乱反正时期（1978~1989年）：恢复建制，筹办亚运会

十一届三中全会以后至 1989 年，全国进入了拨乱反正时期。北京作为全国的政治中心，进入了拨乱反正与恢复建设的重要时期。1982 年，北京市委、市政府制定《北京城市建设总体规划方案》，1983 年 7 月，中共中央、国务院对《北京城市建设总体规划方案》进行批复，明确了北京作为全国政治中心和文化中心的城市性质，北京城市建设有序推进，经济、社会、文化等各个领域的体制机制逐渐恢复，制度逐步建立。

对于北京来说，1986 年至 1989 年也是筹备第十一届亚运会的重要时期。从 1986 年第十一届亚运会工程总指挥部成立到 1990 年亚运会举办之前，北京进入了筹备第十一届亚运会的备战状态，社会建设、环境建设、安全稳定工作都进入第一次重点发展时期。

2. 探索发展时期（1990~2006年）：探索实践，筹办奥运会

从 1990 年举办第十一届亚运会至 2006 年，是北京市立足亚运会基础，筹办 2008 年奥运会的重要时期。1993 年国务院批准了《北京城市总体规划（1991 年—2010 年）》，2005 年国务院通过了《北京城市总体规划（2004 年—2020 年）》，两个总体规划的制定为这一时期北京市的城市建设、社会建设提供了基本指引。北京市以两个总体规划为引领，以亚运会建设为基础，以奥运会建设为目标，对标国际标准，加快社会领域基础建设，教文卫体等方面工作稳步推进，特别是以奥运文化为重要内容推进精神文明建设，社会工作和社区建设在初步探索中得到有力发展。

3. 快速发展时期（2007年至今）：注重民生，创新治理

从党的十七大到党的十九大，中央对社会建设的重点逐次予以强调，明确了我国现阶段社会建设的基本方向。为贯彻落实中央要求，2007 年北京市成立了中共北京市委社会工作委员会、北京市社会建设工作办公室，统筹指导、推进全市社会建设工作。2011 年，北京市委审议通过了《中共北京市

委关于加强和创新社会管理全面推进社会建设的意见》，提出了创新社会管理、推进社会建设的明确要求。2017年9月，《北京城市总体规划（2016年—2035年）》正式发布，明确了北京城市发展的基本方向。这一阶段，北京市以奥运会建设为基础，从社会管理向社会治理转型，不断推进社会领域创新，社会工作、社区工作、社会组织建设、社会领域党建等各个方面工作不断创新，体制机制进一步完善，社会建设取得了重要成果。

（二）改革开放以来北京市社会建设成就

改革开放以来，党和国家的重心从“以阶级斗争为纲”转移到“以经济建设为中心”，在经济建设方面也从计划经济体制转变为社会主义市场经济体制。与建立社会主义市场经济体制的探索过程同步，这一时期北京的社会建设也以市场化变革为核心内容，在社会结构、社会体制和社会事业方面进行了调整和改革，社会建设取得了重大进展。

1. 现代社会结构基本形成

通过国家的政策性干预和经济发展引发的社会变迁，北京逐步实现由传统社会结构向现代社会结构的转型（见表1）。从人口年龄结构来看，北京市已经进入老龄化社会，同时劳动年龄人口比例提高；人口素质结构得到较大改善，根据第六次人口普查数据，2010年北京市文盲率约为1.7%，每十万人中受高等教育人口达到31499人，居于全国领先地位。从家庭结构来看，家庭规模日益缩小，核心家庭成为主导型的家庭模式。就业结构方面，北京的三次产业就业结构从1978年的28.4 ∶ 40.1 ∶ 31.6调整为2015年的4.2 ∶ 17.0 ∶ 78.8，形成日益巩固的“三、二、一”现代就业结构。从城乡结构来看，尽管城乡二元结构依然存在，但是计划经济时代尖锐的城乡对立结构逐步弱化，城乡一体化进程进一步加快；而城乡收入差距却有继续扩大的趋势。社会阶层结构发生了根本变迁，传统社会阶层逐步分化，新的社会阶层出现，中间阶层不断壮大，橄榄形的现代社会阶层结构已经形成（见表2）；公平、开放、后至性为主的现代社会流动机制也逐步建立。作为历史演进结果，北京现代社会结构的形成是经济社会发展的产物；同时，作为社会稳定的结构性力量，现代社会结构为北京的经济发展和社会建设奠定了坚实基础。

表 1　改革开放以来北京社会结构指标比较

指标 \ 年份	1978	1992	2006	2015
常住人口（万人）	871.5①	1102.0	1581.0	2170.5
65 岁及以上人口比重（%）	5.5②	8.0	11.2	10.2
三次产业就业结构比例	28.4 ∶ 40.1 ∶ 31.6	13.0 ∶ 43.3 ∶ 43.7	6.6 ∶ 24.5 ∶ 68.9	4.2 ∶ 17.0 ∶ 78.8
城乡人口比例	55.0 ∶ 45.0	74.3 ∶ 25.7	84.3 ∶ 15.7	86.5 ∶ 13.5

注：①为户籍人口数据；②为 1979 年数据。

资料来源：北京市统计局，《北京统计年鉴 2016》，2016。

表 2　改革开放以来北京社会阶层结构变化

单位：%

指标 \ 年份	1982	1990	2000	2010
国家与社会管理者阶层	4.0	6.7	5.7	3.0
专业技术人员阶层	13.6	16.8	17.3	20.4
办事人员阶层	4.5	6.1	10.8	15.5
商业服务业人员阶层	11.1	14.8	24.0	33.8
产业工人阶层	41.8	37.6	29.3	21.5
农业劳动者阶层	24.8	18.0	12.9	5.8
其他从业人员	0.3	0.0	0.0	0.0

资料来源：李晓壮，《北京社会阶层结构的变迁及优化》，《北京社会科学》2016 年第 3 期。

2. 社会体制机制不断完善

北京在改进社会管理体制、协调社会利益关系、完善社会运行机制方面进行了不懈努力。主要通过历次政府机构改革，实现国家、市场、社会关系的良性调整，确立了政府向社会释放部分权能的改革取向，建立了以社区为基础、社会组织为载体、社会工作队伍为保障的社会公共治理体制。积极探索社会建设的组织领导体系，率先在全国组建了负责社会建设协调和整体规划工作的专门机构。城市基层社会管理体制方面，计划经济体制下的“单位制”逐步解体，对基层政权性质的街居制进行了改革，在新的经济社会条件下探索了以城市社区建设为基础的基层社会管理模式。鼓励和支持各类民间社会组织的发展，更加注重发挥社会组织在社会建设中的作用。加强社会工作建设，努力培育和壮大社会工作者队伍。努力探索人事制度改革，加强人力资源管理，全面推进人才发展战略，为社会建设提供强大的智力支撑和制度保障。加强社会保障机制建设，实现从传统保障体制向现代社会保障体制的转变，城镇社会保险、社会救助和社会福利体系逐步完善，新型农村社会保障制度改革取得重大进展，初步形成了覆盖城乡居民的社会保障制度框架。

3. 社会事业建设成就斐然

北京的社会事业建设投入大幅度增加，2015 年一般预算地方财政支出中用于科学、教育、文化、卫生等社会事业的支出达 5737.7 亿元，占总额的 71.0%。科技事业取得长足进步，2015 年北京的中央和地方科研机构共 2658 个，从事科技活动的人员达 35.1 万人，申请专利 15.6 万件。教育事业名列全国前茅，2015 年北京共有各类学校 3454 所，在校学生 373.4 万人，专任教师 22.6 万人，成为全国教育最发达的地区；高等教育更是领先于全国，1978 年北京全市高校仅有 35 所，在校学生 4.9 万人，专任教师 2.1 万人，2015 年北京普通高等学校达 175 所，在校学生 59.3 万人，专任教师 6.9 万人（见表 3）。北京的文化事业始终保持在全国领先地位，传统历史文化受到保护，现代公共文化设施先进，文艺演出事业繁荣，大众传媒等文化产业发达。卫生事业不断改革发展，多项指标位居全国前列，接近发达国家水平，公共卫生、社区卫生服务体系基本建立，医药卫生体制改革逐步深入。体育事业进一步繁荣，公共体育设施建设发展迅速，群众体育获得较快发展，竞技体育实现新飞跃，尤其是成功举办 2008 年奥运会以后。环保事业建设全面展开，实施可持续发展战略，建设资源节约型、环境友好型社会，环保投资总量居于全国先进水平，环境综合防治取得成效，经济增长和消费方式逐步调整，民间环保组织日渐活跃，公众环保意识明显增强。

表 3 改革开放以来北京社会事业建设情况比较

指标 \ 年份	1978	1992	2006	2015
科研机构数（个）	—	416	265	2658
科研机构科技经费支出（亿元）	—	53.5	144.8	1031.8
专利申请受理量（件）	—	6316	26555	156312
各类学校数（高校数）（所）	10934（35）	8052（67）	3751（82）	3454（175）
在校学生数（高校在校学生数）（万人）	233.8（4.9）	219.4（14.0）	291.0（55.5）	373.4（59.3）
专任教师数（高校专任教师数）（万人）	12.6（2.1）	15.0（3.5）	19.1（6.5）	22.6（6.9）
公共图书馆个数（个）	18	23	25	25
艺术馆、文化馆个数（个）	19	23	21	20
医疗机构数（医院、卫生院数）（个）	3263（389）	4868（345）	4878（541）	10425（701）
每千人拥有医师数（人）	3.4	5.1	4.4	7.2
每千人拥有医院床位数（张）	3.1	5.73	6.8	7.8
体育场馆数（个）	165	780	6122	20075

资料来源：北京市统计局，《北京统计年鉴 2016》，2016。

4. 人民生活水平显著提高

经过近 40 年的经济社会发展，北京的人民生活水平得到显著提高。城乡居民收入大幅度提高，2015 年北京城市居民人均可支配收入达 52859.0 元，农村居民人均纯收入 20569.0 元，按可比价格计算，分别是 1978 年（365.4 元）和（224.8 元）的 144.7 倍和 91.5 倍（见表 4）。居民消费水平和结构发生巨大变化，2015 年城乡居民人均消费支出分别为 36642 元和 15811 元；2015 年城乡居民家庭恩格尔系数分别为 22.1% 和 27.7%，分别比 1978 年下降 36.6 个和 35.5 个百分点。城镇居民就业得到充分保障，2015 年全市城镇登记失业率为 1.39%。居民居住状况有了较大改善，城乡居民人均住宅使用面积分别达到 33.2 平方米和 43.0 平方米。城市公共交通建设发展迅速，2015 年公共交通运营线路长达 2.1 万公里，轨道交通长达 554 公里。社会治安状况总体良好，社会秩序基本稳定，综合治理成效显著，首都社会保持了长期稳态运行。

表 4 改革开放以来北京人民生活情况比较

指标 \ 年份	1978	1992	2006	2015
城市居民人均可支配收入（元）	365.4	2363.7	19978.0	52859.0
城市居民家庭恩格尔系数（%）	58.7	52.8	30.8	22.1
农村居民人均纯收入（元）	224.8	1568.8	8620.0	20569.0
农村居民家庭恩格尔系数（%）	63.2	48.7	32.0	27.7
城市居民人均居住面积（平方米）	4.6	8.3	20.0	33.2
道路总里程（公里）	2078	3189	25377	29069
公交运营线路（条）	119	262	624	894

资料来源：北京市统计局，《北京统计年鉴 2016》，2016。

三 从重点事件看改革开放以来北京市社会建设的特点

改革开放以来，北京市发生了一系列重大事件，如出台城市总规（见图 2），举办亚运会和奥运会，“非典”和禽流感事件等。一系列重点事件的发生既反映了首都社会建设从无到有再到有特色的发展历程，也极大地推动了社会建设机制的完善，促进北京社会建设适应国际一流的和谐宜居之都要求。

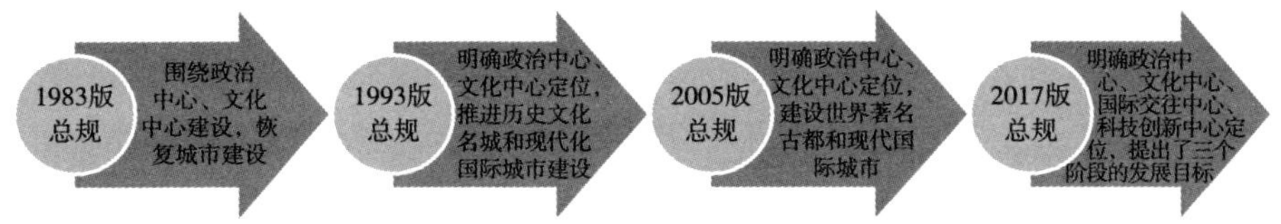

图 2 改革开放以来北京市四版城市总规演变

资料来源：根据 1983 年、1993 年、2005 年、2017 年四版城市总规整理。

（一）城市总体规划的演变反映了首都社会建设从无到有再到有特色的过程

社会建设与城市发展阶段密切相关，城市总体规划则是城市发展阶段特征的重要体现。改革开放以来，北京市先后出台了四版城市总体规划，四版城市总规反映了所处阶段的建设重点，也体现了北京社会建设从无到有再到有特色的过程。

1. 1983年城市总规重点在恢复建设

1983 年 7 月，中共中央、国务院对《北京城市建设总体规划方案》进行批复：北京的城市性质是全国的政治中心和文化中心，北京的城乡建设和各项事业的发展都必须服从和充分体现这一城市性质的要求；到 2000 年北京市人口规模要控制在 1000 万人左右；大力加强城市基础设施的建设，继续兴建住宅和文化、生活服务设施；搞好郊县的村镇建设；大力加强城市的环境建设；积极改革城市建设的管理体制，解决条块分割、分散建设、计划同规划脱节等问题；安排好城市建设资金；切实加强对首都规划建设的领导。1983 版总规是改革开放后北京市的第一版城市总体规划，也是北京城市建设在经历拨乱反正后的第一个纲领性文件，有力地推动了北京市经济、文化、基建、村镇、环境、管理等方面城市建设的恢复。

2. 1993年城市总规重点在两个中心建设

1993 年 10 月 6 日，国务院正式批准了修订后的《北京城市总体规划（1991 年—2010 年）》，并做了重要批复，明确指出北京的城市性质是全国的政治中心、文化中心，要将北京建设成经济繁荣、社会安定且各项公共服务设施、基础设施及生态环境达到世界第一流水平的历史文化名城和现代化国际城市；积极调整产业结构和用地布局，促进高新技术和第三产业的发展，努力实现经济效益、社会效益和环境效益的统一；严格控制人口和用地发展规模；进一步完善和优化城镇体系的布局，实行城乡统一的规划管理；切实保护和改善首都地区的生态环境；保护古都风貌；加快城市基础设施现代化建设步伐。此后，北京市重点围绕两个中心建设，从政治服务、文化发展两个方面重点着手，加快推进经济与社会、环境的协调发展。

3. 2005年城市总规重点在可持续发展

2005 年 1 月 12 日，《北京城市总体规划（2004 年—2020 年）》正式通过。《规划》明确指出，北京是全国的政治中心、文化中心，是世界著名古都和现代国际城市。《规划》以可持续发展为目标，针对经济发展、社会发展、区域协调发展、生态环境发展、城市空间发展等方面提出了总体策略，为后期城市规划的修订奠定了重要基础。具体来看，《规划》明确了与可持续发展相关的以下内容：形成中心城—新城—镇的市域城镇体系；2020 年北京市实际居住人口控制在 1800 万人左右，城镇建设用地规模控制在 1650 平方公里以内；促进经济和社会协调发展；建设节约型社会；处理好区域协调发展的关系；坚持以人为本，建设宜居城市；加强污染防治和环境保护工作；加快基础设施和防灾减灾体系建设；做好北京历史文化名城保护工作。

4. 2017年城市总规重点在与“两个一百年”奋斗目标衔接

2017 年 9 月 29 日，《北京城市总体规划（2016 年—2035 年）》正式发布。《规划》对接“两个一百年”[①] 奋斗目标，结合“四个中心”[②] 城市战略定位

① “两个一百年”：第一个一百年，是到中国共产党成立 100 年时（2021 年）全面建成小康社会；第二个一百年，是到新中国成立 100 年时（2049 年）建成富强、民主、文明、和谐的社会主义现代化国家。

② 四个中心：政治中心、文化中心、国际交往中心、科技创新中心。

和“四个服务”[①]基本职责，明确了近期（2020年）、中期（2035年）、远期（2050年）三个阶段的发展目标。《规划》提出了新的城市空间结构，即“一核一主一副、两轴多点一区”[②]，就疏解非首都功能、城市可持续发展、历史文化名城保护、提高城市治理水平、城乡发展一体化、京津冀协同发展等方面提出了明确要求，并针对发展目标提出的建设国际一流的和谐宜居之都制定了评价指标体系。

（二）重大赛事的举办推进了北京市社会建设与世界接轨的进程

亚运会与奥运会的举办对北京的影响极其深远，既为北京与世界交流打开了一个窗口，也为北京站上世界舞台提供了重要平台和契机。无论是政治、经济方面，还是社会、文化方面，重大赛事的举办都促进了北京与世界的交融，对于北京打造“四个中心”具有极其重要的意义。

1. 1990年亚运会的举办让北京走向世界迈出了坚实的一步

1990年9月22日，第十一届亚洲运动会在北京工人体育场开幕，36个国家和地区的体育代表团的5200名运动员参加了27个比赛项目和2个表演项目的角逐。亚运会是亚洲体坛规模最大、水平最高、影响最广的综合性赛事。举办亚运会，说明中国国际影响力日渐扩大，体现了亚洲各国对中国和北京的信任与支持，更显示了中国和北京对亚洲体坛的奉献与责任，这也是北京进一步打造国际化都市和走向世界的契机。

首先，举办亚运会有利于提升北京的国际知名度和影响力。亚运会首次在北京举行，向全亚洲乃至全世界展示了北京改革开放、日新月异的风采，

① “四个服务”：为中央党政军领导机关服务，为日益扩大的国际交往服务，为国家教育、科技、文化和卫生事业的发展服务，为市民的工作和生活服务。

② “一核一主一副、两轴多点一区”：“一核”即首都功能核心区，包括东城区和西城区；“一主”即中心城区，包括东城区、西城区、朝阳区、海淀区、丰台区、石景山区；“一副”即北京城市副中心，原通州新城规划建设区；“两轴”即中轴线及其延长线、长安街及其延长线；“多点”即5个位于平原地区的新城，包括顺义区、大兴区、亦庄区、昌平区、房山区新城；“一区”即生态涵养区，包括门头沟区、平谷区、怀柔区、密云区、延庆区，以及昌平区和房山区的山区。

以及中华民族的优秀文化。而新闻联播对亚运会的反复报道也是对北京的反复宣传，极大地提高了北京的综合竞争力、国际知名度与影响力，让亚洲和世界各国进一步认识北京、记住北京，加快了北京现代化国际大都市建设进程。

其次，亚运会的举办极大地促进了北京的经济建设与发展。亚运会期间，北京迎接了一大批来自世界和全国各地的观众与游客，这为北京旅游业及其他关联产业带来了巨大的经济收益。而亚运会的举办还促进了北京地区就业水平的提高，直接或间接地增加了许多工作岗位，有利于维护社会稳定。

最后，亚运会的举办极大地促进了社会建设和民生改善。亚运会促进北京加强基础设施建设，惠及老百姓；改善环境，改造旧城区，提升居住舒适度；完善交通网络，改善交通条件；新建和翻修的体育馆赛后将成为北京市民休闲运动的场所，极大地丰富了市民的娱乐生活。

2. 2008年奥运会的举办标志着北京与世界级城市的正式接轨

2008 年北京奥运会（第二十九届夏季奥林匹克运动会）于 2008 年 8 月 8 日到 2008 年 8 月 24 日在北京举办。2008 年北京奥运会共有参赛国家及地区 204 个，参赛运动员 11438 人，设 302 项（28 种）运动，共有 60000 多名运动员、教练员和官员参加。

从政治方面来说，奥运会有助于提升中国和北京的国际声望、强化民族认同感、增强社会凝集力、增强社会的整合能力、改善社会风气、增强政府的行政能力和加快社会发展进程。北京奥运会为世界认识中国、了解中国提供了一个重要平台，有效促进了中国的国际合作与交流。

从经济方面来说，奥运会有助于促进北京的经济发展，有助于解决劳动力就业、加快经济结构调整等棘手的经济问题，形成所谓的奥林匹克景气；带动相关行业的发展，为培育形成新兴产业、重点产业提供契机；提升举办城市的知名度和吸引力，提高城市的现代化水平，有效推动旅游业的发展。

从社会方面来说，奥运会有助于促进北京形成更加法治化、社会化的社会治理机制。首先，通过实行知识产权保护、契约管理等奥运规则与标准，完善社会法治机制。其次，通过强化、巩固筹办奥运期间的社会合作关系，完善社会合作机制。最后，通过奥运筹办期、举办期的志愿者活动和全国范围的奥林匹克教育，完善志愿服务机制（见表 5）。

表 5　申奥成功后出台的一系列相关法规

时间	事件
2001 年 10 月 9 日	北京市出台《奥林匹克知识产权保护规定》
2002 年 1 月 30 日	国务院通过《奥林匹克标志保护条例》
2003 年 6 月 18 日	国务院通过《公共文化体育设施条例》
2004 年 1 月 13 日	国务院公布《反兴奋剂条例》
2004 年 4 月 1 日	北京市出台《无障碍设施建设和管理条例》
2006 年 12 月 1 日	国务院颁布《北京奥运会及其筹备期间外国记者在华采访规定》
2007 年 7 月 27 日	北京市出台《北京市人民代表大会常务委员会关于为顺利筹备和成功举办奥运会进一步加强法治环境建设的决议》
2007 年 8 月 30 日	全国人大常委会通过《中华人民共和国突发事件应对法》
2007 年 9 月 14 日	北京市出台《志愿者服务促进条例》

资料来源：任海，《2008 年奥运会及其社会影响》，《体育科学》2008 年第 9 期。

从文化方面来说，北京 2008 年奥运会有别于以往奥运会，这是奥运文化第一次与最具东方文化特征的中国文化直面交流，因此中国文化对奥运文化的影响比任何一届奥运会都要强，这是国内外诸多学者、专家达成的广泛共识，而且他们坚信融入了中国文化元素的奥林匹克运动必将具有更强大的生命力。同时，奥运会也为中国文化、首都文化同世界文化的交流与合作提供了重要的平台，为促进首都与世界的交流奠定了良好的基础。

（三）重大突发事件加快了北京市社会建设机制的完善

改革开放以来，北京市社会建设经历了一次次突发事件，从“非典”

到禽流感，这些重大事件在当时造成了极其恶劣的影响，但也促进了北京社会建设机制的完善。尤其是“非典”、禽流感事件，极大地促进了突发公共事件应急机制的完善，能有效减少突发事件带来的影响，促进社会安全稳定。

2003 年传染性非典型肺炎（又称严重急性呼吸综合征，简称“SARS”）暴发。随后，北京市成立了防治非典型肺炎联合工作小组，发布了《北京市实施传染性非典型肺炎预防控制措施若干规定》和《北京防治传染性非典型肺炎应急预案》。2004 年，针对禽流感暴发，北京市下发了《北京市高致病性禽流感应急预案》和《关于加强当前防控高致病性禽流感工作的通知》（京政发〔2005〕45 号）。

突发事件的发生引起了重点关注，北京市积极加强应急工作机制研究，完善应急工作机制，加快建立一个具有现代化和国际化水平的应急指挥系统。2004 年 6 月，北京市发布了《北京市应急指挥系统研究工作方案》。方案明确指出，建立一个统一的市、区县（委办局）两级应急指挥系统，以快速应对反恐、重大火灾事故、突发公共卫生事件、重大交通事故等各类突发事件。2005 年 4 月，北京市突发公共事件应急委员会正式成立，负责统一领导本市突发公共事件应对工作。市应急委办公室为市应急委的常设机构，设在市政府办公厅，加挂北京市应急指挥中心牌子，并明确了委员会的主要职责。2006 年 4 月 8 日至 5 月 15 日，市政府办公厅先后印发通知，将市政府防汛抗旱指挥部、市防治重大动物疫病指挥部、市防火安全委员会、市森林防火指挥部、市防震抗震工作领导小组、市安全生产委员会、市反恐怖工作协调小组，分别加挂市防汛抗旱应急指挥部、市重大动物疫情应急指挥部、市消防安全应急指挥部、市森林防火应急指挥部、市地震应急指挥部、市生产安全事故应急指挥部、市反恐和刑事案件应急指挥部的牌子；成立市人防工程事故应急指挥部、市城市公共设施事故应急指挥部、市突发公共卫生事件应急指挥部、市建筑工程事故应急指挥部、市防控危险性林木有害生物指挥部。

四 关于北京市社会建设未来发展重点的思考

党的十九大明确了保障和改善民生，加强和创新社会治理的要求。《北京城市总体规划（2016 年—2035 年）》则以明确建设国际一流的和谐宜居之都评价指标体系的形式，对北京城市建设提出了具体要求。因此，在未来的社会建设中，北京市要按照党的十九大和新版《北京城市总体规划》的要求，结合 2022 年冬奥会的举办，从以往的社会建设中借鉴经验，立足当前实际，按照国际一流标准，坚持以人民为中心的发展思想，把北京建设成为在政治、科技、文化、社会、生态等方面具有广泛和重要国际影响力的城市，建设成为人民幸福安康的美好家园。具体来看，要对接建设国际一流的和谐宜居之都标准（见图 3），将社会建设摆在更加突出的地位，从加大社会建设投入、完善社会建设机制、突出民生重点、强调公平与正义等方面入手，加强社会治理创新，全面推进社会建设。

（一）针对主要矛盾的转变，将社会建设摆在更加突出的地位

党的十六届六中全会提出要把构建社会主义和谐社会摆在更加突出的地位，党的十七大报告专门就社会建设进行了阐述，党的十八大报告和党的十九大报告分别对社会建设提出了明确要求，社会建设的重要性不言而喻。目前，北京已经在许多方面，特别是经济建设方面，解决了社会主义初级阶段所存在的主要问题，但是还有一些问题需要进一步解决，而这些问题大多集中在社会建设领域。这与我国的主要矛盾转化为人民日益增长的美好生活需要和不平衡不充分的发展之间的矛盾现状相符。这表明，北京的社会建设是滞后于经济建设的，要彻底摆脱初级阶段落后不发达的状况，社会指标难于经济指标。在未来相当长一段时间内，随着社会主义市场经济体制的进一步完善，可以预测经济建设将继续得到较大的发展，但是比较而言，由社会建设滞后所导致的就业、住房、教育、医疗、治安等社会领域的民生问题将

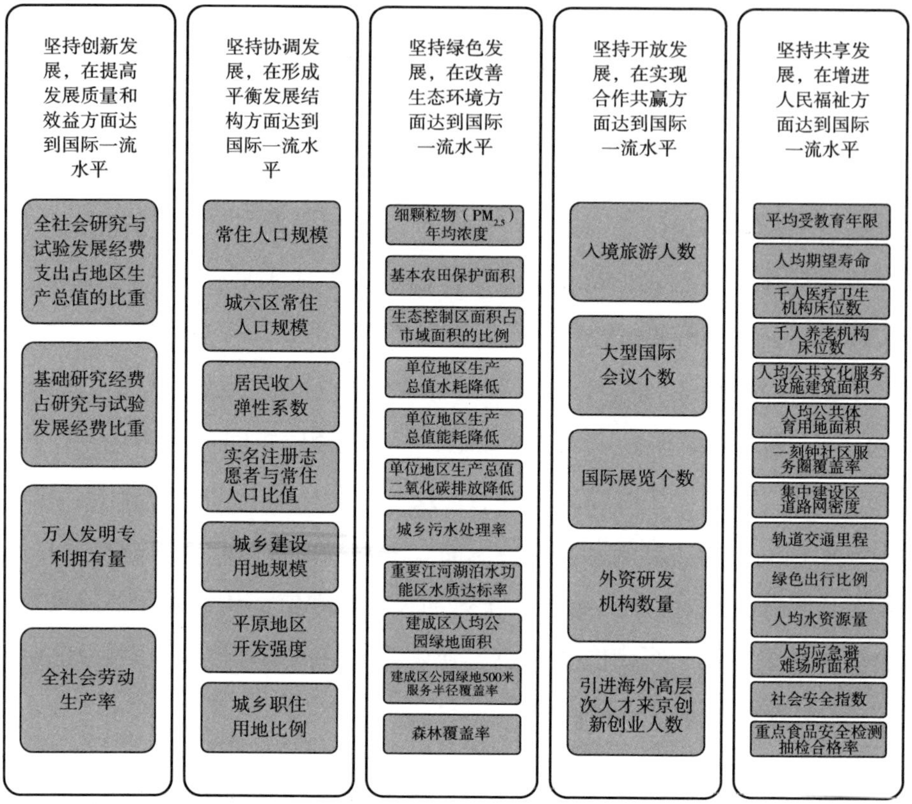

坚持创新发展，在提高发展质量和效益方面达到国际一流水平
- 全社会研究与试验发展经费支出占地区生产总值的比重
- 基础研究经费占研究与试验发展经费比重
- 万人发明专利拥有量
- 全社会劳动生产率

坚持协调发展，在形成平衡发展结构方面达到国际一流水平
- 常住人口规模
- 城六区常住人口规模
- 居民收入弹性系数
- 实名注册志愿者与常住人口比值
- 城乡建设用地规模
- 平原地区开发强度
- 城乡职住用地比例

坚持绿色发展，在改善生态环境方面达到国际一流水平
- 细颗粒物（$PM_{2.5}$）年均浓度
- 基本农田保护面积
- 生态控制区面积占市域面积的比例
- 单位地区生产总值水耗降低
- 单位地区生产总值能耗降低
- 单位地区生产总值二氧化碳排放降低
- 城乡污水处理率
- 重要江河湖泊水功能区水质达标率
- 建成区人均公园绿地面积
- 建成区公园绿地500米服务半径覆盖率
- 森林覆盖率

坚持开放发展，在实现合作共赢方面达到国际一流水平
- 入境旅游人数
- 大型国际会议个数
- 国际展览个数
- 外资研发机构数量
- 引进海外高层次人才来京创新创业人数

坚持共享发展，在增进人民福祉方面达到国际一流水平
- 平均受教育年限
- 人均期望寿命
- 千人医疗卫生机构床位数
- 千人养老机构床位数
- 人均公共文化服务设施建筑面积
- 人均公共体育用地面积
- 一刻钟社区服务圈覆盖率
- 集中建设区道路网密度
- 轨道交通里程
- 绿色出行比例
- 人均水资源量
- 人均应急避难场所面积
- 社会安全指数
- 重点食品安全检测抽检合格率

图 3 建设国际一流的和谐宜居之都评价指标体系

资料来源：北京市规划和国土资源管理委员会，《北京城市总体规划（2016 年—2035 年）》，http: //zhengwu.beijing.gov.cn/gh/dt/t1494703.htm, 2017 年 9 月 29 日。

日益凸显，成为主要的社会问题。这其中，既有生产力依然落后的原因，也有社会建设滞后的原因。而单凭经济建设并不能很好地解决这些问题，因为经济建设解决的是增长与效率的问题，而目前如何协调利益，实现公平分配已经成为与增长和效率并重的突出问题。这一问题必然要通过社会领域的建设来解决。

经济建设与社会建设并重，并不是要以社会建设取代经济建设，而是经济建设发展到一定水平后的必然要求。随着北京经济建设的深入推进，产业结构不断调整升级，智力密集型的高端产业正在成为经济增长的主导，这离不开社会事业发展在科技、人才等方面的支撑。同时，经济的进一步健康持续发展，要求创造公正、开放、合作、包容、有序、文明的社会环境，使人们各尽其能、劳有所得，鼓励奋发有为、勇于创业，这些都有赖于社会建设的开展。因此，将社会建设摆在重要的位置也是经济建设的内在要求。

（二）加强组织领导与加大投入，为社会建设提供重要保障

社会建设涉及面广，任务繁杂，需要协调各个部门、各个方面之间的关系，是庞大的系统工程。因此，社会建设要取得成效，必须加强社会建设的组织领导并加大各项投入。

第一，加强社会建设的组织领导。过去实行计划生育政策，从中央到地方最基层都成立计划生育委员会作为组织上的有力保障，使计划生育政策取得了巨大的成功，这是开展社会建设的一条极其重要的经验启示。在社会建设被明确提出来以后，2007 年，中共北京市委率先成立了社会工作委员会，北京市政府成立了社会建设办公室，两机构合署办公，负责领导组织、协调全市的社会建设工作。北京市还在各区、县建立相应的机构。社会建设组织领导机构的建立，为社会建设的全面开展提供了重要的组织保障。当然，社会建设组织机构如何有效开展工作，其运行管理机制的建立还需要在实践中探索。可以借鉴基层政府在推进政府、社会、居民多方共建方面的实践经验，尝试建立多元参与机制，不断提升社会建设与社会治理成效。

第二，加大对社会建设的人力投入，建立一支高效的社会建设人才队伍。在经济建设中，我们培养造就了一支庞大的经济工作者队伍和经济建设的研究者队伍。同样，社会建设也需要一支庞大的社会工作者队伍和社会建设的研究者队伍。从现状来看，社会建设的这支队伍力量小且分散，没有形成合力和组织优势。今后，应通过建立相应的机构和机制加强人才整合与队伍建设，并在实践中逐步壮大，培养造就具有相当规模的社会工作者队伍和研究者队伍。

第三，加大财力和物力的投入，这是社会建设取得成效的重要物质保证。

北京社会建设取得突出成绩的背后，离不开财力和物力的投入，有投入才有产出。所以，要按照党的十九大报告提出的要求，进一步调整财政支出结构，保障和改善民生，把钱更多地花在老百姓的身上，这是开展社会建设的重要保证。

（三）以协商民主为重点，建立和完善社会利益协调机制

现代社会是一个利益多元化的社会，协调社会群体、社会成员之间的利益，对于实现社会有序和稳定具有重要的意义。目前，北京社会群体、社会成员间，存在一定的结构张力。这种结构张力主要表现之一为收入差距的扩大，高收入者与低收入者之间所拥有的经济资源差距悬殊，而实际上这种悬殊的经济分化仅仅是我们根据表象数据分析出来的结果，如果考虑到那些隐性的收入分化，经济分化程度还会更高。这种过大的收入差距导致阶层间存在着较大的张力。从社会关系来看，由于社会结构张力的存在，当前的社会关系也存在着一定的张力。根据相关调查，从公众的主观判断来看，在关于当前社会群体间的利益冲突程度判断上，认为有严重冲突的占到 7.04%，认为有较大冲突的占到 16.55%，认为有一点冲突的为 57.25%，而认为没有冲突的只有 12.15%。在关于今后社会群体间的利益冲突是否会激化的判断上，认为“绝对会”和“可能会”的合计占到 40% 左右。①

因此，建立和完善社会利益协调机制具有迫切性，如注重财富分配中的公平导向机制。在实践中，我们已经形成了一些好的做法与经验，如价格听证机制、企业工资集体谈判等。但是，这些零星的做法并没有从制度上进行整合，因此，如何进一步建立和完善利益协调机制应是社会建设的重要努力方向。从目前的基层实践来看，以协商民主为导向的利益协调机制建设取得了重要进展，成效显著，这也是今后北京推进社会利益协调机制建设的重要方向。

① 陆学艺:《北京社会建设 60 年》，科学出版社，2008。

（四）以保障和改善民生为抓手，加快推进社会建设

民生事关人民群众幸福安康与国家长治久安，改善民生是社会建设的重点。对此，党的十九大报告提出，保障和改善民生要抓住人民最关心、最直接、最现实的利益问题。就北京而言，目前人民群众生活已经达到小康水平，物质与文化生活需求进一步提升，群众要得到更好的教育、医疗服务，提高居住质量等。北京民生领域出现的公共产品和公共服务供给短缺的问题，也体现了这种新的发展阶段的特征。因此，加大公共产品与公共服务的供给，提高人民群众在这方面的享有程度，事关人民群众幸福安康和国家长治久安，也是社会建设的内在要求。

结合北京的实际，目前北京在改善民生方面的重点应是居住、教育、医疗三方面，而这其中住房问题又是最突出的民生问题。近年来，北京房地产市场迅速发展，这对于解决居住问题、改善居住质量有着积极的意义。但是，出于诸方面的原因，目前北京商品房价格已经远远高出大多数人的承受能力与消费水平，而保障性住房政策的力度又远远满足不了社会的需要。住房问题已经不仅仅是个经济问题，更是个突出的社会问题。对此，不能简单地只通过市场加以解决，政府的政策调控已经显得十分必要和迫切。因此，要大力发展保障性住房，加强公共租赁住房建设，建立政策性租赁住房制度，进一步严格规范管理，真正解决中低收入家庭的基本住房问题，解决“夹心层”①群体的住房困难，并将保障范围逐步扩大到引进人才和处于婚育阶段的年轻人等群体，把外来人口纳入保障体系，切实保护进城务工人员的住房权益。

（五）以共享发展成果为目标，强化社会建设的公平与正义

北京作为“首善之都”，首先应当是公平与正义之都，是一个不存在身

① 夹心层，是指游离在保障与市场之外的无能力购房群体。

份歧视的城市，一个机会均等的城市。但是，计划经济体制遗留下来的一些障碍仍然不利于社会公正的实现，如户籍、人事、住房、福利、社会保障等制度的不合理，造成了社会的不公平现象。北京应当从上述制度改革入手，加大社会政策调节力度，促进社会公平与正义。对此，要消除就业方面的身份歧视，消除分配中的不合理与不公平现象，切实维护普通群体的利益，把社会弱势群体纳入体制保障中。

当前，要在建立合理的收入分配制度上有所突破。根据有关数据，北京的基尼系数为0.46，已经超出0.4的警戒线水平。[①] 当然，只要存在社会分工，收入差距必然客观存在。但是，当前收入差距扩大除了有一定合理性，非合理性原因也客观存在。对此，要打击各种非法牟利行为，取缔各种非法收入，理顺收入分配秩序，逐步扭转收入分配差距扩大趋势，维护社会公平正义，让人民群众共享改革发展的成果。

---

① 陆学艺:《北京社会建设60年》，科学出版社，2008。

首都功能核心区

第二章　东城区社会建设回顾与展望

改革开放以来，东城区作为首都核心功能区，社会建设取得了巨大发展。从恢复建制到推进精神文明建设、探索网格化城市管理模式，再到与崇文区合并，东城区社会建设走过了四个重要阶段，在构建社会治理体系、加强社会服务体系建设、提升居民生活水平等方面取得了重要成就。下一步，东城区要按照党的十九大报告与《北京城市总体规划（2016 年—2035 年）》的要求，重点从提升社会治理水平、提升社会服务水平、推进教育均等优质发展、推进健康东城建设等方面着手，加快推进全区社会建设。

一　东城区是首都功能核心区的重要组成

《北京城市总体规划（2016 年—2035 年）》（简称《总规》）明确指出，要构建“一核一主一副、两轴多点一区”的城市空间结构。其中，“一核”是指首都功能核心区，总面积约 92.5 平方公里。《总规》明确了首都功能核心区的功能定位，即核心区是全国政治中心、文化中心和国际交往中心的核心承载区，是历史文化名城保护的重点地区，是展示首都形象的重要窗口地区。《总规》的出台对于东城区来说具有重要的指导意义。

东城区作为首都功能核心区，与西城区一起成为首都功能最核心的地区

（见图 1）。同时，东城区聚集皇家文化、民俗文化等历史文化资源。因此，在落实《总规》的过程中，东城区要充分发挥首都功能核心区和历史文化承载区的功能与作用，以“四个中心”城市战略定位为基本指导，以“疏解整治促提升”[①] 为重要抓手，着力推进“首都中心文化区”建设，加快推进国际一流的和谐宜居之都的首善之区建设。

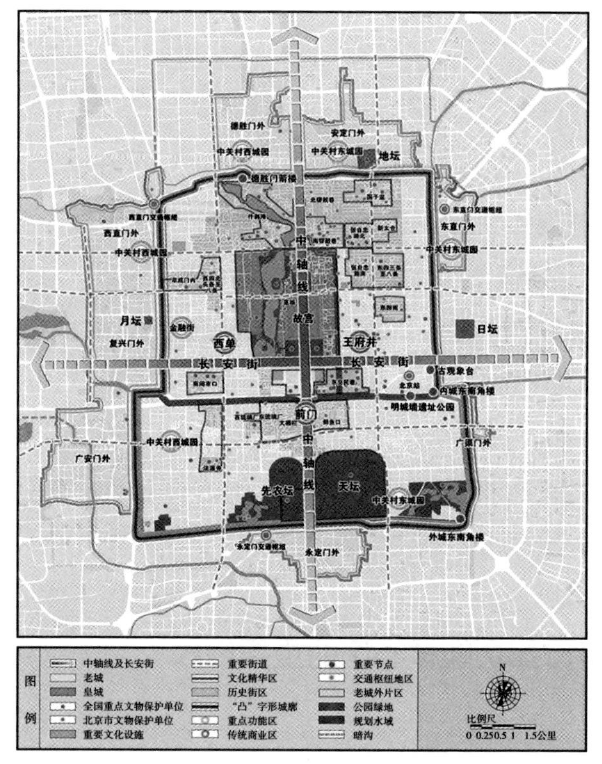

图 1　核心区空间结构规划

资料来源：北京市规划和国土资源管理委员会，《北京城市总体规划（2016 年—2035 年）》，首都之窗，2017 年 9 月 29 日。

---

① 2017 年 2 月，北京市人民政府发布《关于组织开展“疏解整治促提升”专项行动（2017-2020 年）的实施意见》，市政府决定，2017~2020 年期间在全市范围内组织开展“疏解整治促提升”专项行动，加快建设国际一流的和谐宜居之都。

（一）落实“四个中心”战略定位是城市总体规划的重点要求

东城区地处首都功能核心区，要以中共中央、国务院的批复和《总规》为基本遵循，按照首都“四个中心”战略定位要求，按照“两轴一带两园区”[①]的整体布局，统筹规划好历史文化街区、产业功能区、居住区等不同区域定位，提高人口资源环境承载力，更好地引领区域的可持续发展。

进一步落实政治中心功能定位。深化红墙意识，以做好“四个服务”为重点提升区域整体服务水平，以促进政治中心安全稳定为重点提升区域整体保障能力，不断提升区域服务水平和保障能力，不断提升各方面的保障能力和服务水平。

进一步落实文化中心功能定位。按照《总规》部署，加强历史文化名城整体保护，按照党的十九大报告提出的要求，加强文物保护利用和文化遗产保护传承，推动文化创造性转化、创新性发展。

进一步落实国际交往中心功能定位。按照《总规》部署，以大国首都对国际交往中心的新要求和更高标准，进一步优化区域功能和空间布局，为国际交往服务提供必要的软硬件环境。

进一步落实科技创新中心功能定位。充分发挥区域科技资源和人才资源的优势，充分发挥中关村国家自主创新示范区东城园对区域发展的引领作用，充分发挥东城区在北京科技创新中心建设中的重要作用。

（二）“疏解整治促提升”是疏解非首都功能的重要任务

东城区要按照《总规》要求，切实把人口密度、建筑密度、旅游密度、商业密度降下来，努力使核心区发展与首都战略功能定位一致。围绕服务保障首都核心功能，坚持调整疏解与优化提升并重，加快疏解非首都功能，加

① “两轴”指传统中轴线的南北轴和沿长安街的东西轴，“一带”指王府井商业发展带，“两园区”指中关村国家自主创新示范区东城园和永外现代商务区。

紧城市更新改造，加强城市精细化管理，加速产业优化升级，建设绿色生态家园，控制人口规模，提升综合承载力和现代化治理水平，以首善标准做好“四个服务”。

严格控制增量。严控新增不符合首都功能的产业，强化产业政策调控，严格执行北京市新增产业的禁止和限制目录，不断完善东城区产业指导目录。严控新增教育、医疗及行政性、事业性服务机构。

有序疏解存量。坚决调整退出一般性产业，加快退出区域性专业市场，推动教育、医疗等部分公共服务功能疏解，稳步疏解部分行政性、事业性服务机构。另外，要加强腾退空间管控。落实腾退空间功能定位，系统规划利用非首都功能疏解腾退空间，主要用于服务保障首都核心功能、改善居民生活条件、加强生态环境建设、增加公共服务设施。

加强人口调控。推动非首都功能和人口同步向外转移。坚持综合治理、依法治理、源头治理，逐步降低区域人口密度。落实人口调控工作责任制，强化各部门、各街道主体责任，加强人口调控。

（三）建设“首都文化中心区”是打造东城特色的重要途径

近年来，东城区为将落实“四个中心”战略定位与自身实际情况相结合，提出了打造“首都文化中心区”的建设目标，为进一步打造地区特色明确了基本方向。具体来看，重点需要从保护古都风貌、建设公共文化服务体系、打造文化魅力、提升文明程度等四个方面着手。

首先，保护好古都风貌金名片。要按照北京市城市总体规划的部署，重点从构建旧城整体保护格局、加强传统中轴线保护、全面推进历史文化街区保护、有序开展重点文物单位保护、加强非物质文化遗产的保护传承、支持老字号创新发展等方面着手，保护古都风貌，加强文化传承与保护。

其次，优化公共文化服务体系。加快推动公共文化设施的标准化建设，构建区、街道（综合文化站）、社区（社区文化中心）三级公共文化服务体系，形成“政府主导、社会组织参与、企业市场化供给”的公共文化供给模式。

再次，全面彰显东城文化魅力。以推动戏剧艺术和产业发展为核心，大力推进“戏剧东城”建设，以增强文化中心功能为主线，打造一批具有文化内涵的品牌，推动全区由功能城市向文化城市转变，用文化促进城市建设与发展，提升城市品质。

最后，加快提升城市文明程度。大力培育和践行社会主义核心价值观，用中国梦和社会主义核心价值观凝聚共识、汇聚力量。大力倡导民主、文明、和谐、爱国、诚信等道德规范，增强文化软实力。

二　改革开放以来东城区社会建设历程与成就

改革开放以来，东城区经历了恢复建制、推进精神文明建设、探索网格化城市管理模式、创新社会治理模式等四个重要阶段，社会建设取得了巨大成就，获得“全国文明城区”三连冠、“全国双拥模范城”六连冠、“全国和谐社区建设示范城区”等荣誉。

（一）改革开放以来东城区社会建设基本历程

东城区社会建设的历程与重大标志性事件的发生密切相关。改革开放以来的拨乱反正时期，东城区进入了恢复建设和重建体制机制的重要时期，并开始率先探索精神文明建设。精神文明建设时期，东城区社会建设走在了全市前列，为创建全国文明城区奠定了重要基础。在创建全国文明城区的同时，东城区率先探索了网格化城市管理模式。与崇文区合并后，东城区则进入了社会治理模式创新的重要时期。

1. 第一阶段（1978~1985年）：社会建设恢复建制

1978 年至 1985 年是东城区社会建设恢复建制的重点时期。在此阶段，全国处于拨乱反正的重点时期，北京的社会建制处于全面恢复阶段。东城区作为首都功能核心区，在恢复社会建制和社会秩序方面走在了前列。1978 年，东城区恢复街道办事处和治保组织，居民院（楼群）建立群防群治小组，社会治理领域的体制机制逐步恢复，其他领域管理机制也相继恢复运作。

2. 第二阶段（1986~1996年）：加快推进精神文明建设

1986 年至 1996 年是东城区加快推进精神文明建设的重点时期。相对于其他地区，东城区的精神文明建设起步较早。1986年，东城区委制定《“七五”期间加强社会主义精神文明建设的若干措施》，从街道、行业、管理部门、党政领导机关等方面对精神文明建设提出了具体要求。1987 年，“五讲四美三热爱”活动委员会改为文明城市建设协调委员会。1988 年，东城区获文明城市建设优秀奖。1994 年，精神文明建设领导小组改为精神文明城市建设委员会。1996 年，“东城区精神文明建设领导小组”更名为“东城区精神文明建设委员会”。至此，精神文明建设机制基本形成，精神文明建设成果初步显现。

3. 第三阶段（1997~2009年）：探索网格化城市管理模式，创建全国文明城区

1997 年至 2009 年是东城区推进社区建设、创建全国文明城区的重点时期。在此阶段，东城区以《北京城市总体规划（1991 年—2010 年）》《北京城市总体规划（2004 年—2020 年）》两个规划为指导，稳步推进社会建设，各个社会建设领域的工作有序开展。同时，在推进社会建设的过程中，东城区注重打造地区发展特色，重点从社区建设着手，探索社会治理新路径。1997 年，成立“东城区社区建设指导协调委员会”和“社区建设指导协调办公室”，印发《东城区社区建设工作方案》《东城区社区建设工作实施意见》。2001 年，制定《东城区社区建设工作思路》《东城区社区建设“十五”规划》等四份文件。2004 年，制定《关于加强新时期和谐社区建设的意见》。2005 年，网格化城市管理模式获得市委认可，市委、市政府下发《关于推广东城区城市管理经验，建立信息化城市管理系统的意见》，决定在全市七个区推广东城区网格化城市管理平台，并建立市、区两级城市管理平台。2008 年，东城区委社会工委、区社会办成立，主要负责东城区社会建设相关工作。

另外，东城区注重抓住全国文明城区创建的机遇，加快推进各个领域社

会建设。从 2005 年起，东城区相继召开了一系列关于创建全国文明城区的工作会，稳步推进全国文明城区创建工作，并于 2009 年获“全国文明城区”称号。

4. 第四阶段（2010年至今）：与崇文区合并，推进社会治理创新

2010 年，东城区与崇文区合并为新东城，东城区进入社会治理创新的新阶段，在社区建设、社工队伍建设、社会组织建设、社会领域党建等方面均取得了较大进展。

在社会服务管理创新方面，东城区在网格化城市管理模式和原崇文区“信访代理制”[①]“城管综合执法模式”[②]的基础上，于 2011 年启动社会服务管理创新综合试点工作[③]，先后召开了一系列会议和专家研讨会，系统推进社会服务管理创新综合试点工作。针对社会治理中存在的薄弱环节和重点难点问题，以网格理念为导向，以信息技术为支撑，将网格化理念从社会管理延伸到社会服务领域，充分发挥网格化在社会治理中的重要作用。

在社区建设方面，东城区重点推进社区规范化建设和社区服务圈建设。2010 年，东城区确定和平里、建国门、朝阳门、交道口街道及 58 个社区作为试点推进规范化建设，并将社会规范化建设工作与“一刻钟社区服务圈”建设工作相结合设立市级试点社区，推动规范化建设达标社区全部达到“一刻钟社区服务圈”建设标准。2011 年，制定《东城区关于进一步推进社区规范化建设试点工作的实施方案》。2013 年，下发《东城区创建规范社区实施细则》及《东城区规范社区创建工作指导标准》。

在社工队伍建设方面，东城区重点从队伍培育着手加强队伍建设。2010 年，举办东城区社会工作人才培养暨“双基地”建设研讨会。2011 年，举办社区工作者培训班和新招录大学生社区工作者入职培训班。2013 年，印发《东

---

① 信访代理制：即以区领导代理为龙头，解决疑难矛盾纠纷；以委办局代理为主线，解决专事突出事；以社区代理为基础，解决小事身边事。

② 城管综合执法模式：亦称为“大城管”管理模式，即将全区所有行政执法权部门和有关行政管理部门纳入成员单位，形成部门联动的城管模式。

③ 社会服务管理创新综合试点工作：即网格化社会服务管理模式。

城区社会工作人才发展战略规划（2011—2013 年）》。2014 年，建立社区工作者教育培训项目库。2015 年，举办社会工作者职业水平考试考前辅导培训、社区工作者心理服务技能集中培训等一系列培训。

在社会组织建设方面，东城区重点从购买社会组织服务、加强社会组织培育等方面着手。通过召开政府购买社会组织服务工作部署会，加大政府购买社会组织服务的力度。通过举办社会组织治理创新高级研修班，加强对区、街两级“枢纽型”社会组织、专业社会组织及社区社会组织负责人的培育，充分发挥社会组织在社会治理中的作用。

在社会领域党建方面，东城区重点从商务楼宇党建等方面着手加快党建组织覆盖和党建工作覆盖。2010 年，东城区开始探索在商务楼宇建立党建工作站、社会工作站和工会服务站，形成党政工立体化进驻商务楼宇的楼宇党建工作新模式。2015 年，东城区制发《关于开展商务楼宇工作站规范提升工程的实施方案》，对具备条件的商务楼宇工作站进行升级改造，在全区范围内命名一批示范商务楼宇工作站、优秀商务楼宇工作站和达标商务楼宇工作站。

另外，在志愿服务方面东城区也取得了较大进展。2011 年确定志愿服务三年行动计划，2013 年东城区志愿者信息管理系统启动并举办志愿者信息管理系统管理员培训班，2014 年以“学雷锋”“邻里守望”等为主题举行了一系列志愿活动。

（二）改革开放以来东城区社会建设取得的成就

改革开放以来，东城区作为首都功能核心区，在社会建设方面一直走在全国前列，率先探索网格化城市管理模式，全面推进社会治理创新，在社会治理、社会事业建设和居民生活水平提升等方面均取得了较大成就，社会建设成就走在全市前列。

1. 构建精细化、多元化、系统化的社会治理体系

东城区地处首都功能核心区，地区内企业多、人口多（见图 2），社会结构较为复杂。东城区从自身实际情况出发，以精细化管理为切入点率先探索

网格化服务管理模式，并以此为基础不断推进多元参与的社区治理模式创新，积极探索社工队伍建设新思路，系统构建精细化、多元化的社会治理体系。

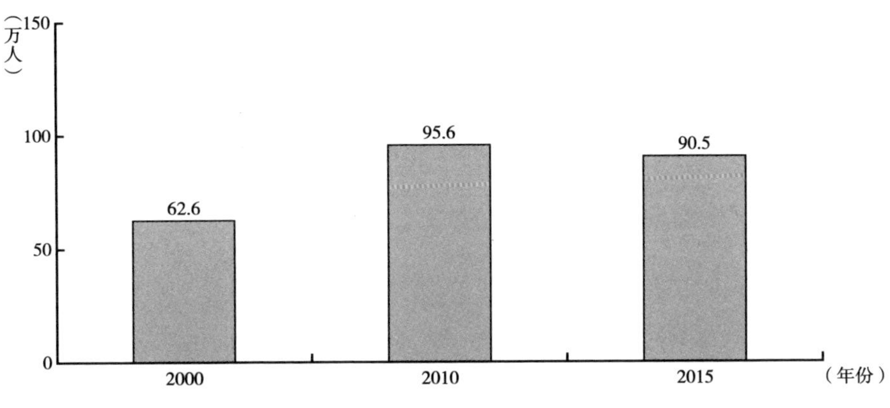

图 2　历年东城区常住人口变化

资料来源：北京市东城区统计局，《东城区 2000-2015 年统计公报》，东城区统计局网站，2017 年 11 月 1 日。

首先，积极探索构建精细化社会治理模式。建立区级领导分工负责制度，组建区重大项目协调办公室，有序推进城市更新改造重大项目。加强精细化管理，推动城市管理从“末端管理”向“源头治理”转变，形成长效监督和综合考评体系；制定环境整治、直管公房等相关标准规范，建立城市管理综合执法新机制，形成城市综合管理“东城模式”。积极推进网格化社会治理模式创新，将网格化从城市管理向社会服务延伸，以网格化与现代技术相结合的方式，促进社会治理精细化。

其次，构建“一委三会一站”①、多元参与共建的社区治理模式。不断健全以社区党组织为核心、社区自治组织为主导、社区居民为主体、社区社会组织和驻区单位共同参与的社区治理结构。2014 年，东城区启动“全国社区治理和服务创新实验区”建设，出台《东城区打造“全国社区治理和服务创

① “一委三会一站”是指社区党委，社区居委会、社区居民会议、社区代表会议和社区服务站。

新实验区，推进社区多元参与、协商共治”三年行动计划》，在各社区搭建“社区议事厅”协商平台，建立了“协商共治”社区自治模式。在社区党组织领导下，社区居委会采用“五民工作法”①，运用“开放空间”“社区茶馆”等参与式讨论技术，以议题形式有效协商、决策，解决社区“急、难、热”问题，初步形成平等协商、有序参与的共治局面。另外，老旧小区按照物业管理、小区自治、产权单位管理三种模式开展试点工作，充分发挥产权单位、物业服务企业、社区自治组织的多元主体作用，基本形成了以居民自治为核心、多元参与共同治理的小区自治服务管理组织体系。

最后，社工队伍职业化、专业化发展趋势明显。完善了社区工作者管理政策体系，研究制定了职数管理、招考、培训、绩效考核、带薪休假、后备人才培养、健康体检、辞职辞退等10项制度。通过定岗定编合理控制社工队伍规模，根据实际空缺情况组织定期招考，实现队伍结构优化。不断加强社工培训，建立了社区工作者教育培训项目库，2013~2014年对全体社工进行了大规模轮训，实施菜单式培训、社工成长营、购买专业社工督导岗位等项目，促进社区工作者的综合素质和专业能力提升。成立东城区社会工作者联合会，指导街道建立分会和社工之家，增强了社区工作者职业认同感和团队凝聚力。积极落实社区工作者薪酬政策，逐步提高社工福利待遇，依法保障社区工作者带薪休假权利，积极推动建立健康体检制度，通过政策、制度的不断完善，有效推动了社工队伍建设。截至2015年底，全区社区工作者总数达2925名，其中专职人员占88.48%、40岁及以下人员占61.67%、大专及以上学历人员占88%、取得职业资格证书的人员占29.47%，社工队伍呈现职业化、专业化、年轻化、高学历的趋势。

2. 以社区服务为重点加快推进社会服务体系建设

改革开放以来，东城区的社会事业得到空前发展（见表1）。科教文卫体事业取得进步，专利申请和授权量均实现成倍增长；“学区制”教育综合改革

---

① 五民工作法：即民事民提、民事民议、民事民决、民事民办、民事民评。

深入推进，“学院制”人才培养模式初步形成；文化惠民力度不断加大，入选第二批“国家公共文化服务体系示范区”创建名单；中医药综合改革试验区建设有序推进，中医药特色健康管理社区实现全覆盖，成立全国第一个中西医结合妇幼保健研究所；广泛开展全民健身活动，“奥林匹克·体育生活化”社区建设全面推进。公共安全体系、社会治理体系不断健全，“一刻钟社区服务圈”实现全覆盖。尤其是党的十六大以来，东城区积极贯彻落实中央要求加强民生建设，以社区服务体系建设为重点加快推进社会服务体系建设，不断提升区域服务水平和服务能力。

表 1　历年东城区社会事业建设情况比较

指　标＼年　份	2000	2010	2015
专利申请受理量（件）	—	3511	9687
基础教育学校数（所）	112	114	112
基础教育在校生数（人）	89600	97642	94378
公共图书馆个数（个）	—	2	2
文化馆（艺术馆）数（个）	—	2	2
文物保护单位（处）	—	165	164
卫生机构数（个）	83	508	570
每千常住人口医院床位数（张）	10.7	10.6	12.2
每千常住人口拥有职业（助理）医师（人）		8.9	10.8
每千常住人口拥有注册护士（人）	—	8.8	11.4
体育场馆（个）	—	70	157

资料来源：北京市东城区统计局，《东城区 2000~2015 年统计公报》，东城区统计局网站，2017 年 11 月 1 日。

首先，社区服务用房达标建设成效显著。积极争取市固定资产投资政策支持推进社区用房规范化建设项目，各街道采取购置、租赁、新建、改扩建、共建等方式推动社区服务用房达标建设。截至 2015 年底，东城区除涉及拆迁社区外，所有社区用房面积均达到 350 平方米，极大地改善了社区工作环境，为居民开展服务、组织活动提供了场地保障。

其次，社区服务水平显著提升。“一刻钟社区服务圈”实现全覆盖，全区建成87个“一刻钟社区服务圈”，覆盖了全部182个社区，其中72个被评为市级示范点。社区公共服务更加均等化，贯彻落实《北京市社区基本公共服务指导目录》，加强街道为民服务大厅和社区服务站规范化、标准化建设，推进政府职能部门与社区工作对接，实现十大类180项社区基本公共服务项目在社区落地。社区公益志愿服务蓬勃发展，制定了《志愿服务三年行动计划（2010—2012年）》等系列制度规范，在全市率先建立了综合性志愿者信息管理系统，开展社区志愿服务站规范提升工程。社区便民利民服务更加规范，出台《东城区全面完善社区商业服务体系实施意见》，重点推进便民菜店、早餐、再生资源回收、家政、洗衣、连锁便利店等6类便民商业网点进社区，搭建区级社区商业电商综合平台，促进了社区便民服务业智能化发展。2014年，和平里街道、东花市街道广外南里社区分别荣获全国便民示范商圈和社区商业示范社区称号。

再次，不断扩大社区服务事业对象。社区教育服务实现资源有机共享，依托“社区学院—学区市民学习基地（中心）—社区市民学校”三级社区教育学习网络，实现全民终身学习活动周、数字化社区建设、百姓学堂、社区文艺骨干培训、健康大讲堂等特色活动的常态化，满足了社区“学有所教”的多元化教育需求。社区健康服务水平不断提高，全区正式运行7个社区卫生服务中心和57个社区卫生站，成立了全市首家“家庭健康指导中心”。深入推行家庭医生式服务模式，全区组建157个社区卫生服务团队，签约居民达53.4万人，占辖区常住人口的58.6%。继续推进中医药特色健康管理社区建设，实现了社区中医药健康管理全覆盖。社区文体事业健康发展，有效落实国家公共文化服务体系示范区创建标准，实现街道文化中心100%达标、社区文化室80%达标；积极推动全民健身工作，“奥林匹克·体育生活化”社区建设不断深化。就业和社会保障水平进一步提高，实现零就业家庭动态保持为零，各项社会保险待遇调整落实到位。社区养老事业加快发展，搭建服务对接政策平台，指导养老机构与医疗机构实现“一对一”、规范化就近服务；深入推进“五进居家”工作，签约535家服务商，初步构建社会化养老服务体系。公共安全体系不断健全，社区安全环境进一步改善。精神文明建设、法制宣传、妇女儿童权益保障、民族团结、对台工作等各项社区事业稳步推进，社区安定和谐局面更加巩固。

最后，社区服务供给方式不断创新。推广综合性、“一站式”邻里服务中心模式，提高现有社区服务资源共享程度，为居民就近提供养老助残、文化教育等社区公共服务，东花市街道广外南里社区建成启用全市首家社区级邻里服务中心。探索“一站多居”社区服务模式，在适宜的社区设立综合社区服务站，提高社区服务效率。推进“两网融合”社会服务整合工作，完善服务标准、优化服务流程，开通统一热线 96010，实现“一口受理”，提高为民服务水平。

3. 以社会保障为重点提升居民生活水平

改革开放以来，东城区的经济社会得到了快速发展，居民生活水平得到显著提高。居民收入持续增加，2015 年居民人均可支配收入突破 6 万元，是 2000 年的 5.9 倍。居民消费水平发生巨大变化，2015 年居民人均消费性支出为 40865 元；2015 年居民家庭恩格尔系数为 24.2%（见表 2）。城镇居民就业得到充分保障，2015 年全市城镇登记失业率为 0.9%。社会保障体系不断完善，五项保险基金收缴率均达到 98% 以上，特困人员救助政策全面落实，初步形成社会化养老服务体系。城市公共交通建设发展迅速，2015 年东城区道路里程长达 439 公里。

表 2 历年东城区居民生活情况比较

指标 \ 年份	2000	2010	2015
居民人均可支配收入（元）	10470	30684	61764
居民人均消费性支出（元）	9310	22196	40865
居民家庭恩格尔系数（%）	35.8	—	24.2
人均住房面积（平方米）	—	22.7	—
人均公园绿地面积（平方米）	9.7①	6.0	—
道路里程（公里）	—	517.0	439.0

注：① 2000 年人均公园绿地面积为人均绿地面积。

资料来源：北京市东城区统计局，《东城区 2000~2015 年统计公报》，东城区统计局网站，2017 年 11 月 1 日。

三 从重点事件看改革开放以来东城区社会建设的特点

改革开放以来，东城区注重以重大事项为引领，稳步推进和贯彻落实北京市城市总体规划和市级部署。从探索网格化城市管理模式到创新社会治理模式，从落实上级要求成立区委社工委、区社会办到与崇文区合并，从推进精神文明建设到创建全国文明城区，以重大事件为引领，多方位推进社会建设各项工作，取得了良好成效。

（一）网格化城市管理模式的探索促进了社会治理东城模式的形成

2005 年，东城区网格化城市管理模式获得市委认可。该模式应用信息技术加快推进城市管理信息化建设，有效推进了城市管理体系建设和城市管理方式创新，实现了城市管理向精细化、动态化、闭环化、集中化的方向转变。特别是东城区以网格化城市管理模式为基础，积极推进社会治理方式创新，实现了网格化从城市管理向社会服务管理领域的延伸，为形成社会治理的东城模式奠定了重要基础。

（二）统筹领导部门的成立推进了社会领域的系统化建设

2008 年，东城区委社会工委、区社会办成立，标志着社会建设、社会治理成为全区的重点工作之一。东城区的社会建设也逐步由原来的分项摸索转向系统建设，社会建设内容逐步向社会领域党建、社区治理、社会组织发展、社工队伍建设、志愿服务队伍建设等领域延伸，社会治理体系更加完善，社会建设内容更加全面和系统化。

（三）“全国文明城区”创建巩固并拓展了精神文明创建成果

2009 年，东城区获“全国文明城区”称号。创建“全国文明城区”对于东城区来说，是精神文明建设的延续与发展。作为首都功能核心区，东城区自恢复社会建制以来，积极推进精神文明建设，并取得了一系列成果，为创建“全国文明城区”奠定了重要基础。同时，在创建“全国文明城区”的过程中，东城区的精神文明建设进一步得到巩固与发展，区域的文明程度、和谐程度都进一步提升。另外，“全国文明城区”创建也为东城区建设“首都文化中心区”奠定了重要基础。

（四）两区合并为东城区社会治理模式创新提供了重要契机

2010 年，国务院正式批复，东城区与崇文区合并为新的东城区。两区合并在进一步加大东城区社会治理难度的同时，也为社会治理创新提供了重要契机。东城区的社会服务管理创新综合试点工作就是以原东城区和原崇文区城市管理模式为基础，提出的社会服务管理创新举措。启动这项试点工作，对于东城区来说具有重要意义，既是对东城区以往城市管理模式的一种肯定，也是东城区率先探索社会服务管理创新、打造社会服务管理新模式的重要途径。

四　关于东城区社会建设未来发展重点的思考

《北京城市总体规划（2016 年—2035 年）》明确了东城区作为首都功能核心区的重要目标和任务。党的十九大明确提出要提高保障和改善民生水平，加强和创新社会治理，完善党委领导、政府负责、社会协同、公众参与、法治保障的社会治理体制。对于东城区来说，要紧密联系地区实际，将贯彻落实党的十九大精神与落实《总规》、全面深化改革等重点工作相结合，坚持共享发展理念，完善社会保障体系，增强公共服务能力，进一步推进基本公共服务均等化、优质化，创新社会治理，加快建设国际一流的和谐宜居之都的首善之区。

（一）落实“精治、共治、法治”，提升社会治理水平

党的十九大报告强调要打造共建共治共享的社会治理格局。对于东城区

来说，要以“精治、共治、法治”为导向，健全多元参与、共治共管机制，巩固“全国文明城区”创建成果，推动社会治理向精细化、常态化、多元化、法治化方向发展。

一方面，构建多元参与、共治共享的社会治理格局。完善“党委领导、政府主导、社会协同、公众参与、法治保障”的社会治理体制，实现政府治理和社会自我调节、居民自治良性互动。发挥政府主导作用，推进政社分开，建立健全政府向社会购买服务机制。积极培育社会组织，逐步实现“枢纽型”社会组织服务管理全覆盖。引导企业履行社会责任，鼓励公众参与社会治理，拓宽渠道，形成“社会治理人人参与、和谐社会人人共享”的良好局面。

另一方面，加快创建“全国社区治理和服务创新实验区”①。创新社区治理模式，完善“一委三会一站、多元参与共建”的现代社区治理结构。以社区公共服务事项“一站式”服务为基础，进一步加强社区“一站式”公共服务平台建设，优化服务流程，完善集整治、管理、建设、服务于一体的常态工作机制。构建和谐互助的邻里关系，推进以认同感为纽带的和谐社区建设。全面提升智慧社区服务能力，支持建立便捷高效的生活服务智能配送体系，实现智慧社区、便捷生活。加强社区工作者和社区志愿者队伍建设，开发更多的志愿服务项目，吸纳更多的社区居民就近参与各类社区志愿服务活动。

（二）完善社会保障体系，提升社会服务水平

党的十九大报告明确提出要构建多层次社会保障体系。对于东城区来说，要将社会保障体系建设与落实“四个服务”要求密切结合，结合区域人口特征，在居民就业、社会保险、社会福利和养老服务等四个方面进一步完善社会保障体系，不断提升社会服务水平。

在居民就业方面，以疏解非首都功能和构建“高精尖”经济结构为导向，提高劳动者素质，优化就业结构和布局。推动劳动密集型就业人口随功能和

---

① 2014 年，民政部同意将北京市东城区等 31 个单位确认为“全国社区治理和服务创新实验区”，东城区的实验主题是“多元参与、协商共治”。

产业向外转移疏解，增加保障“四个服务”、城市运行和公共服务的公益岗位就业。突出抓好就业困难人员等重点群体就业，拓展残疾人就业渠道。建立统一标准的人力资源市场服务体系，推进基层就业服务平台建设。推动创业服务模式创新，强化基层（街道）创业工作的统筹管理。探索具有东城区特色的职业培训模式，充分利用多方培训资源，形成多层次、互补充的职业培训体系。

在社会保险方面，统筹社会保险制度，提升社保服务水平。建立覆盖各类参保人员的养老保障待遇正常调整机制，完善基本养老保险体系，探索建立老年护理保险制度。提供便捷高效的社保服务，继续优化经办流程，借用社会力量整合经办资源，推进业务下沉，促进社保服务的社会化建设，形成业务规范、操作便捷、信息畅通、服务优质的经办服务机制。同时，加强社保基金监管，引入社会监督、交叉监督和舆论监督，增强基金防范风险能力。

在社会福利方面，以多元参与为导向，进一步完善社会福利体系，扩大社会福利的覆盖面。完善最低保障、专项救助、社会帮扶等相结合的综合救助体系，完善配套专项救助制度，保障单亲家庭、孤儿等重点对象权益，建立具有东城特色的残疾人服务体系。

在养老服务方面，完善“居家为基础、社区为依托、机构为补充、社会保障为支撑”的普惠型养老服务体系。发挥政府和社会的合力，按照政府主导、部门负责、社会参与、市场推动、共同监督的原则，建立社会化养老服务平台，扩大养老服务覆盖面，提供多层面、全方位的养老服务。大力发展居家养老服务，加强顶层设计，加快推动居家养老由解决老年人生活问题向提高老年人生活质量转型，由管办一体向管办分离转型，由一般性服务向针对性服务转型。整合多种居家服务功能，提高社区各类公共服务设施的为老服务能力，探索建立网格化智慧养老模式，加快推进专业化运营的社会养老服务建设，鼓励社会力量投资养老服务。设计具有老年人基本信息、健康信息、服务需求等资料，集呼叫、菜单制定、服务调度、质量评估、特殊老年人个人健康预警和家庭安全预警于一体的网格化智慧养老服务平台。因地制宜地推进机构养老设施和养老品牌建设，实现养老机构运营管理规范化、标准化。建立养老护理人员常态化培训机制，培养高水平、高素质的护理人员队伍，切实提高养老服务水平。深化医养结合模式，加快专业康复护理机构建设。贯彻落实京津冀协同发展战略，探索养老服务京津冀一体化发展新模式。

（三）加快教育改革，推进教育均等优质发展

东城区的教育水平在全市名列前茅。在完善教育体系、推进教育现代化的过程中，东城区应充分发挥区域资源优势，对接区域发展需求，重点从教育均等化、教育优质化两方面着手，不断提升教育水平。

一方面，以基本公共教育服务均等化为重点，健全教育均衡发展保障机制。推动各级各类教育协调发展，全面普及学前三年教育，鼓励普惠性幼儿园发展，提升优质教育均等化程度，小学、初中就近入学比例不低于95%。完善以学区为基本单元的义务教育入学政策。通过深度联盟、集团化办学等措施促进校际横向联合，通过九年一贯、对口直升等路径进行纵向贯通，形成开放型、高质量、多模式、多样化、各学段相互衔接的教育体系。探索推进“智慧教育”模式，提升教育信息化、现代化水平。

另一方面，以优质教育品牌共享化为重点，探索学校、家庭、社会多元参与的教育新机制。学前教育试点探索两年制、半日制等学制和不同办园模式，促进幼儿教育发展。深化课程改革，注重塑造学生品格，推动各学区内中小学特色发展。加大对品牌办学和特色办学的支持力度，加快构建学院制新格局。

（四）完善卫生服务体系，加快建设健康东城

党的十九大报告指出，人民健康是民族昌盛和国家富强的重要标志。东城区的医疗水平与健康水平处在全市前列，在完善卫生服务体系的过程中，要贯彻落实中央要求，以促进全民健康和提升医疗服务水平为重点，不断提升全区健康水平，加快推进健康东城建设。

在促进全民健康方面，重点提升居民健康素养和推进全民健身活动。以提高出生人口素质为核心，统筹落实一对夫妇可生育两个孩子政策，以全国“科学育儿试点区”建设为依托，持续开展文明倡导、健康促进、优生优育等系列计生卫生宣传教育活动。持续开展全民健康教育，将健康教育纳入国民教育体系，推动急救等健康技能进学校、单位、社区。结合冬奥会筹办工作，大力发展体育事业，深化“奥林匹克•体育生活化”社区建设，深入开展“一街一品”全民健身活动，巩固全民健身示范区成果。

在提升医疗服务水平方面，加强资源整合和保障机制建设。以区内疾病预防控制机构融合为重点，优化妇幼保健和计划生育技术服务，完善慢性病综合防控的部门联动机制，进一步促进区域资源整合；鼓励社会资本参与基本医疗和公共卫生服务，完善家庭医生式服务全科诊疗模式，突出网格化、数字化社区卫生服务特色；加强公立医院规范化、科学化和精细化管理，加强区属医疗卫生机构软硬件建设，提高区属医疗机构服务能力。健全基本公共卫生保障机制，搭建立体执法架构，全面提升公共卫生安全管理整体水平，完善突发事件网及应急救援网建设，推进社区卫生机构标准化建设。

第三章　西城区社会建设回顾与展望

改革开放以来，西城区作为首都功能核心区，社会建设获得了巨大发展。从恢复建制到创建全国文明城区，到区委社工委、区社会办成立，再到与宣武区合并，西城区社会建设走过了四个重要阶段，在构建社会治理体系、加强社会事业建设、提升居民生活水平等方面取得了重要成就。下一步，西城区将按照党的十九大报告与《北京城市总体规划（2016 年—2035 年）》（以下简称《总规》）的要求，重点从社会治理体制改革、全响应网格化服务体系建设、增强社区自治能力、构建社会组织工作体系、建设专业化职业化社工队伍、加强社会领域党建等方面着手，加快推进全区社会建设。

一　西城区是首都功能核心区的重要组成

《北京城市总体规划（2016 年—2035 年）》明确了首都功能核心区的功能定位，也明确了首都功能核心区的发展目标和主要任务。核心区要充分体现城市战略定位，全力做好“四个服务”，维护安全稳定，保障中央党政军领导机关高效开展工作。保护古都风貌，传承历史文脉。有序疏解非首都功能，加强环境整治，优化提升首都功能。改善人居环境，补充和完善城市基本服务功能，加强精细化管理，创建国际一流的和谐宜居之都的首善之区。

《总规》的出台对于西城区来说具有重要意义。为西城区实现长远发展、集约发展、科学发展指明了方向，提供了遵循，符合首都功能核心区的实际情况和发展要求，对于西城创建国际一流的和谐宜居之都的首善之区，意义重大、影响深远。

（一）“四个中心”功能建设是西城区落实首都城市战略定位的要求

北京的一切工作必须服从“四个中心”的城市战略定位，履行“四个服务”的基本职责。西城区地处首都功能核心区，是中央政务机关所在地，是皇城文化的发祥地，是国际交往中心的核心承载区，《总规》对其“四个中心”功能建设提出了明确要求。

1. 政治中心建设是核心区工作的重中之重

西城区要紧紧围绕政治中心定位的落实，不断提升各方面的保障能力和服务水平。西城区在推进“四个中心”建设过程中，将始终把政治中心安全保障放在突出位置，深化红墙意识，做好“四个服务”，从首都政治空间布局出发，全面提升维护安全和稳定的能力与水平，确保区域绝对安全，保障中央党政军领导机关高效开展工作。

2. 文化中心建设是核心区承担的历史重任

西城区要紧紧围绕文化中心定位的落实，不断提升历史文化名城保护水平和区域文化软实力。《总规》用了前所未有的篇幅，着重强调历史文化名城保护，把北京文化遗存的保护，特别是历史文化名城的整体保护上升到文化自觉的高度，展现了中华民族的文化自信。

北京是见证历史沧桑变迁的千年古都，也是不断展现国家发展新面貌的现代化城市，更是东西方文明相遇和交融的国际化大都市。西城区作为古都北京的发祥地及核心地带，历史传统悠久，文化资源丰富，文化底蕴深厚，是全市文化大区之一，是北京历史文化名城保护工作的重中之重。全区将加大历史文化名城保护力度，维护好古都风貌，传承历史文脉，不断推进文化中心的建设工作。

3. 国际交往中心建设是核心区必须履行的重要职责

西城区要紧紧围绕国际交往中心定位的落实，不断提升国家外事活动服务保障能力和区域开放水平。作为国际交往中心的核心承载区，西城区要着眼未来作为大国首都对国际交往中心的新要求和更高标准，着力优化国际交往功能空间布局，建设承担重大外交外事活动的重要舞台，持续优化为国际交往服务的软硬件环境。

4. 科技创新中心建设是核心区创新发展的重要目标

西城区要紧紧围绕科技创新中心定位的落实，不断提升创新驱动发展能力和智能化管理水平。虽然《总规》明确西城区不是科技创新中心的核心承载区，但是西城区拥有科技创新的基础和优质资源，将创新都市型科技园的发展模式，精准规划产业项目，精准对接重点企业，精准扶持特色品牌，用好每一平方米资源，用足每一个扶持政策，用最好的服务吸引高端人才干事创业。

（二）“四个密度”下降是西城区疏解非首都功能的重点任务

西城区要按照《总规》要求，加快推进非首都功能疏解，切实把人口密度、建筑密度、旅游密度、商业密度降下来，促使区域发展与首都战略功能定位一致。

首先，要按照新增产业禁止和限制目录，设置新增产业门槛，严格控制增量。严禁金融机构新设立下属服务机构，严禁新建和扩建需求以外的商品交易市场设施，严禁新设立综合性医疗机构，严禁京外中央企业总部迁入等。

其次，要按照首都功能定位，有序疏解存量。推进各类批发市场有序疏解，推进区属职业教育资源整合与疏解，推动优质医疗卫生资源以多种方式向外疏解和发展，推动制造业生产环节有序退出和转移疏解。

再次，要结合产业疏解、功能疏解，加强人口规模调控。通过整治低端业态、“开墙打洞”、群租房等，降低商业密度和人口密度。通过棚户区改造，加快推进人口转移。

最后，要以服务首都核心功能为导向，统筹利用好腾退空间。加快发展符合首都定位的高精尖产业，综合考虑职住平衡等因素，推进腾笼换鸟。优先提升生态环境水平，重点用于增加绿地、微型公园，提高城市品质。优先建设公共服务和文化空间，改善宜居环境。加强腾退空间的使用和管理，确保“人随事走”，坚决防止非首都功能和人员再聚集。

二 改革开放以来西城区社会建设历程与成就

改革开放以来，西城区依托首都功能核心区的区位优势，社会建设获得了巨大发展。从恢复建制到创建全国文明城区，到区委社工委成立，再到与宣武区合并，西城区社会建设走过了四个重要阶段，在构建社会治理体系、加强社会事业建设、提升居民生活水平等方面取得了重要成就，为加快国际一流的和谐宜居之都建设奠定了良好的基础。

（一）改革开放以来西城区社会建设基本历程

西城区社会建设的历程与重大标志性事件的发生密切相关。改革开放以来的拨乱反正时期，西城区进入了恢复建制的重要时期，并开始率先探索精神文明建设。2008 年奥运会筹办期间，西城区进入了创建全国文明城区的重要时期，社会建设的各个领域都得到快速发展。西城区委社会工委成立以来，西城区开始逐步摸索从社会服务管理向社会治理的转变。与宣武区合并以来，西城区则进入了社会治理模式创新的重要时期。

1. 第一阶段（1978～1989年）：社会建设恢复建制，探索精神文明建设

1978 年至 1989 年是全国拨乱反正的重点时期，北京作为首都在拨乱反正的同时逐步恢复了社会建制和社会秩序，1983 年中共中央、国务院对《北京城市建设总体规划方案》进行批复。西城区作为首都功能核心区，在恢复

社会建制和社会秩序方面走在了前列，先后成立了区委纪委筹备组、高考招生委员会、科学技术委员会、基本建设委员会等，并陆续设立了教育局、文化局、人事局、民政局、档案局、环境保护局、司法局等职能部门，各个领域工作逐步恢复并有序运行。

同时，西城区作为首都功能核心区，在推进物质文明建设的同时，率先对精神文明建设进行了摸索与实践。1982 年成立了“五讲四美三热爱”① 活动委员会，各单位相应成立精神文明领导小组。1987 年西城区委、区政府召开创建文明先进区动员大会，强调要狠抓基层建设，提高文明单位水平，抓好一批先进典型。

2. 第二阶段（1990～2007年）：创建全国文明城区，稳步推进社会建设

1990 年至 2007 年是北京承办亚运会、筹办奥运会的关键时期。在此阶段，西城区以《北京城市总体规划（1991 年—2010 年）》《北京城市总体规划（2004 年—2020 年）》两个规划为指导，稳步推进社会建设，各个社会建设领域的工作有序开展，并开展筹办奥运的相关工作。特别是随着 1991 年西城区社会治安综合治理委员会的成立，社会管理逐步成为社会建设的重点工作之一。1994 年西城区委制定《社会治安综合治理领导责任制实施意见》，明确规定了各级党政领导在社会治安综合治理工作中的职责、任务及奖惩办法。

另外，西城区作为首都功能核心区，集政治、文化等功能于一身，精神文明建设始终走在全国前列。1999 年 9 月，西城区被首都精神文明建设委员会命名为“首都文明区”，被中央精神文明建设委员会命名为“全国创建文明城市工作先进区”，先后被民政部确定为“全国社区服务示范城区”“全国社区建设示范区”。在此基础上，西城区开始推进全国文明城区创建工作。2004 年西城区召开创建全国文明城区工作推进大会，随后制定了《2004—2008 年西城区文明城区创建纲要》，并成立了创建全国文明城区领导小组，同时调整

---

① 五讲四美三热爱：五讲即讲文明、讲礼貌、讲卫生、讲秩序、讲道德；四美即心灵美、语言美、行为美、环境美；三热爱即热爱祖国、热爱社会主义、热爱中国共产党。

了三级创建小组领导机构，分别明确了区领导和相关部门的责任。

3. 第三阶段（2008～2010年）：成立区委社工委、区社会办，构建社会治理体系基本架构

2008 年至 2010 年是西城区创新社会治理，构建社会治理体系基本架构的关键时期，对进一步创新社会治理有着极为重要的指导意义。在此阶段，2008 年，西城区委社会工作委员会、社会建设工作办公室成立，这对推进西城区社会建设具有里程碑意义。在领导机构成立之后，西城区在政策文件、工作架构、党建架构、服务体系等方面开展了重要工作。

首先，形成了纲领性的“1+4”系列文件。纲领性文件是指为一定时期内要完成的工作与任务所制定的行动步骤与奋斗目标，其为社会建设工作提供了理论指导与规划，对工作的开展起到指导与引领作用。2008 年，西城区在不断深入学习北京市社会建设“1+4”文件的基础上，广泛征求各单位、各部门的意见，完成了《西城区关于落实〈北京市加强社会建设实施纲要〉的指导意见》《西城区关于进一步加强和改进社会领域党建工作的实施意见》《西城区贯彻〈北京市社区工作者管理办法〉实施细则（试行）》《西城区关于加快推进社会组织改革与发展的意见》《西城区关于贯彻〈北京市社区管理办法〉的实施意见》等五个文件，即“1+4”系列文件。这五个文件分别就如何加强社会建设、如何改进与加强社会领域党建、制定社区工作者的管理办法、加快社会组织改革与发展的建议等方面做出了系统全面的规定。“1+4”系列文件的实施，是西城区根据实际情况，提出工作的创新思路，对西城区下一阶段的社会建设工作提出了指导性意见，具有一定的导向作用。

其次，形成了基层社会工作基本架构。2009 年，西城区出台了《关于成立街道社会工作委员会的意见》，成立街道社会工作委员会，目的是以党建工作责任全覆盖实现党组织和党的工作全覆盖。全区七个街道成立街道社会工委，在区委社会工委的业务指导下，在街道党工委的领导下，主要负责社区党建、新经济组织党建、社会组织党建和驻区单位共驻共建等工作。在深入开展社区服务站建设调研的基础上，出台了《西城区关于推进社区规范化建

设工作的意见》，确定了“一明确、两共同、三强化”的工作思路，即进一步明确社区党组织、社区居委会和社区服务站的职责任务，建立在社区党组织领导下，社区居委会和社区服务站的协作共治和责任共担机制，通过创新领导方式、运行机制、服务模式，强化党在社区的领导核心作用，强化社区的民主自治能力，强化社区的服务能力。2010 年，西城区不断深入推进社区规范化建设，通过了北京市社会建设工作领导小组对 2009 年社区规范化建设试点工作的验收，全区共有 46 个社区达到社区规范化标准。同时，为不断扩大试点工作的覆盖面和影响力，积极发挥已完成试点任务社区的引领、带动、辐射作用，2010 年西城区确定了 9 个社区作为社区规范化建设试点，工作重点聚焦在社区服务站建设、社区工作职能、社区运行机制、社区志愿服务、社区工作者管理、社区基础设施配置、社区经费投入等 7 个方面的规范。

再次，形成了区域性大党建的基本架构。区域性党建工作是以“共筑共建促发展，为民服务保和谐”为核心，以“民心工程”为服务载体，以不断优化组织设置、创建活动载体、健全领导机制、开创街道社区党建新局面为工作目标的新型党建管理模式。西城区通过不断完善社会主义党建的基本框架，以基层服务型党组织建设为出发点，调动驻区单位党组织共同参与区域化党建的积极性与主动性，更好地实现资源共享、资源合理利用，着力构建区域性大党建的工作格局。2009 年，西城区制定了《关于在全区非公有制企业党组织中开展五好示范点创建工作的实施意见》，进一步贯彻落实《西城区关于进一步加强和改进社会领域党建工作的实施意见》，构建西城区社会领域党建工作管理体制和工作体系，全面加强非公有制企业党建工作。2009 年 8 月，全面启动以全区非公有制企业党组织“领导班子好、党员队伍好、工作机制好、发挥作用好、各方反映好”为主要内容的五好示范点创建工作。2010 年，深入推进商务楼宇党建工作，推进商务楼宇党的工作全覆盖，推进商务楼宇社会工作党组织（社会工作站）规范化建设，推进公共服务进楼宇。此外，西城区还通过开展社会领域党员“红色之旅”活动，搭建党员身心和谐发展平台，丰富党员的文娱生活，增强社会领域党组织的凝聚力和组织力，提高党员党性意识与思想觉悟。

最后，形成了“五联五会四中心”的社会服务体系。“五联五会四中心”的社会服务体系，即通过组建企业联合会、社会组织联合会、社会工作者联合会、党建协调委员会和志愿者联合会，建好市民服务中心、社会组织服务中心、党员服务中心和志愿者服务指导中心，建立起党和政府部门与社会各界力量联合、联络、联系、联通、联动的工作方式，提高社会建设的协同效能，推动区域社会建设工作有序开展。“五联五会四中心”的社会服务体系，激发了社会活力，调动了社会各界参与社会建设的积极性与主动性，为社区建设工作提供了坚实的组织基础。

4. 第四阶段（2011年至今）：与宣武区合并，推进社会治理创新和社会治理体制改革

在 2010 年西城区与宣武区合并之后，西城区的人口从 2009 年的 91.2 万增长到 162.2 万，同比增长 77.9%，人口的剧增和情况的复杂化进一步加大了社会服务管理工作的难度。针对新情况、新问题，结合全面深化改革的要求，西城区从创新社会治理机制和社会治理模式着手，不断探索政府与群众全程互动、良性循环的新机制，系统构建了全响应社会服务管理模式。

首先，创新构建全响应网格化社会服务管理模式。全响应强调政府组织、企业组织、社会组织、公民均作为主体参与社会服务和管理，各类主体信息互通共享，积极响应社会需求，通过顺畅沟通、了解、理解，进而赢得信任、支持，达成合作，形成广泛参与的社会服务管理格局。西城区于 2011 年构建了全响应社会服务管理格局的框架体系，形成了社会服务管理工作响应链。2013 年，西城区出台《关于加强全响应社会服务管理创新信息化建设的指导意见》和《西城区全响应社会服务管理技术标准规范》。2014 年，西城区社会建设领导小组办公室印发《北京市西城区全响应网格化社会服务管理信息化建设规划》，确定区社会建设信息化工作中构建由一个信息网络、二级指挥中心、二级工作平台和 N 个专业系统组成的全响应网格化社会服

务管理信息化支撑体系的总体发展目标，明确六大主要建设任务和两大类39个项目。

其次，积极推进社会治理体制机制创新。一方面，成立社会治理体制改革专项小组。2014年4月30日，西城区全面深化改革领导小组社会建设与社会治理体制改革专项小组成立，并召开第一次专项小组会议。会议传达区委全面深化改革领导小组第一次全体会议精神，明确专项小组的工作规则、工作要点、重点任务分组研究方案，研究确定了重点改革任务。另一方面，推进街道管理体制改革。2015年，西城区推进街道管理体制改革工作，进一步完善街道管理体制。围绕加强城市管理和社会治理主题，从理顺区街条块关系，进一步明确街道职责定位，健全完善街道工作运行机制，建立健全地区社会服务与城市管理委员会机制，整合街道内部机构设置，完善街道综合管理执法机制，推进党和政府工作重心下移，不断提高街道社会治理和公共服务水平等方面进行了街道管理体制改革的探索，形成了《西城区关于深化街道治理体制改革的实施意见》。另外，西城区创新建立了“访民情、听民意、解民难”工作机制。2013年，西城区开展“访民情、听民意、解民难”工作，印发《关于深入开展“访民情、听民意、解民难”工作的实施意见》，在全区开展“访民情、听民意、解民难”工作。推行“一本（社区民情日记本）、一会（社区议事会）、一单（社情民意转交督办单）”民生工作法，建立健全社区党组织、社区居委会、社区服务站及商务楼宇工作站三位一体的民生工作体系。建立区街民生问题共商机制，集中解决一批群众关心的重点、难点问题。

再次，加快推进社区治理创新试点工作。2015年，西城区研究制定了《2015年西城区进一步推进社区治理创新试点工作方案》，重点推进区域化党建、多元性自治和开放式服务，文件以区委办、区政府办两办名义印发全区，试点范围涉及9个街道62个社区。在社区党建方面涉及一委多居、加强社区党组织的力量、抽调选派干部到社区、社区纪检改革等内容；社区多元民主自治方面涉及社区居民代表会议及常务会议制度、社区协商机制、合理设置社区辐射范围、推进社区工作者本地化、探索优化社区居委会专业委员会设置等任务；社区服务方面涉及“多居一站”、整合服务资源、发挥社会组织作用、调整完善社区延时制度、全科服务等任务。同年，西城区以社区治理创新试点工作为基础，选择在 80 个社区培育 80 支社区社会组织，进一步探索和实践适合本区区情的“三社联动”[①] 工作机制。“三社联动”工作机制以“管理比较规范，常态性参与社区公益服务和公共事务治理”为标准，形成以政府统筹为基础、以项目化运作为手段、以联席会为平台、以居民需求为导向，促进多元主体共同参与治理，实现资源整合和社区治理服务创新。

最后，全面开展“一刻钟社区服务圈”示范点建设。2012 年，西城区全面开展了 20 个“一刻钟社区服务圈”示范点建设。所谓“一刻钟社区服务圈”，是以社区发展为主线，以居民民生需求为核心，完善社区公共服务设施建设与配套设施，不断创新工作体制，对社区周边的商业网点进行优化配置，实现“小社区不出社区，大需求不远离社区，紧急需求不出家门”的特色社区服务模式。2013 年，进一步推进“一刻钟社区服务圈”示范点建设。一方面是对十大类 60 项 180 小项公共服务在社区的落实情况进行调查，73% 的服务项目满足度达到 90%。其中，有 13% 的服务项目满足度达到 100%；51% 的项目实现 255 个社区全覆盖，34% 的社区实现 180 小项全覆盖。另一方面是在全区 255 个社区开展社区社会组织和社区公共服务设施两个方面 39 类服务资源调查，按照北京市《关于 2012 年深入推进“一刻钟社区服务圈”示范点建设的通知》精神，进一步规范“一刻钟社区服务圈”的内容，逐步健全设施网络，完善运行机制，鼓励开展各具特色的服务圈组建设，打造 13 个市级“一刻钟社区服务圈”示范点。

（二）改革开放以来西城区社会建设取得的成就

近年来，西城区按照中央和北京市关于加强社会建设的要求，深入研究

---

① “三社联动”：即通过社区、社工和社会组织的联合，实现资源的整合和社区的自治。

新形势下特大城市基层社会治理规律，不断创新工作思路，改进工作方法，完善体制机制，探索形成了时代特征鲜明、区域特色突出的全响应社会治理模式，先后获得“中国城市管理进步奖”“倾听民意政府奖”“中国政府创新奖”“全国社会组织创新示范区”等称号，社会建设综合指数连续三年位居全市第一，社会建设站在了一个新的较高起点上。

1. **构建全响应、多联动、多元化的社会治理体系**

西城区地处首都功能核心区，机关单位众多、商务楼宇密集、流动人口聚集（见图1），社会服务管理难度大、公共服务需求高，这对西城区社会服务管理工作提出了新挑战。西城区从实际情况出发，从服务全响应、部门多联动、主体多元化等方面着手创新社会治理机制，着力构建系统、完善的社会治理体系。

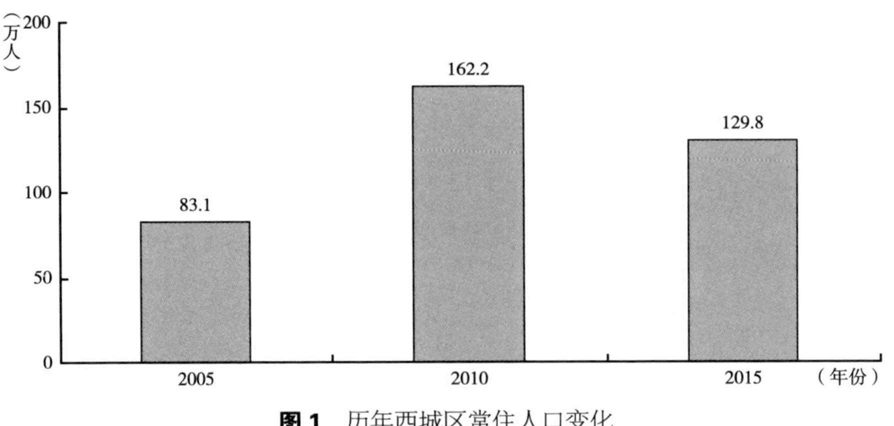

图1 历年西城区常住人口变化

资料来源：北京市西城区统计局，《西城区2006~2016年统计年鉴》，西城区统计信息网，2017年11月1日。

服务全响应主要就是构建全响应网格化社会治理体系，主要包括“两大平台、三类工作领域”的框架体系，纵向到底、横向到边的社会服务管理工作响应链，“访民情、听民意、解民难”工作机制，全响应街区信息化平台建设等四个方面的内容。其中框架体系是运行基础，社会服务管理工作响应链和“访民情、听民意、解民难”工作机制是运行主体，全响应街区信息化平台是运行载体，四个方面的内容构成一个整体。

部门多联动主要就是构建协调联动的治理机制，主要包括区街两级指挥中心和城市管理、社会治安、社会服务“三网”融合等两方面内容。区街两级指挥中心是指建立区街两级指挥（分）中心和街道层面的指挥分中心，形成区街两级城市社会服务管理的组织指挥运行网络体系。“三网”融合是以居民群众和驻区单位为服务对象，不断完善现场服务、电话服务、网络服务三位一体的现代公共服务方式，通过政务流程再造，打造区、街、社区三级公共服务网络。

主体多元化主要就是构建党建引领、政府负责、社会协同、居民参与的治理结构。一方面，西城区逐步形成了社区协商自治模式，健全完善“资源下倾、力量下沉、协调联动”的体制机制，强化街道统筹辖区发展的基础性作用。另一方面，积极培育和引导社会组织参与社会治理，建立“一中心、多基地”社会组织服务网络（“一中心”是指建立社区组织孵化中心，“多基地”是指建立社会组织孵化基地），充分发挥社会建设专项资金的激励引导作用，有效推进资源共建共享。另外，西城区着力从项目创新着手，发布了《2015 年西城区进一步推进社区治理创新试点工作方案》，进一步引导公众参与公共治理和服务。

2. 以社会民生为重点加强社会事业建设

近年来，西城区按照中央关注民生的要求，不断加大对社会民生领域政策与资金的支持力度，相关领域的财政投入逐年上升，2015 年一般公共服务支出达 19.6 亿元，较上年增长 9.5%。西城区通过加大民生投入，有效促进了民生改善和社会事业的发展（见表 1）。尤其是前期投入巨大的相关街道社区科技应用项目，极大地改善了街道社区的居民生活，也赢得了广大街道社区干部与居民群众的普遍认同和赞誉。

表 1 历年西城区社会事业建设情况比较

指标　　　　年份	2005	2010	2015
专利申请受理量（件）	—	3468	22862
基础教育学校数（所）	90	—	276
基础教育在校生数（人）	77225	—	133310
公共图书馆个数（个）	2	25	35
文化馆（站）个数（个）	9①	17	19
博物馆个数（个）	17	26	27
文物保护单位（处）	103	179	181
卫生机构数（个）	526	589	646
每千常住人口医院床位数（张）	10.5	11.1	12.0
每千常住人口拥有职业（助理）医师（人）	6.1	8.0	9.2
每千常住人口拥有注册护士（人）	—	9.7	11.8
体育场地数（块）	601	1139	1062

注：① 2005 年文化馆（站）数量为文化馆与街道级社区文化站数量总和，不包含居（家）委会级文化站数量。

资料来源：北京市西城区统计局，《西城区 2006~2016 年统计年鉴》，西城区统计信息网，2017 年 11 月 1 日。

同时，西城区将“一刻钟便民服务圈”示范点建设作为改善社会民生的重点，不断推进社会事业建设。目前，西城区“一刻钟便民服务圈”遍布社区，并将早餐店、菜市场、敬老院、图书馆、医院等生活服务信息纳入电子平台，几百家企业成为便民服务网的“卖家”，餐饮、家政、家电维修、购物等 11 大类 60 小类服务可实现资源信息及网上预约服务，原有的“一刻钟”概念也有了新的延伸，网络版“一刻钟便民服务圈”已成为地区常住居民方便快捷的“生活指南”。

3. 以幸福感为重要导向提升居民生活水平

改革开放以来，西城区的经济社会得到了快速发展，居民生活得到显著改善。尤其是自 2008 年西城区委社会工作委员会成立以来，全区以提升居民幸福感为重要导向，优化地区环境，提升居民生活水平。居民收入大幅度提高，2015 年西城区居民人均可支配收入达 67492 元，按可比价格计算，是 2005 年 18515 元的 3.6 倍。居民消费水平发生巨大变化，2015 年居民人均消费性支出为 43595 元；2015 年居民家庭恩格尔系数为 29.0%。城镇居民就业得到充分保障，2015 年全市城镇登记失业率为 0.8%。居民居住状况有了较大改善，居民人均住宅使用面积达到 21.4 平方米。城市公共交通建设发展迅速，2015 年西城区管道路里程长达 431.0 公里。城市公园建设稳步推进，城市环境显著改善，人均公园绿地面积逐步增长，2015 年达到 3.8 平方米（见表 2）。

表 2　历年西城区居民生活情况比较

指标　　年份	2005	2010	2015
居民人均可支配收入（元）	18515	31633	67492
居民人均消费性支出（元）	14458	22277	43595
居民家庭恩格尔系数（%）	30.1	32.0	29.0①
居民人均居住面积（平方米）	17.2	17.3	21.4
区管道路里程（公里）	230.9	413.9	431.0
人均公园绿地面积（平方米）	3.8②	3.3	3.8

注：① 2015 年居民家庭恩格尔系数为 2014 年数据；② 2005 年人均公园绿地面积为人均公共绿地面积数据。

资料来源：北京市西城区统计局，《西城区 2006~2016 年统计年鉴》，西城区统计信息网，2017 年 11 月 1 日。

三　从重点事件看改革开放以来西城区社会建设的特点

改革开放以来，西城区在落实北京市城市总体规划和市级部署的同时，也发生了一系列重大事件，成立区综治委和区委社工委，创建全国文明城区，与宣武区合并等。一系列重点事件的发生既反映了西城区社会建设内涵的不断丰富，也极大地推进了社会建设各项工作的进程，对西城区的整体发展具有重要影响。

（一）重要职能部门的成立反映了西城区社会建设内容的不断丰富

重要职能部门的成立是西城区社会建设发展到一定阶段的必然产物，反映了西城区社会建设的阶段性特征。1991 年，西城区社会治安综合治理委员会的成立，说明社会治安综合治理是当前阶段社会建设的重点工作，也是西城区社会建设相关部门第一次作为职能部门统筹领导工作。2008 年，西城区委社会工作委员会、社会建设工作办公室成立，标志着社会建设工作成为全区的重点工作之一，由专门的职能部门负责并统筹推进，社会建设工作的推进将更加具有整体性、系统性。

（二）全国文明城区的创建全面加快了社会建设进程

全国文明城区是指在现阶段的发展中，经济建设、政治建设、文化建设和社会建设全面发展，区域综合文明水平较高的城区。创建全国文明城区，对于西城区来说既是全面推进社会建设的重要动力，也是衡量社会建设成果的重要标准。从召开创建全国文明城区工作推进大会到制定《2004—2008 年西城区文明城区创建纲要》，再到成立创建全国文明城区领导小组和三级领导机构，政策指导与多级创建机制为全国文明城区创建提供了重要保障，也为推进西城区社会建设提供了重要动力。

（三）两区合并大力推进了西城区社会治理模式创新

2010 年，国务院正式批复，西城区与宣武区合并为新的西城区。对于西城区来说，两区合并能有效解决空间因素对区域发展的制约问题，提升区域承载能力和服务水平，加强地区对历史文化名城的整体保护，提升地区行政效率，以更好地服务于北京的“四个服务”要求和“四个中心”建设，加快推进国际一流的和谐宜居之都建设。具体来看，两区合并以来，西城区结合复杂区情，着力创新服务管理模式，从构建全响应社会服务管理框架体系、形成社会服务管理工作响应链到出台《关于加强全响应社会服务管理创新信息化建设的指导意见》《西城区全响应社会服务管理技术标准规范》《北京市西城区全响应网格化社会服务管理信息化建设规划》，全响应网格化社会服务管理体系基本形成。

（四）全面深化改革为西城区社会治理体制机制创新提供了契机

党的十八届三中全会审议通过的《中共中央关于全面深化改革若干重大问题的决定》，提出了全面深化改革的指导思想、目标任务、重大原则。[①]对于西城区来说，全面深化改革则为社会治理体制改革提供了重要契机。从成立西城区全面深化改革领导小组社会建设与社会治理体制改革专项小组到推进街道管理体制改革，西城区通过区、街道两级层面的社会治理体制改革，有效提升了全区的社会治理水平和公共服务水平，有效促进了西城区社会建设与国际一流的和谐宜居之都建设目标的接轨。

四　关于西城区社会建设未来发展重点的思考

《北京城市总体规划（2016年—2035年）》的出台明确了西城区作为首都功能核心区的重要目标和任务。党的十九大则进一步提出了更高要求，为深入贯彻落实党的十九大精神和城市总规要求，西城区要坚定不移地担当好推动首都核心区新发展的使命职责，努力在建设国际一流的和谐宜居之都进程中走在前列，要坚定不移地推进发展和管理转型、全面提升城市品质，切实把党的十九大精神转化为生动实践。从社会建设层面来说，西城区未来应重点聚焦深入落实首都城市战略定位，以加强制度建设和改进治理方式为重

① 《中共中央关于全面深化改革若干重大问题的决定（全文）》，新华网，2013年11月15日。

点，以完善全响应社会治理体系、增进民生福祉为主线，以深化社会治理体制改革为动力，加快完善与区域社会发展相适应的体制机制，不断夯实基层基础工作，推进社会治理精细化，完善全民共建共享的社会治理格局，为全面实现区域发展和管理转型，在更高水平上共同创造城市美好生活提供重要支撑。

（一）按照《深化北京市社会治理体制改革的意见》要求统筹推进社会治理体制改革

2015 年 8 月，《中共北京市委　北京市人民政府关于深化北京市社会治理体制改革的意见》（以下简称《意见》）发布，明确了深化全市社会治理体制改革的总体思路和主要内容。[①] 西城区在推进社会治理体制改革的过程中，要以《意见》为指导，结合区情统筹推进。要坚持以人为本、依法治理、源头治理、权责一致、协调创新的原则，进一步完善组织体系。推进管理重心下移、职能下沉，明确综合管理、专业管理、作业管理和属地管理的不同责任主体，构建权责明晰、服务为先、管理优化、执法规范、安全有序的社会治理体制。

（二）以全响应网格化服务管理体系为重点推进城市精细化服务管理

西城区要以全响应网格化服务管理体系建设为基础，加快推进城市精细化服务与管理。首先，加强部门联动机制建设，围绕社会治理中的重点难点问题，依托或搭建各类协调联动的平台，形成强大的工作合力。其次，完善区、街全响应信息化平台功能，不断提升操作系统的实用性和数据的精准度。最后，加快推进城市管理网、社会服务管理网、社会治安网“三网”融合发展。统一规范网格化管理内容、理顺工作流程，发挥社区、网格在非首都功能疏解、人口调控、城市管理、资源配置等工作中的基础性作用。

---

① 北京市社会建设工作办公室：《中共北京市委 北京市人民政府关于深化北京市社会治理体制改革的意见》，北京社会建设网，2015 年 8 月 15 日。

（三）以“三社联动”为重点增强社区治理能力

“三社联动”是实现社区居委会、社区社会组织、专业社工机构互联、互补、共进的治理模式。西城区要在目前“三社联动”试点的基础上，加快“三社联动”工作机制的推广与普及，提升社区工作实效与服务能力。同时，西城区要进一步完善与推进社区公约建设工作，巩固“参与式”协商工作成果，健全完善社区多元共治机制。另外，西城区要加大对社区公共服务资源、公益服务设施的整合、建设和使用力度，拓展“一刻钟社区服务圈”服务内容，提升生活性服务业发展品质，提高社区居民生活便利度。

（四）以“枢纽型”社会组织为核心完善社会工作体系

“枢纽型”社会组织是社会组织的核心，也是开展社会工作的重点对象。在完善社会组织工作体系的过程中，西城区要充分发挥“枢纽型”社会组织的引领作用，推进社会组织服务管理全覆盖。开展“西城区‘枢纽型’社会组织的现状检视与发展趋势研究”，明确“枢纽型”社会组织的功能定位、发展路径和行动策略，以点带面促进社会组织全面健康有序发展。完善社会组织分级分类管理，健全完善区、街、社区三级社会组织建设体系，积极稳妥推进社会组织登记制度改革。健全社会组织培育发展机制，完善培育支持政策，搭建公益服务平台，为其发展和发挥作用创造良好条件。以专业服务类社会组织扎根社区的方式，孵化培育一批能够提供公共服务和公益服务、承接政府职能转移的社会组织。调整社会建设资金支持方向，引导社会组织在满足民生需求、承接政府职能转移、科技创新、参与社区民主协商、疏解非首都功能、促进京津冀协同发展等领域发挥更大作用。

（五）以专业化和职业化为导向推进社工队伍建设

社工队伍是基层开展社会工作的主要力量。在推进社会建设的构成中，西城区要注重社会工作人才队伍建设，不断完善社会工作者培养、使用、管理、激励机制，大力扶持专业社工机构发展，加快推进社会工作者专业化、职业化。加快研究起草《西城区加强社区工作者队伍建设意见》，指导街道制定社区工作者管理办法，规范社区工作者专业考评制度，强化管理、提高效率。完善社区工作者专项能力培训机制，结合工作实际需要提高培训的针对性和实效性。推动街道社工联合会分会（社区领袖之家）建设，引导职业社会工作者把专业服务重点放在社区，增加社区工作者参加社会工作专业服务的机会，提高社区服务的专业水平。

（六）以区域化党建为目标推进社会领域党建

区域化党建是当前基层党建的基本趋势，也是现阶段西城区党建工作的重点内容。西城区在推进社会领域党建工作的过程中，要以构建区域化党建格局为目标，加强社会领域党建规律的研究和工作的分类指导，探索推进社会组织党建工作的有效措施，不断加强全区非公有制企业、社会组织、商务楼宇的建党组织工作和党建工作，加快推进非公有制企业和社会组织“两个覆盖”工作。另外，要加强党建人才队伍的培育，分层分类加强对社会领域党组织带头人和党务干部的培训，培养一批社会领域党建工作的优秀书记和储备人才。

中心城区

第四章　朝阳区社会建设回顾与展望

朝阳区的社会建设工作自改革开放以来获得了长足的发展，回顾朝阳区40年的社会建设实践历程，朝阳区在公共服务、城乡一体化、科教文卫、社会参与、社区自治等方面取得了突出的成就，为进一步强化区域核心优势、提升区域发展品质、增强区域服务首都发展的功能打下了坚实的基础。在改革开放40年之际，朝阳区迎来了建区60年的重要关口，社会建设工作也将开启一个新的发展阶段。朝阳区要把握机遇，力争上游，在完善社会治理结构、创新社会服务体系、提升社会动员能力、健全社会组织体系、促进基层治理现代化等社会建设重点领域持续发力，努力朝着率先全面建成小康社会的总体目标不断前进。

一　朝阳区社会建设的重要意义和重要任务

根据《北京城市总体规划（2016年—2035年）》中关于首都的战略定位、发展目标、城市空间结构方面的内容界定，朝阳区属于北京市中心城区，是首都“四个中心”功能的集中承载区，在服务和保障首都发展，助力国际一流的和谐宜居之都建设方面承担着不可替代的作用。朝阳区要牢牢把握区域自身在首都发展中的战略定位，以此为依据规划好地区社会建设工作的蓝图，明确新时期社会建设工作的重点领域和重要任务。

（一）朝阳区社会建设要体现首都主体功能区的重要地位

1. 是首都建设国际一流和谐宜居之都的关键地区

朝阳区位于北京市的东部，与首都功能核心区紧密相连，是首都主体功能区的重要组成部分，更是首都建设国际一流和谐宜居之都的关键地区。基于朝阳区重要的区位因素和战略定位，其社会建设工作不仅发挥着加强和支撑区域核心功能的基础性作用，而且承担着服务和保障首都功能的重大责任，主体功能区的社会建设水平、服务保障能力、社会文明程度、生态环境质量对首都建设国际一流和谐宜居之都的总目标具有至关重要的影响。习近平总书记在视察北京地区时关于建设国际一流和谐宜居之都的讲话，提出要着力从调整疏解非首都核心功能、控制城市发展规模、健全城市管理体制、改善空气质量方面推动首都发展和管理①，朝阳区是首都的经济发展重地，在疏解非首都功能、完善社会治理体制、控制人口规模和建设规模、修复生态环境等领域的工作任务量大且艰巨。最新的北京城市总体规划确立了“一核一主一副、两轴多点一区”的首都城市空间结构，朝阳区是围绕功能核心区的主城区，在首都发展转型、“大城市病”治理、形成以首都为核心的世界级城市群方面发挥着重要的支撑作用，是助推首都国际一流和谐宜居之都建设的骨干力量。

2. 是首都功能的集中承载区

按照北京市最新的城市规划，朝阳区在地理位置上属于中心城区，是首都“四个中心”功能的集中承载区，具体到朝阳区建设发展的实际就是要加强自身三个方面的功能，即国际交往中心、科技创新中心、文化中心，这与北京深入实施人文北京、科技北京、绿色北京的战略紧密契合。朝阳区作为首都功能的集中承载区，在疏解非首都功能和治理“大城市病”方面承担着重要责任，其社会建设要紧密围绕区域功能定位，强化和优化区域功能，对

① 习近平：《努力把北京建设成为国际一流的和谐宜居之都》，《人民日报》2014 年 2 月 27 日。

服务保障首都功能发挥积极作用。一方面，朝阳区要建强国际交往中心功能，在东北部地区建设国际一流的商务中心区、国际金融服务业中心区、科技创新中心区、文体交流中心区、国际化社区，以更好地体现首善标准，展示良好的首都国际形象；另一方面，朝阳区要打好文化产业牌，将南部地区打造成文化创意与科技创新融合发展区，加快推进传统工业改造升级，如以中关村朝阳园（垡头地区）重点功能区建设为依托，优化南部地区要素配置，带动南北区域协调发展。同时，进一步加大生态环境建设投入力度，综合提升区域发展品质，在首都转型发展中积极走在前列，发挥示范带头性作用。

3. 是首都核心功能的重要展示窗口

朝阳区作为首都核心功能展示窗口的作用十分突出，是首都对外开展国际交流重要桥梁。朝阳区不仅是首都现代经济发展成果的重要展示窗口，是北京市高新技术产业、现代服务业、文化创意产业和金融业的集中发展地区，是中国与世界经济联系的重要节点，而且历来是重要的外事活动承载区，是许多重大国际活动的举办地，如亚运会和奥运会的主要活动场地就位于朝阳，通过朝阳区这一国际化展示窗口，可以将首都的综合竞争力和国际影响力辐射全球。可以说，朝阳区社会建设水平和社会文明程度在很大程度上也反映着首都乃至全国的社会建设水平和社会文明程度。因此，朝阳区社会建设工作的重要地位不仅是因为其在服务当地民生发展、服务首都发展方面发挥着基础性作用，更是因为朝阳区是世界了解中国和中国走向世界的重要窗口。新时期，朝阳区社会建设需要更加符合多元化和国际化的首都功能发展趋势，在既有优势基础上实现进一步提升，如充分依托奥林匹克体育中心，不断完善朝阳区国家体育文化交流中心的功能，站在大历史观的角度来开展社会建设的各项事业，致力于塑造创新引领的首都文化窗口区，在北京乃至中国走向世界的历史进程中做出积极贡献。

（二）朝阳区开展社会建设工作的主要方向和重要任务

1. 朝阳区社会建设要牢牢把握疏解非首都功能这个“牛鼻子”

朝阳区社会建设工作要立足自身战略定位，从首都发展大局出发，牢牢把握疏解非首都功能这个“牛鼻子”，以治理“大城市病”为切入口，确定主攻方向和工作重点任务。《北京城市总体规划（2016 年—2030 年）》就中心城区疏解非首都功能做出了明确的指示，要降低中心城区的人口密度，要严控中心城区的建设总量，要调整中心城区的用地结构，要严控中心城区的建筑高度，通过疏解工作进一步实现北京城市空间布局的合理性，科学管控首都城市发展规模。据此，朝阳区在具体工作安排中要结合区域发展实际将疏解非首都功能与社会建设紧密结合起来，在人口疏解方面，要坚持把疏解工作与城市综合整治工作相结合，如将人口疏解工作和业态提升工作与拆除违法建设、治理开墙打洞等专项治理相结合；在控制建设总量方面，要坚持把疏解存量与严控增量相结合，如疏解生产加工类企业、大型批发市场等，重点推进知识创新产业发展；在调整建设用地方面，要做好空间腾退与功能优化提升的对接，制定和完善科学的管控机制，在疏解腾退出来的空间使用方面要围绕首都“四个服务”的基本职责，加快推进朝阳国际商务中心、文化创新试验区、和谐宜居模范区的建设。

2. 朝阳区要不断优化和强化服务及保障首都功能的能力

北京市要建设国际一流和谐宜居之都就是走符合创新、协调、绿色、开放、共享理念的可持续发展道路，建设人文北京、科技北京、绿色北京。朝阳区作为中心城区是首都建设国际一流和谐宜居之都的关键地区，也是服务首都功能的重要保障区，要集中精力发展高端商务、金融服务、科技创新、体育文化等领域，以不断强化服务和保障首都功能的能力。当前朝阳区的自身功能状况与其功能定位之间还不够匹配，在社会建设方面面临公共服务体系不完善、生态环境建设相对滞后、南北发展不平衡等问题和挑战。鉴于社会建设工作具有内容广泛、专业性和系统性较强等特点，新时期朝阳区要增强服务和保障首都功能的能力，社会建设工作则要从突出和强化党建引领作用、推动基层治理体制改革、完善社会动员体系、加强社区居民自治、提高社会治理的法治水平五个方面着手推进社会建设事业的发展。

二　改革开放以来朝阳区社会建设历程与成就

1978 年，随着我国改革开放政策的实施和全国城市工作会议的召开，朝阳区的社会建设工作也开启了新局面，从逐步恢复社会建制到以奥运会为契机推动社会建设事业实现大跨步发展，再到加强社会建设工作的协同与创新，在 40 年的实践历程中，朝阳区不断解放思想、与时俱进、大胆创新，在社会建设领域取得了丰硕的成果，为进一步推动社会治理创新积累了宝贵经验，为强化区域优势功能以助力首都发展奠定了良好的基础。

（一）改革开放以来朝阳区社会建设发展历程

1. 第一阶段（1978~1989年）：积极响应北京市城市工作会议精神，逐步恢复社会建制

1978 年是我国改革开放的起步之年，是我国社会主义建设事业发展的一个转折点，随着拨乱反正的开展，国内政治和经济环境逐渐得到改善，我国城市建设也呈现了良好的发展形势，城市建设体制和城市发展活力逐渐恢复。1978 年 3 月全国城市工作会议在北京召开，制定并发布了《关于加强城市建设工作的意见》，是中央顺应社会发展趋势对我国城市发展做出的重要指导。7 月，北京市召开城市工作会议，传达了中央城市工作会议的精神，明确了城市建设与经济建设之间的关系，提出把做好群众服务事业作为全党的一件大事来抓。朝阳区积极响应中央和北京市关于城市工作会议的精神，逐步恢复了社会建制，对原有的街道系统进行改革和完善，地区社会建设事业逐步进入正轨，为民服务能力得到加强。

该阶段，朝阳区的街道行政管理体制逐渐建立健全，相继恢复和成立了

10个街道办事处，其中安贞街道办事处由之前的安贞里和安华里街道办事处合并而成，亚运村街道办事处的成立为推动下一阶段朝阳区社会建设的发展提供了新契机。同时，基层的居委会工作也得到重视和加强，突出了党的领导，强调了为民服务的工作思路；朝阳区通过召开街道工作会议，讨论并通过了《朝阳区人民政府关于街道办事处工作规范的意见》，为提升街道为民办事效率和为民服务水平提供了指导；为进一步增强街道活力，朝阳区还开展了街道体制改革试点工作，进一步明确了党政分工、理顺了条块关系、推行区街分权；在精神文明建设方面，朝阳区积极在全区开展“全面文明礼貌月”活动和“争优创先”活动，为推动街道综合治理工作顺利开展营造了良好的秩序氛围，使街道环境和居民文明程度得到大幅度提升。

2. 第二阶段（1990~2008年）：以重大国际赛事为契机，推动社会建设不断迈上新台阶

20世纪末到21世纪初这一跨世纪阶段，朝阳区的社会建设事业也得到了跨越式的发展。朝阳区以1990年的亚运会和2008年的奥运会为发展契机，以创建全国文明城区为抓手，不断带动城市社会管理创新，推动精神文明建设不断向纵深发展。该阶段，朝阳区围绕两大国际赛事开展的综合治理专项行动和各类精神文明创建活动层出不穷，使得街区环境得到明显改善，社会文明和谐程度大大提升，围绕创建全国文明城区活动，朝阳区各个街道与社区大力开展基层管理和服务创新，荣获了全国以及北京市多项荣誉称号。朝阳区在多次重要会议上对城区的建设和管理工作做出了指导和部署，1999年，在中共北京市朝阳区第八次代表大会上提出了朝阳区跨世纪发展目标，为处于世纪转折点的朝阳明确了发展方向，规划了清晰的蓝图。此外，朝阳区十分重视社会力量在参与社会治理工作中的重要作用，为保障多元社会力量的有效参与制定和出台了一系列政策文件。

朝阳区在亚运会、奥运会和创建全国文明城区时期，开展了形式多样的宣传活动和精神文明创建活动，如开展了“学雷锋，树新风，创三优，争奥运”宣传活动；为做好重大国际赛事和全国性精神文明创建活动的社会保障

工作，朝阳区还通过与各街道办事处签订社会治安综合治理责任书的形式加强综合治理，不断提高街道工作水平。该时期，朝阳区荣获了全国社区服务示范区，团结湖、柳芳南里、西坝河东里居住小区被命名为全国文明住宅小区，团结湖街道、左家庄街道被评为全国体育工作先进街道，望京、亚运村、麦子店、建外街道获世界卫生组织“国际安全社区”认证等荣誉，并在创建全国文明城区工作中取得了优异成绩。朝阳区通过召开城市工作会议、中共第八次代表大会、中共八届二次全委（扩大）会议等，明确了该阶段社会建设的奋斗目标和重点任务，不断加强党的领导作用，深入推进城市管理体制改革，提高城市管理的现代化水平；随着改革的不断深入，朝阳区更加注重基层社区建设，推行了社区建设“369”工作规范[①]和楼（院）自治委员会制度，还成立了社区社会组织联合会，为保障基层社区建设工作，先后出台了《2000—2001年北京市朝阳区社区党建工作的指导意见（试行）》《关于建立社区体制推进社区建设的意见》《关于建立新型社区体制的若干规定（试行）》《朝阳区街道系统关于加强社区建设的若干意见》《关于培育发展社区社会组织创新社会管理机制的工作意见（试行）》等政策文件；2008年以朝阳区委社会工作委员会和朝阳区社会建设工作办公室的成立为标志，朝阳区的社会建设步入一个新的发展阶段。

3. 第三阶段（2009年至今）：重视社会协同发展，创新社会治理体系

在前面两个阶段积累的基础上，朝阳区社会建设已经进入一个全新的发

---

① 即3项公开，社区党委：职责公开；党员认岗情况公开；党内重要事项公开。社区居委会：成员职责公开；成员分片包户情况公开；社区重大事项公开。6个体系：社区为民服务体系；社区矛盾排查调处体系；社区扶贫济困体系；社区共建协调体系；社区文化建设体系；社区志愿者服务体系。9种制度，社区党委：党委议事决策制度；社区党建协调指导委员会分会工作制度；社区党委民主生活会制度；社区党委党风廉政责任制；社区党务公开制度；社区党委理论学习制度；社区党委舆情分析制度；基层党支部“三会一课”制度；党员教育管理制度。社区居委会：居民代表会议制度；社区议事协商委员会会议制度；社区居民常务代表会议制度；社区听证会制度；社区居委会成员入户走访制度；楼委会工作制度；社区居务公开制度；社区居委会工作制度；社区居委会内部管理制度。

展阶段，该阶段的工作应该更加坚持问题导向，更加注重社会创新，不断提升地区社会建设和社会治理能力的现代化水平。根据最新的北京城市总体规划，朝阳区是首都的中心城区，具备首都核心功能以及服务和保障首都发展的功能，在首都建设国际一流和谐宜居之都方面发挥着重要作用。进入新时期，朝阳区的社会建设要立足首都发展整体布局和区域战略定位，不断强化区域优势功能，与首都发展需求相匹配，以服务社会民生为根本，以党建工作为引领，不断加强基层民主自治、民主协商和法治管理，不断完善社会服务管理体制，推动社会治理体系创新，更加重视社会协同的作用，充分发挥社会组织的创新活力，打造一支专业化的社工队伍，加快推进信息化基础设施建设。这些都将成为朝阳区当前及今后一个历史时期努力的重要方向和重要战略任务。

这一时期是朝阳区推进社会治理体系和治理能力现代化的关键时期。第一，在加强基层党的领导方面，朝阳区在社会领域党建方面不断开拓创新，大力推动楼宇党建和“两新”组织党建工作的开展，通过党政群共商共治区级民主协商会议，深入基层了解群众，积极构建基层服务型党组织。第二，在社会管理服务方面，创建了全模式社会服务管理系统，通过创新政府服务模式，有效整合各类资源，提升为民服务水平，全区“一刻钟社区服务圈”工作得到持续推进，朝阳区被民政部确认为“全国社区治理和服务创新实验区”。第三，在社区建设方面，朝阳区不断探索基层社区体制改革与创新，先后开展了国际化社区建设、智慧社区建设、“六型”社区建设工作，启动了社区营造计划，提出对社区进行分类治理；同时，还重视和加强社区信息化建设，搭建了社区服务管理平台，使社区建设朝着科学化和精细化方向发展，2009 年朝阳区被民政部命名为“全国和谐社区建设示范城区”。第四，在社会协同方面，朝阳区重视多元社会力量参与社会建设，加快完善地区社会动员体系，为社会组织、志愿者、居民参与提供平台和渠道，2015 年朝阳区还专门成立了社会动员中心。第五，该时期朝阳区社会建设的专业化水平和法治化水平也得到大幅度提升，依托地区科研院所等专业资源，通过召开社会建设研讨会、社会管理创新工作研讨会、社会建设工作培训班、构建“枢纽型”社会组织工作体系研讨会等形式，不断提升社会建设工作的专业化水平。第六，朝阳区坚持推进依法治理，地区法治水平明显提高，朝阳区多个街道和社区获得了“全国法治社区建设示范街道”和“全国法治社区建设示范社区”的荣誉称号。

（二）改革开放以来朝阳区社会建设取得的主要成就

朝阳区社会建设事业以改革开放为起点，在40年的探索和创新历程中，牢牢把握各个历史机遇，积极顺应历史发展潮流，始终尊重城市发展规律和地区发展特点，在不同的阶段提出了不同的社会建设目标和任务，不断推动朝阳区社会建设事业的持续发展，在党建工作、社会管理、民生服务、社区治理、社会协同、法治保障等社会建设领域取得了丰富的成果和经验（见表1），为下一阶段社会建设事业的新发展打下了坚实的基础。

1. 以党建工作为引领推动社会建设事业稳定发展

党的领导是社会建设事业发展的根本保障，坚持党的领导核心地位，充分发挥党建引领作用，始终是朝阳区推动社会事业不断取得新胜利的重要法宝。党对社会建设工作的核心领导能力不断提高，主要体现在以下几个方面。

第一，区域化党建工作扎实推进，基本形成了社会领域党建工作体系，通过加强和巩固基层党组织全覆盖工作，实现党对社会建设工作的统筹领导。为加快推动社会领域党组织的全覆盖，朝阳区不断深化地区楼宇党建、非公党建、社会组织党建等工作，并根据党建对象的不同采取分类分级管理的办法，如为促进“枢纽型”社会组织党建工作的开展，成立了专门的党建工作委员会和联合党组织。“十二五”期间，朝阳区建成市级“五站合一”规范化商务楼宇服务站152个、商务楼宇品牌示范站27个、非公党组织537个、“六小门店”自律协会党组织34个，有效地整合了辖区各类社会资源。

表 1 历年朝阳区社会事业建设情况比较

指标 \ 年份	2005	2010	2015
专利申请授权量（件）	214	6605	16101
基础教育学校数（所）	252	212	182
基础教育在校生数（人）	90720	85108	193764
公共图书馆个数（个）	2	2	3
文化站个数（个）	53	40	43
博物馆个数（个）	13	19	35
文物保护单位（项目）（处）	16	17	17
卫生机构数（个）	908	1196	1370
医院床位数（张）	12064	15709	20117
拥有职业（助理）医师（人）	8069	13351	17887
拥有注册护士（人）	7279	12723	19084
体育场地数（块）	—	2163	1711

注：本表格中基础教育学校数量和在校生数量的数据来源范围是小学、普通中学和职业高中。

资料来源：北京市朝阳区统计局，《朝阳区 2006~2016 年统计年鉴》，朝阳区统计信息网，2017 年 11 月 1 日。

第二，服务型党组织建设深入开展，基层党组织的服务理念和服务意识不断增强，促进了基层党组织服务和创新能力的提升。通过创新基层党建工作模式和工作内容，丰富社会建设内容和提升社会建设水平，引领社会治理创新，通过积极推广项目化运作方式，引进多元社会力量，打造具有区域特色的服务品牌，更好地发挥党在资源整合方面的作用，提高服务的专业化水平。以学习促创新，以创新强服务，为增强基层党组织的服务能力和创新工作能力，朝阳区十分重视基层党员干部和社会领域党建工作人员的学习与教育工作，通过深入开展党的群众路线教育实践活动，提升党员素质和能力，通过组织和开展座谈会、研讨会、培训会等多种活动，加强学习与交流，如朝阳区举办了街道系统领导班子党风廉政建设主体责任培训班、社区党组织书记培训班、街道系统社会领域党务工作者全员培训班，还开展了社区党建

“三级联创”考核等，通过多种手段和方式促进服务型党组织建设。

第三，基层党建工作逐步进入规范化轨道，有利于巩固和加强基层民主自治，使社会服务和管理更加符合群众需求，提高决策的科学化水平。朝阳区不断建立健全社会领域党组织工作的各项机制，如落实“三有一化”党建工作，健全流动党员服务管理机制，创建“党政群共商共治工程”等，为居民参与社会治理提供更多机会和保障，从而推动基层党建工作的规范化和制度化发展，促进了党委领导、政府主导、社会参与、共同治理的社会治理格局的形成。

2. 以民生为根本不断建立和完善社会服务管理体系

开展社会建设工作必须站在维护最广大人民根本利益的高度，不断完善社会公共服务体系，加快社会治理创新，才能满足人民群众日益增长的美好生活需要，推动社会主义和谐社会建设。朝阳区以服务和发展民生为根本立足点，逐步完善了社会服务管理体系，建立了全模式社会服务管理系统，公共服务能力和社会管理能力显著提升。

首先，社会服务管理工作的覆盖范围不断扩大，覆盖能力不断增强，朝阳区建立了符合自身区情的民生工作长效机制和民生工作体系，为提升地区居民生活品质提供了可靠的机制保障。为促进城乡区域统筹发展，积极推动城乡基本公共服务均等化，朝阳区将城乡“六个一百”工程作为民生建设的主要抓手，通过深入推进“一刻钟社区服务圈”建设，不断提升农村公共服务覆盖水平；朝阳区是中心城区中面积最大的城区，下辖24个街道办事处和19个地区办事处，同时也是北京16个区中人口最多的城区（见图1），且人口结构复杂，为实现公共服务人人享有，积极推动社会管理服务在各类人群中的全覆盖，朝阳区采取分级分类的办法，不断加强对外来人口、商业人口、特殊人群、农村人口等不同类型群体的服务管理工作；构建了全模式社会服务管理体系，通过管理服务与信息技术的融合发展，在社会治理中实现信息共享、资源优化、协调联动，积极推动智慧社区建设，提高了社区服务管理工作的效率。此外，朝阳区还推出了为民服务“十大工程”，从教育、健康、养老、住房、就业、交通出行、公共文化等十个方面，全面提升地区公共服务能力，增强人民生活获得感和幸福度，实现各类人群服务管理全覆盖，不断夯实社会服务管理的基层基础。具体如表2所示。

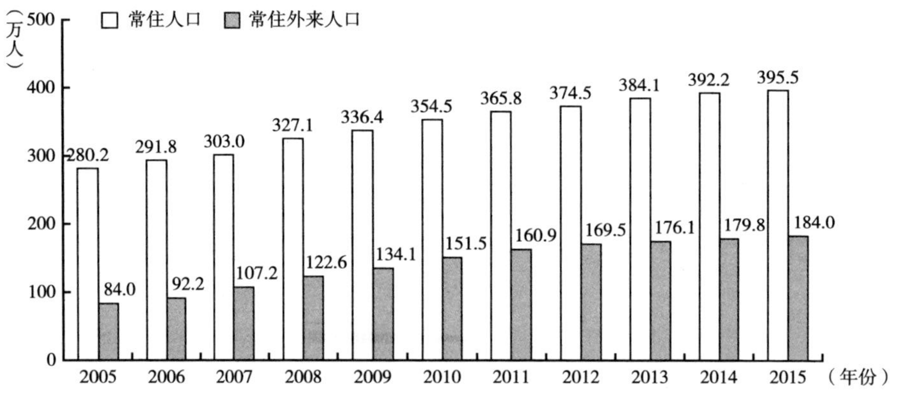

图1 2005~2015年朝阳区常住人口与常住外来人口数量变化

资料来源：北京市朝阳区统计局，《朝阳区2006~2016年统计年鉴》，朝阳区统计信息网，2017年11月1日。

表2 历年朝阳区居民生活情况比较

指标＼年份	2005	2010	2015
居民人均可支配收入（元）	17506	30134	55450
居民人均消费性支出（元）	13257	22406	39660
居民家庭恩格尔系数（%）	城市33.6 农村32.4	城市31.3 农村28.1	21.3①
居民人均居住面积（平方米）	城市16.7 农村56	城市25.1 农村48.9	34.0
全区城市道路总长度（公里）	—	1907	1890
人均公园绿地面积（平方米）	15.0②	25.7	—

注：①2015年居民家庭恩格尔系数为2014年数据；②2005年人均公园绿地面积为人均公共绿地面积数据。

资料来源：北京市朝阳区统计局，《朝阳区2006~2016年统计年鉴》，朝阳区统计信息网，2017年11月1日。

其次，多元参与的社会服务管理格局基本形成，社会动员能力和社会参与积极性普遍提高。朝阳区十分重视“两新”组织参与社会治理的积极作用，为各类社会组织和经济组织参与社会治理搭建平台，提供政策支持，不断激发社会活力。通过积极培育和发展“枢纽型”社会组织，建立朝阳区社会组织孵化基地，带动区域资源整合，有效弥补政府在公共服务领域的力量；不断创新和完善政府与社会组织合作的机制和途径，引导各类社会力量有序参与社会建设，实现共建共治共享的工作格局，如通过采取政府购买社会组织服务的方式实现合作。重视和加强社工队伍的建设工作和人才培养工作，通过畅通人才选聘机制，制定专项培养计划，不断壮大社工力量，优化人才结构，提高整体素质，提升其专业化和职业化水平。建立健全社会组织服务管理监督机制，为保证社会组织参与的合法性，实现社会合力效能的最大化，朝阳区形成了外部评价和内部评价相结合的监督管理机制，一方面，加强各类社会组织的自我约束和内部监督；另一方面，加强各级党组织和政府的外在监督，通过建立具体的考评制度和活动准则，打通公众参与监督评价的多种渠道，来规范社会组织的行为，如朝阳政务网、微博、96105 政民互动热线等渠道。

3. 以基层治理体制创新持续释放基层社会活力

社会建设工作涉及教育文化、医疗卫生、劳动就业、社会保障等诸多基本民生问题，其各项政策和任务的落实关键在基层，而随着我国改革的深入发展，社会治理主体呈现多元化趋势，传统的自上而下的基层治理体制越来越不适应社会发展的需求，需要通过推动街区治理体制创新不断吸收基层社会力量，为社会发展注入新活力。朝阳区以基层治理体制创新持续释放基层社会活力，推动了社会建设事业的蓬勃发展。

第一，街道系统职能不断强化。朝阳区自改革开放初始就十分重视街道系统的建设，随着街道体制改革的深化，街道统筹辖区的职能得到加强，街道系统在党工委的坚强领导下，以街道办事处为辐射网点，深入开展综合治理、综合执法、公共服务、指导社区建设等工作，为更好地发挥街道在地区治理工作中的统筹协调作用，朝阳区充分结合区域实况，探索建立了街道政务服务中心和协同办理机制，通过建立街道管理委员会制度，进一步调整和优化街道各个职能部门之间的权责关系。

第二，社区治理体系不断优化，社区规范化建设效果明显。在社区体制改革方面，朝阳区按照还权、赋能、归位的思路，在社区积极探索"一站多居"的现代化管理服务体系，加快推进老旧小区准物业管理工作和村庄社区化管理工作，以创建平安社区为抓手，增强基层各个科室、站、所的综合执法能力和协调合作能力，通过进一步强化居委会的自治功能，充分发挥业主委员会、物业公司的协调作用，帮助居民解决问题，在实现社区减负增效、社区规范化建设方面取得了很好的效果并推进城乡社区一体化发展。

第三，乡村自治体系不断完善，村庄社区化管理成效显著。在乡村治理体系方面，朝阳区不断加快村庄管理社区化步伐，持续推进城乡社区服务管理一体化建设。朝阳区充分结合各类乡村社区的不同特点，科学划分自治单元，因地制宜地开展自治工作，通过制定社区"369"工作规范、村民自治章程和健全村民代表大会制度、村务公开制度、村务监督委员会制度等相关制度，不断提升农村自治水平。此外，为带动城乡统筹发展，保障城乡居民在社会公共服务方面的平等性，朝阳区在农村社区积极推行"三社联动"治理模式，并不断强化村综治工作中心（站）的功能，增加对农村公共服务的投入，推动村庄社区化服务管理体系的发展与完善。

三　从重点事件看改革开放以来朝阳区社会建设的特点

朝阳区社会建设经过40年的发展，基本形成了三个大的历史发展阶段。每个阶段社会建设面临的问题和重点任务都有所不同，不同阶段发生的一些代表性事件或开展的重大活动往往成为朝阳区社会建设事业取得新发展的重要契机和节点，以这些重点事件为纬度分析朝阳区社会建设所具有的特点，有利于深化对朝阳区社会建设思路的认识，更好地把握朝阳区社会建设事业的发展轨迹。

（一）街道体制改革体现科学发展理念

纵观朝阳区社会建设的发展历程，街道管理系统的建设和完善始终贯穿其中，街道体制改革是执行和落实社会建设工作的载体，街道系统的完善程度对社会建设的发展具有重要影响。朝阳区的社会建设实践始终立足于国家发展大局和地区发展实际，尊重城市发展和建设规律，顺应时代发展潮流，按照中央和北京市关于城市建设的工作要求，把人民群众的利益放在第一位，重视社会建设的总体规划和部署，将科学发展观融入社会建设的方方面面。朝阳区街道体制改革深刻地体现了科学发展理念，根据不同时期的不同背景，确定不同的改革方向和内容，如根据亚运会和奥运会的工作需求，对街道办事处进行机构调整，通过调整和优化基层治理结构，进一步明确政府和社区的权责清单，理顺条块关系，促进上下之间的沟通与协调，不断推动党政机关向服务型转型，进而提高其为民办事和为民服务的能力及水平，增强了人民群众对政府的信任感。

（二）全国文明城区建设带动社会建设事业全面发展

全国文明城区建设是在科学发展观的指导下，国家为推动经济建设、政治建设、文化建设和社会建设实现全面发展而开展的创建活动，其中以精神文明建设成果最为显著。朝阳区积极响应国家建设全国文明城区的政策号召，把创建全国文明城区作为推动朝阳区社会发展的重要机遇，带动了地区社会建设事业的全面发展。围绕该主题，朝阳区开展了一系列精神文明创建活动，有效地改善了城区环境，提升了城区文明程度，推动了地区经济与社会的协调发展，地区精神文明水平的提高能够为经济建设提供可靠的精神动力和智力支持，有助于推动地区物质文明建设与精神文明建设的平衡发展，有利于加快构建社会主义和谐社会。

（三）奥运国际赛事推动社会建设迈向国际化和标准化

亚运会和奥运会是推动朝阳区社会建设发展的两项重大国际性赛事，两次赛事的完美收官，不仅检验和认可了朝阳区社会建设能力与水平，而且促进了朝阳区社会建设朝着国际化和标准化发展。朝阳区位于首都中心城区，是首都对外交往的重要窗口，其社会建设水平必须要体现首都标准和国际视野，作为奥运会主要场馆的承载地，为保障赛事的成功举办，朝阳区加强和完善了地区的公共服务、公共安全、交通出行、环境卫生、综治维稳、志愿服务等工作，并在赛事结束以后建立了一系列常态化工作机制，巩固和转化既有成果。朝阳区以奥运会等国际赛事为契机大力提升地区社会建设水平的重要经验，体现了朝阳区自身优势与首都功能定位之间的有效结合，是首都标准与国际标准的接轨，为首都建设国际一流和谐宜居之都发挥朝阳之力。

（四）示范试点工作推进社会建设工作不断创新

示范试点工作是探索新模式新方法的重要途径，对示范试点工作进行经验总结和普及推广，具有重要的现实意义和价值。朝阳区根据不同时期区域社会建设工作中面临的不同问题和挑战，开展了多项示范试点工作，有效促进和带动了社会治理体系创新，形成了具有朝阳区特色的社会建设经验和模式。朝阳区既是全国和谐社区示范城区，又是社会服务管理创新综合试点区，围绕以上示范试点工作，朝阳区深入探索了社区治理体系创新、社会组织管理创新、社区服务创新、社会领域党建创新等，还积极推动全模式社会服务管理体系建设，通过这些示范试点工作推动基层社会治理体系的创新，激发了社会建设的持久活力。

四　关于朝阳区社会建设未来发展重点的思考

在长期的实践探索中朝阳区社会建设获得了巨大的发展，但随着我国社会主要矛盾和发展阶段的转变，社会建设工作在新形势下又将面临新的问题和挑战。朝阳区作为中心城区，在社会建设领域要坚持首善标准，在建设首都和谐宜居之都中积极走在前列。“十三五”时期，朝阳区提出了要率先全面建成小康社会的发展目标，为实现这一阶段的发展目标，朝阳区在社会建设领域需要进一步做好以下几个方面的工作。

（一）突出党对社会建设的核心领导作用，扎实推进区域化党建工作

党的领导是新形势下社会建设工作稳步推进的根本政治保障，加强党对社会建设的统筹引领作用，发挥党在资源整合、民主协商、改革创新领域的优势功能。首先，区域化党建工作要持续推进，要进一步构建“一轴四网五平台”的区域化党建（体系）工作模式，逐步形成条块结合、纵横融合的基层党组织覆盖网络，增强党在基层的凝聚力；其次，要进一步创新基层党建模式，灵活设置基层党组织，不断提升党组织的覆盖力和影响力；再次，要持续推进服务型党组织和学习型党组织建设，始终保持党同人民群众之间的血肉联系，始终保持党员队伍的新鲜活力；最后，要深化基层党政群共商共治工作，不断引导基层民主协商制度建设，规范基层民主协商程序，保障人民群众的民主监督权利。通过基层党建工作把党的政治优势和组织优势不断转化为社会建设的优势。

（二）强化文化功能优势，提升区域精神文明建设水平

根据首都“四个中心”战略定位，文化交流中心是朝阳区今后要不断强化和优化的重要功能之一，以奥林匹克体育文化为代表，文化功能是朝阳区的优势功能，积极推动了全区精神文明建设事业的发展。要以文化优势带动地区精神文明建设水平的提升，为搞好社会建设事业提供精神动力和精神支撑。要坚持以弘扬社会主义核心价值观为主线，结合自身资源优势，打造地区特色文化品牌；要注重传统文化与现代文化的协调融合发展，营造符合时代发展潮流的公共文化，如将倡导勤俭节约文化与培育绿色环保文化相结合；

要深化“3+1”四级文化服务网络建设，加快构建全覆盖的现代公共文化服务体系，通过开展内容丰富、形式多样的文化惠民活动，以楼门、楼院、小区为载体大力开展群众性精神文明创建活动，打造家园文化凝聚工程，为社会建设事业的发展提供良好的文明基础和文化生态。

（三）深化基层治理体系创新，构建多元主体参与的社会治理格局

朝阳区作为首都建设国际一流和谐宜居之都的关键地区，在治理“大城市病”和疏解非首都功能方面面临的问题和挑战更加艰巨，为加快实现区域发展转型，提高城市治理能力，提升区域发展品质，朝阳区要不断深化基层治理体系改革与创新，构建和完善党委领导、政府主导、社会协同、公众参与、法治保障的社会治理体制。一是要坚持党委领导，以党建创新引领基层治理创新；二是要加快建设服务型政府，推动政社分离，重视社会组织体系和社会动员体系建设，不断创新政府服务方式；三是要调整和优化街区治理结构，加强街道对辖区的统筹职能，巩固和提升社区自我服务管理的能力，以“三社联动”机制建设为支撑，推动社区工作水平不断提升；四是要优化基层网格治理结构，继续推进“三网”① 融合发展，解决大城市治理分散化和碎片化问题，不断提升基层社会治理的现代化水平。

（四）加快完善全模式社会服务管理体系，提升城市治理的现代化水平

朝阳区积极顺应和把握信息技术发展的时代潮流，创建了全模式社会服务管理体系，通过推动社会服务管理与现代信息技术的融合发展，提升城市治理的现代化水平。朝阳区要不断完善全模式社会服务管理体系，从三大系统建设方面持续推动城市治理朝着智能化、精细化方向发展。在专业化管理系统方面，要及时做好系统的升级改造工作，根据群众需求的变化不断优化

① “三网”即城市管理网、社会服务管理网和社会治安网。

和细分业务模块和管理流程；在监督指挥系统方面，不断强化全模式系统的信息联通和共享功能，通过开放随手拍、微信、微博等网络参与机制和方式，畅通群众的监督渠道；在社会协作系统方面，以“互联网＋”模式推进社会资源整合和社会治理创新，以公共服务综合信息平台建设推动区域信息资源整合和共享机制建设，形成区域全覆盖、资源全整合、业务全集成、服务零距离、管理精细化、主体全参与的新型社会服务管理模式。

（五）提高法治水平，保障社会建设事业健康有序发展

法治建设是我国社会各项事业健康有序发展的重要保证，朝阳区作为首都主体功能区，要坚持依法治区，提高区域法治水平，为保障社会建设事业的健康有序发展提供有效的法律支撑。要强化法治思维，提高党政机关领导和工作人员的依法行政、依法办事意识，深入开展法制宣传教育，提高人民群众知法守法用法意识和能力；要建立健全依法决策机制，保障社会建设领域各项重大决策和文件审核的科学性和民主性；要依法规范和监管各类执法行为，加强区域综合执法能力建设，有效解决权责不清、推诿扯皮等问题，积极推进平安朝阳建设，提高人民群众安全感；要注重乡村法治建设，努力建设覆盖城乡居民的公共法律服务体系，在全区营造公平公正、和谐有序的法治环境。

第五章　海淀区社会建设回顾和展望

1978 年以来，海淀区社会建设事业得到了长足的发展，在促进经济发展和改善民生方面发挥了重要的保障和支撑作用。随着北京城市化进程的持续推进，海淀区社会建设也经历了几个不同的发展阶段，面对每个阶段不同的形势和任务，海淀区主动把握机遇，积极作为，大胆创新，在街道管理体制改革、社会服务管理创新、社区治理体系创新、公共服务供给等各个方面取得了有益的成绩。在新的首都战略定位背景下，海淀区社会建设要紧紧围绕中心城区功能定位，依托自身区位优势和资源特色，坚持首善标准，做好“四个服务”，全力提升城市管理水平和发展品质，努力为首都建设国际一流的和谐宜居之都做贡献。

海淀区既是全国性的文化教育、科技创新基地，也是全国著名的旅游胜地，最新的北京市城市总体规划明确了海淀区的功能定位，为海淀区的未来发展提供了根本导向。海淀区位于首都功能核心区的西北部，是中心城区的重要组成部分，在首都实现转型发展的关键时期，海淀区要全面落实首都中心城区功能定位，在疏解非首都功能和治理“大城市病”方面积极作为，在创新型国家建设和首都科学发展方面率先示范。

一　海淀区作为首都中心城区的功能定位

《北京城市总体规划（2016 年—2030 年）》（以下简称“城市总规”）将

海淀区划归为中心城区，是首都功能的集中承载区，肩负着疏解非首都功能、提升首都功能、服务和保障首都功能的重大责任和使命。海淀区要牢牢把握自身战略定位，以建设具有全球影响力的全国科技创新中心核心区为统领，不断完善配套设施建设和体制机制建设，努力建成环境优美、和谐宜居的海淀，增强广大人民群众的获得感和幸福感。

（一）海淀区是服务保障中央政务功能的重要地区

海淀区作为中心城区是首都四个中心功能的集中承载区，承载着首都全国政治中心的功能。海淀区是许多外交活动和政务活动的主场地，海淀区拥有颐和园及圆明园等独具中国特色的历史文化名片，拥有北京大学和清华大学等国际知名学术名片，拥有中关村等科技创新名片。海淀区是服务和保障首都中央政务功能的重要地区，要扎实推进非首都功能疏解工作，要保证疏解腾退空间优先用于政务，开展高标准的综治维稳工作，提供高水平的社会公共服务，保障中央政务活动能够安全、高效和有序运行，当前，海淀区在人口疏解和环境品质提升方面已经取得了良好的效果。

（二）海淀区要构建历史文化传承发展典范区

海淀区在首都文明中心建设中具有优越的资源与环境，可以发挥重要的支撑作用，海淀区聚集了一批一流的高校科研机构和高学历、高素质、高科技人才，具备一流的创业创新环境，在发展文化创意产业、促进文化交流、提升文化竞争力方面优势明显。同时，海淀区还拥有西山永定河文化带和三山五园（见图 1），是国内外知名的旅游、文化和体育活动地，其中，三山五园是北京唯一同时具有传统历史文化与新兴文化的复合型地区。海淀区要依托区域优势，推动传统文化与现代文化、历史文脉与文化创意融合发展，不断完善地区公共文化服务体系，营造文明和谐的社会氛围，既要保护好历史文化资源，又要合力开发利用，打造符合首都标准、具有海淀特色的文化品牌，不断提升文化软实力和国际影响力，积极构建历史文化传承发展典范区。

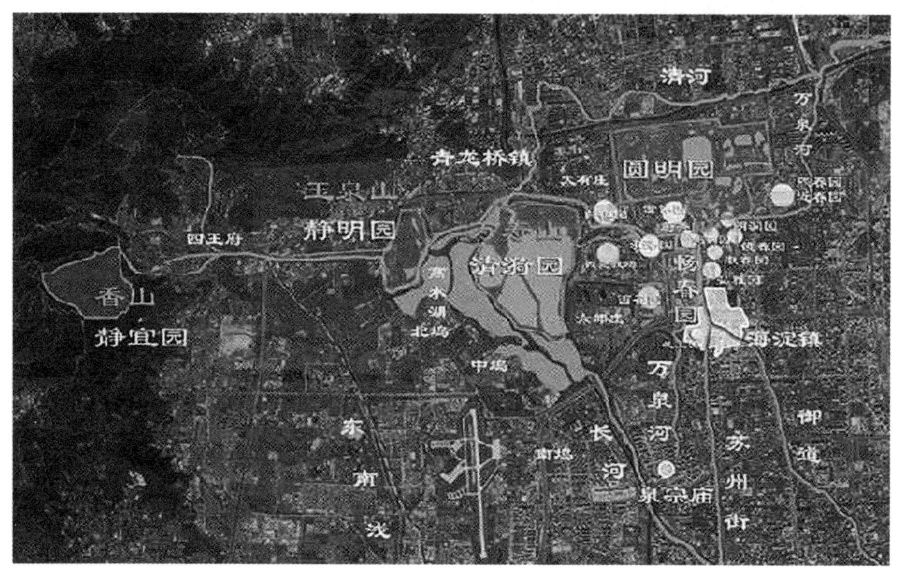

图 1 海淀区三山五园示意

（三）海淀区要致力于建设和谐宜居的城市家园

城市总规中提出要建设科技北京、人文北京和绿色北京，在首都转型发展的关键时期，中心城区要全力做好非首都功能疏解工作，全面提升城市发展品质，为建设国际一流和谐宜居之都做出积极贡献，城市总规对海淀区的定位是要建成高水平新型城镇化发展路径的实践区及生态宜居和谐文明示范区，即要走一条内涵集约式的发展路子，既要使经济得到充分发展，又要使生态环境得到充分保护。近年来，海淀区常住人口数量持续下降（见图 2），人口资源优势逐渐削弱，要保留和吸引优质的人口资源，海淀区要努力建成和谐宜居的城市家园，要始终坚持民生导向，为居民提供和谐有序、智慧便捷、绿色安全的居住环境，要注重城乡统筹发展，努力实现基础公共服务的均等化，率先全面建成小康社会，在首都建设国际一流和谐宜居之都中力争走在前列。

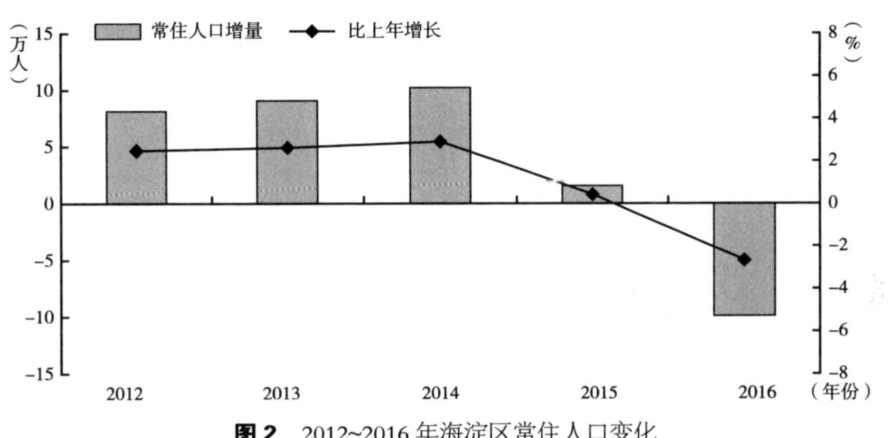

图 2　2012~2016 年海淀区常住人口变化

资料来源：北京市海淀区统计局,《海淀区 2016 年统计年鉴》，海淀区统计信息网，2017 年 12 月 1 日。

（四）海淀区要着力打造全国科技创新中心核心区

为加强首都作为全国科技中心的功能定位，规划提出了三城一区建设，其中包括中关村科学城建设。“十三五”时期，海淀区围绕全国科技创新中心核心区的战略定位，不断强化“海淀区就是核心区、核心区就是海淀区”理念，深入推进中关村科学城建设和生态科技新区建设，使海淀区成为原始创新的策源地和自主创新的主阵地。一方面，巩固和优化优势产业；另一方面，加快推进产业转型升级，发展战略性新兴产业，如建设“中关村智造大街”和推动“互联网 +”产业融合发展，形成具有海淀特色的产业体系和“高精尖”经济结构。海淀区要充分发挥产业和资源优势，努力打造具有全国影响力的国家创新中枢，在首都建设更具活力的世界级创新型城市中发挥自身的优势功能。

二　改革开放以来海淀区社会建设历程与成就

海淀区社会建设不断发展为地区经济发展和民生改善提供了重要支撑，对 40 年历程进行回顾，海淀区社会建设大致可以分为三个不同的发展阶段，每个阶段都代表着社会建设工作又迈向了一个新台阶，在街区管理体制改革、社会公共服务、城市环境建设、社会文明法治、社会治理创新、城乡一体化等方面不断取得积极成果。对其社会建设历程和成果进行回顾与总结，可以为下一阶段工作的推进提供深刻的认识基础，使社会建设更加符合人民群众需求、更加匹配区域发展目标和首都建设要求。

（一）改革开放以来海淀区社会建设的发展历程

1. 第一阶段（1978~1992年）：辖区工作重心转向城市，街区管理体制逐步健全

1978 年至 1992 年是海淀区社会建设工作的新起步阶段，该时期海淀区的工作方向由以农村为主转向以城市为主，城区街道管理系统逐步建立与完善。以 1982 年海淀区街道工作会议为转折点，明确了城市建设、城市管理和居民委员会工作是街道工作的重点。同年，海淀区还成立了区委街道工作委员会和区政府街道工作办公室，作为统筹推进全区各个街道和居委会工作[①]，增强街道工作系统性的主要机构和力量。随着街道管理工作和居民工作的持续推进与发展，基层政权得到进一步巩固和加强。

按照马克思主义基本原理，经济基础决定上层建筑，当经济发展受到限制时，要变革那些不适应当前经济发展的制度和体制。为适应经济发展的新形势，海淀区深入开展街道综合体制改革工作，通过调整和优化党政机关设置，理顺条块关系，明确各部门权责，不断强化了街道的属地管理权力和综

① 当时海淀区共有 12 个街道办事处和 203 个居委会。

合管理职能，通过持续开展居民工作，建立居民代表大会制度，发扬民主精神，不断夯实基层政权的群众基础。

在20世纪80年代末90年代初，海淀区积极响应首都精神文明建设的要求，在全区大力推进文明居民区建设活动，充分激发了人民群众的参与积极性，在改善城市综合治理、提高社会文明程度、美化市容市貌等方面成效显著，为迎接建国40周年、大庆亚运会做好了充分准备。该阶段海淀区的社会建设工作得到了快速发展，城市建设和城市管理水平得到很大提升，有力地推动了地区“两个文明”共同发展。

全面推进城市管理体制机制改革创新方面，以亚运会为契机，大力加强基础设施建设和生态环境建设，不断提高城市现代化水平；完善社区服务功能，依法推进社区民主自治，提升社区建设水平；以开展保持共产党员先进性教育活动为引领，大力加强精神文明和民主法制建设；坚持以人为本，完善社会保障体系。

2. 第二阶段（1993~2008年）：深化城市管理体制机制改革，全面提升城市管理品质

这一时期是海淀区城市管理体制不断完善的时期，海淀区通过深入开展街道综合体制改革、持续完善居民工作制度、大力推进社区建设、不断加强基层党建工作，城市服务管理水平得到稳步提高，城市服务管理品质得到明显提升。

为进一步推动城市管理重心下移，海淀区就改革街道系统综合管理体制进行了深入的实践探索。通过不断明确街道的职能定位和工作重点，推动街道全局建设，1997年海淀区《关于进一步加强街道工作的意见》中指出街道职能主要在于城市管理和服务；为更好地指导街道工作，实现街道综合管理职能的全面发展，海淀区还通过多种形式不断提高对街道改革和城市管理工作的理论认识水平；针对改革中存在的区街职权不清、条块关系不顺等问题，海淀区不断完善“两级政府、三级管理”的体制建设工作，保证了城市管理重心下移后各项职权的有效落实。

居民工作是城市建设和管理的基础，海淀区始终坚持人民群众的主体地

位，持续不间断地推进居民工作的开展，通过加强和完善居（家）委会工作制度，严格做好换届工作，开展居（家）委会达标争先创建活动，不断提高居民“自我管理、自我教育、自我服务”的能力，将服务和管理延伸到城市的毛细血管。进入 21 世纪，随着传统单位制的解体和社会人的出现，社区逐渐取代之前的单位和大院，成为城市管理的基础单元，海淀区结合社会发展形势和实际区情，完成了社区居委会的建立工作，逐步构建起新型社区管理体制和运行机制，通过建立和完善社区居委会组织机构，规范社区会议制度，巩固和发展基层民主自治机制，积极构建社区自治组织体系，加强社区工作队伍建设，不断增强社区自治功能，提高社区服务管理效率；以建设和谐海淀、推动和谐社区建设为抓手，不断推动社区基础设施建设和社区服务站标准化建设，促进了社区服务体系的建立和完善，使社区居民生活品质得到很大提升。

党建工作是海淀区社会建设全面稳定发展的根本保证，海淀区不断加强和改善党的领导，充分发挥基层党组织在社会建设各项工作中的龙头作用，促进了区域政治、经济、文化和社会的协调有序发展。2008 年海淀区委社会工委和区社会办成立，成为统筹社会建设发展的指挥机构，加强了社会建设的顶层设计和总体规划。随后，海淀区首批街道、乡镇社工委也相继成立，有力地推动了党建工作在社会领域的覆盖力和影响力提升；重视和加强对党员干部的教育和培训工作，注重培养他们的基层创新能力，配全配强基层领导班子，增强基层党员干部的先进意识、服务意识和法治意识。这些都为高效扎实地完成“平安奥运”工作和任务提供了支持与保障。

3. 第三阶段（2009年至今）：加快推动社会服务管理创新，提升社会治理的现代化水平

随着我国改革逐渐向纵深推进，海淀区的社会建设工作也进入了一个新的发展阶段。该阶段，海淀区以创新为动力，着力推进社会服务管理工作与社区建设工作的全面协调发展，不断提高城市服务管理水平，形成了区域社会建设的新格局。

海淀区以社会领域党建创新引领社会服务管理创新，以社会服务管理创

新推进社会建设发展，加快构建“党委领导、政府负责、社会协同、公众参与、法治保障”的社会服务管理新格局。为提高社会领域党建水平，海淀区大力开展区域化党建工作，加快建设基层服务型党组织，通过实施街道机关党员“双报到”工作、楼宇党建“一楼宇一社工”项目等党建创新模式，切实提升党在基层的领导力；通过政府购买服务的方式，引入专业社工力量，不断丰富服务内容，提高服务质量；全面推动网格化社会服务管理体系建设，依托基层网格体系，深入落实服务管理职责。

海淀区通过开展社区规范化建设试点工作，探索建立完善的社区公共服务体系，不断创新社区治理模式，有力地推动了和谐文明社区建设。海淀区在试点工作中创建了“一居一站”和“多居一站”的居站分设模式，进一步科学细分了社区居委会和社区服务站的工作职责与功能。随着社区规范化建设的覆盖范围不断扩大，鼓励社区在统一标准的基础上，打造特色和精品社区。重视社区工作人才的培育，改善社区工作者待遇，提高社区工作队伍的综合能力和素质。

为深化社会服务管理创新，海淀区充分调动和发挥区域社会组织与志愿者的积极作用，通过建立购买服务的长效机制和政策激励机制，使社会力量能够更好地成为政府服务职能的承接者，为群众提供更加多元化的服务。为引导和规范社区社会组织力量的有序发展，海淀区进一步改革和优化了社会组织登记管理制度，建立了街道“枢纽型”社会组织工作体系，成立了社会组织孵化中心，并积极推进全区社会组织“一个中心、两个基地”培育孵化体系建设。在志愿者工作方面，通过建立和完善基层志愿服务平台与体系，颁布《海淀区社区志愿服务站规范提升工作方案》，不断提高志愿服务工作的规范化和制度化水平。

（二）改革开放以来海淀区社会建设取得的主要成就

1. 街道综合管理职能明显增强，城市环境品质不断提升

海淀区顺应改革开放的历史潮流，积极推动基层社会管理体制改革，调

整和优化不利于经济发展的制度和机制，以更好地服务经济建设这一工作中心。1978 年以来的历次街道工作会议都对街道系统综合体制改革和居民工作的任务与目标进行了明确，随着改革的持续推进，区街权责关系更加明晰，街道综合管理职能不断增强，基层机构设置更加合理，居委会工作逐渐规范，基层民主得到进一步发扬，精神文明建设更加进步。海淀区通过全面推动街道综合体制改革，一方面，提高了基层政府的管理能力，强化了街道的综合管理职能，进一步巩固了基层政权建设；另一方面，体制机制的改革和机构设置的调整、条块关系的理顺使居委会能够更好地发挥服务功能，在组织和调动居民参与社会建设和管理方面积极作为。街道综合管理体制改革带动了海淀区社会建设事业的全面发展（见表 1），海淀区还获得了“全国文明城区”荣誉称号，逐步建成了城市管理更加高效、街区环境更加整洁、社会运行更加安全有序、居民生活更加美好的海淀（见表 2）。

表 1 历年海淀区社会事业建设情况比较

指标 \ 年份	2010	2013	2016
专利申请授权量（件）	14000	21000	35000
基础教育学校数（所）	—	—	194
基础教育在校生数（人）	—	—	264670
公共图书馆藏书（册）	866000	1092000	1439000
收养性社会福利单位（个）	31	—	—
街道社区服务中心（个）	23	—	—
文物保护单位（处）	41	—	—
卫生机构数（个）	914	1051	1080
医院床位数（张）	9832	—	12000
拥有职业（助理）医师（人）	8880	9713	11000
拥有注册护士（人）	9692	11930	13000
体育场地数（块）	258	259	255

注：本表格中基础教育学校数量和在校生数量的数据来源范围是小学、普通中学和职业高中。

资料来源：北京市海淀区统计局，《海淀区 2010~2016 年统计年鉴》，海淀区统计信息网，2017 年 12 月 1 日。

表 2　历年海淀区居民生活情况比较

指标＼年份	2010	2013	2016
全区居民人均可支配收入（元）	33351.3（城镇）	45952.7（城镇）	67022
	17660.9（农村）	24673（农村）	
全区享受最低生活保障人数（人）	8838（城镇）	76264（城镇）	64536
	1090（农村）	4962（农村）	
全区参与基本养老保险人数（人）	1379000	2248000	2572000
城市绿地率（%）	45.5	—	—

资料来源：北京市海淀区统计局，《海淀区 2010~2016 年统计年鉴》，海淀区统计信息网，2017 年 12 月 1 日。

2. 建立了网格化社会服务管理体系，社会服务管理水平不断提高

全区网格化社会服务管理体系是海淀区社会建设工作取得的代表性成果，网格化体系的建立和完善有效地提高了区域社会服务管理水平。海淀区为深化网格化社会服务管理体系建设，专门成立了区网格化社会管理和社会服务工作领导小组及办公室，搭建了网格化信息管理系统，逐步建立起“纵向到底、横向到边、条块结合、多方参与、协调联动”的网格化工作体系。网格化工作体系拥有巨大的优势，网格体系在城乡的全覆盖，可以加快管理重心下移，落实网格责任；网格化与信息化相结合，可以实现资源的高效整合，促成共建共享格局的形成。海淀区按照网格化工作思路，积极搭建和完善基层网格化工作体系，通过推动城市管理网、社会服务网、社会治安网“三网”融合发展，不断织密基层服务管理网，采取“一人一格”或“一人多格”等多种方式将党员干部力量下沉到基层，发挥模范带头作用，帮助群众解决实际问题，加快推进区域信息化建设，充分发挥大数据和互联网的技术优势，使公共服务的需求与供给更加匹配，社会服务管理更加精细化。

3. 创建了一批基层社会治理新模式，激发了基层社会的创新活力

在全面深化改革的背景下，海淀区主动把握机遇，在社会治理领域深入实践，通过不断深化社会治理体制改革，推动社会治理方式创新，推出一批改革创新试点工作，逐渐探索出符合海淀区发展特色的社会治理体系，充分激发了基层社会活力。继续推进政府机构改革和职能转变，创新政府服务管理方式，通过政府购买或委托方式，引入市场机制和社会多元力量，如积极为驻区企事业单位、社会组织、志愿者团体、居民自治组织等提供参与平台和渠道。不断推进工作思路的创新，坚持问题导向和民生导向，围绕社会治理的重点难点问题，推出了“六型”社区创建活动、十大和谐创建工程、为民办实事工程、“一刻钟社区服务圈”建设等专项社会治理计划。重视和加强社会治理创新的研究与试验工作，因地制宜地创建了一批社会治理创新实验区，如在清河地区和乐活中关村开展的社会治理创新实验就取得积极成效，不断强化了地区社会治理的系统性和科学性。

4. 建立和完善了社会组织工作体系，构建了多元参与的社会建设格局

海淀区充分认识到社会组织是支持社会建设发展的重要补充力量，通过建立和完善社会组织工作体系，引导和规范社会组织参与社会建设，使其更好地承接政府转移的公共职能。从社会组织的培育、建设、管理、监督等多个层面开展工作，逐步建立和完善了区域社会组织工作体系。通过构建“枢纽型”社会组织工作体系，实行项目化管理制度，有效整合社会分散资源，形成共建合力。积极培育和扶持社区社会组织，建立社会组织孵化器，搭建了社区社会组织服务平台，实现“一站式”服务。在管理方面，规范社区社会组织的登记和活动规则，完善了社会组织监督考评体系，科学地设置了退出机制。在组织和队伍建设方面，加强基层党组织对社会组织的领导作用，组织和开展社会组织领域党建工作，积极引入专业的社会组织工作人才，重视对骨干力量的教育和培训。海淀区通过建立和完善地区社会组织工作体系，逐步形成了多元参与社会建设的新格局，打造了一批具有海淀特色的社会组织服务品牌。

三　从重点事件看改革开放以来海淀区社会建设的特点

改革开放以来，海淀区的社会建设事业发展迅速，在长期的实践中，获得了丰富的工作经验和成果。对 1978 年以来的社会建设实践历程进行梳理总结，以其中一些具有阶段性特征或海淀区特色的重点事件为依据，对其进行定性分析和解读，为进一步把握和展望下一阶段海淀区社会建设的发展趋势和重点任务提供基础依据。

（一）文明居民区创建活动促进了“两个文明”协调发展

经济发展始终是解决一切问题的根本要求，社会建设也必须围绕这一中心开展工作，为经济发展和民生改善提供更加有力的社会条件与环境。在改革开放初期，海淀区以迎接亚运会为契机，以居民区为活动单元开展了“文明居民区”创建活动，是对首都精神文明建设政策要求的积极响应，是在坚持经济建设为中心的根本前提下，在全区开展的精神文明创建活动，有力地促进了“两个文明”的协调发展，“两个文明”是相辅相成、互相促进的关系，要在实践中强调两者协调发展的重要性，“坚持两手抓，两手都要硬”。海淀区开展“文明居民区”创建活动的时间历程久，活动的影响力和覆盖力较强，促进了地区治安秩序、环境卫生、社区管理和服务等工作的全面发展，地区居民文明水平也得到持续提高，地区居住环境更加和谐宜居。

（二）街道管理体制改革顺应了城市转型发展的新需要

街道作为城市的基层政权单位，承担着城市服务管理等大量工作职责，推动和完善街道管理体制改革是实现城市发展转型的必然要求和重要环节。海淀区紧密结合首都功能定位和地区实际，持续推进街道系统管理体制改革，不断理顺条块关系，提升行政管理效率，以不断适应城市转型发展的新需求。海淀区持续推进街道系统的管理体制改革，以调整并优化街道与政府、社区、市场和社会的关系为切入点，改革和完善基层行政管理体制，不断强化街道综合管理职能和统筹辖区发展的职能，进一步突出了社区服务功能和居民自治能力，促进了城市管理重心下移，使基层活力得到释放，企业、社会组织、志愿者团体和居民等多元主体参与社会治理的地位得到保护和肯定，有力地推动了社会治理体系和治理模式的创新。

（三）全面推进社区建设促进了社会管理创新

城市社区在城市服务管理方面承担着越来越重要的职责，加强社区建设已经成为加强城市管理工作的必要内容。海淀区在深化街道管理体制改革的基础上，全面推进社区建设工作，完成了社区居委会制度建设工作，促进了社区协商民主的发展，以和谐社区建设与“六型”社区[①]建设为抓手，逐步建立起新型社区管理体制和运行机制。积极推进社区服务体系和社区社会组织体系的建立与完善，持续开展“一刻钟社区服务圈”建设工作，以社区规范化建设带动社区基础设施等配套设施的健全完善，大力发展社区党建工作，推进社区管理体制创新，加强社区工作人员队伍建设，强化社区服务功能，加大社区信息化建设投入力度，推进网格化体系建设。海淀区通过全面推动社区建设，进一步夯实了社会管理工作的基层基础，提高了城市社区的服务管理水平和自治水平，为社区居民提供了高品质的社区生活环境。

（四）社工委和社会办的成立推动了社会建设的统筹发展

以海淀区社会工作委员会和社会工作办公室的成立为标志，海淀区社会建设工作进入了一个统筹发展的新阶段。区委社工委和社会办作为地区社会建设的“指挥所”，坚持以科学发展观为指导统筹推进社会建设，重视并加强对社会建设工作的顶层设计和战略规划。成立了社会建设领导小组，从党建、公共服务、社区管理、社会组织管理、志愿者管理、特设社区创建等多个纬

① “六型”社区：即干净、规范、服务、安全、健康、文化型社区。

度，推动社会建设体制机制的完善。坚持民生导向和问题导向，解决人民群众最关心、最直接、最现实的利益问题。社会建设工作是一项系统性和专业性较强的工作，要保障工作的稳步推进和落实，必须加强对社会建设领域的研究工作，海淀区社工委和社会办组织了社会建设领域的相关课题研究，如完成了《海淀区社会建设总体规划研究》报告，为地区社会建设提供智力支持和政策依据，增强了政策制定的科学性。

四　关于海淀区社会建设未来发展重点的思考

《北京城市总体规划（2016 年—2030 年）》中关于海淀区的发展定位，为海淀区开展下一阶段的社会建设工作明确了方向和目标。进入“十三五”时期，海淀区社会建设要立足首都中心城区的战略定位，充分发挥海淀区战略优势，以开展疏解整治促提升工作和“大城市病”治理工作为突破口，着力打造全国科技创新中心核心区，不断完善社会建设工作体系，努力将海淀区建设成为国际一流和谐宜居文明区，更好地服务于首都发展的大格局（见表 3）。

表 3　海淀区“十三五”时期社会建设领域相关指标

类别	指标	目标	属性
生态文明	细颗粒物（PM2.5）浓度降低（%）	达到市级要求	约束性
	单位地区生产总值二氧化碳排放降幅（%）	达到市级要求	约束性
	城市绿化覆盖率（%）	53	约束性
	森林覆盖率（%）	35.67	预期性
	人均公共绿地面积（平方米）	13	约束性
	污水处理率（%）	99 以上	约束性
	重要水功能区水质达标率（%）	达到市级要求	约束性
	中心城区绿色出行比例（%）	75	预期性
	生活垃圾无害化处理率（%）	100	约束性

续表

<table>
<tr><th>类别</th><th colspan="2">指标</th><th>目标</th><th>属性</th></tr>
<tr><td rowspan="8">公共服务</td><td colspan="2">新增劳动力平均受教育年限（年）</td><td>15 以上</td><td>预期性</td></tr>
<tr><td colspan="2">公共文化设施覆盖率（%）</td><td>基本实现全覆盖</td><td>约束性</td></tr>
<tr><td colspan="2">“一刻钟社区服务圈”覆盖率（%）</td><td>基本实现全覆盖</td><td>预期性</td></tr>
<tr><td colspan="2">新建住宅社区养老服务设施人均用地面积（平方米）</td><td>0.13</td><td>预期性</td></tr>
<tr><td colspan="2">城镇登记失业率（%）</td><td>1.5 以内</td><td>约束性</td></tr>
<tr><td rowspan="2">食品、药品安全监测抽检合格率（%）</td><td>重点食品安全监测抽检合格率</td><td>98 以上</td><td rowspan="2">约束性</td></tr>
<tr><td>药品抽验合格率</td><td>99 以上</td></tr>
<tr><td colspan="2">符合城乡低保条件救助率（%）</td><td>100</td><td>预期性</td></tr>
<tr><td rowspan="4">城市治理</td><td colspan="2">单位地区生产总值安全生产事故死亡率降低（%）</td><td>达到市级要求</td><td>约束性</td></tr>
<tr><td colspan="2">棚户区改造（户）</td><td>达到市级要求</td><td>约束性</td></tr>
<tr><td colspan="2">新增停车位（万个）</td><td>3</td><td>预期性</td></tr>
<tr><td colspan="2">建成区次支路规划实现率（%）</td><td>62</td><td>预期性</td></tr>
</table>

（一）加强组织领导工作，推动社会建设全面协调发展

加强社会建设的组织领导工作，推动社会建设的全面协调发展。一方面，要坚持党的领导核心地位，深入开展社会领域党建工作，保障社会建设工作的正确方向，开展形式多样的党员领导干部教育培训活动，不断推动基层党建工作创新，加快构建服务型政党；另一方面，要加强政府对社会建设的主导作用，通过加快推进政府行政管理体制改革，加大基层简政放权的力度，大力提高政府服务能力。海淀区要充分发挥区委社工委、社会办和社会建设领导小组的指挥与规划作用，建立健全社会建设工作的协调联动机制，实现

社会建设的全局发展，形成党委领导、政府主导、社会协同、居民广泛参与的社会建设新格局，凝聚社会共建合力。

（二）创新和完善社会治理体系，提升社会治理能力

海淀区作为首都的中心城区，是疏解非首都功能的主要地区，地区社会治理工作的任务还很艰巨，需要不断创新和完善社会治理体系，提升地区社会治理能力。要在巩固和加强原有的街道与社区管理体制改革的基础上，完善街道、社区、网格三级治理体系，明确各层级之间的权责关系，促进城市管理网、社会服务网、社会治安网"三网"融合发展。积极搭建社会多元主体参与的平台和机制，建立健全社会组织工作体系和驻区企事业单位参与驻地社会建设的长效机制，形成社会共治局面；主动创新社会治理方式，完善基层社区治理的各项机制，广泛实践党政群共商共治机制和社区民主协商对话机制，推动基层民主自治的发展，积极构建社区、社会组织、专业社工人才"三社联动"机制。建立一体化的城乡社会治理体系，促进城乡统筹发展。海淀区以社会治理创新不断带动社会建设的发展，构建起党委领导、政府负责、社会协同、公众参与的社会治理新格局，使地区社会治理水平和发展品质持续提升，为加快推进平安海淀建设，构建和谐宜居首善之区奠定重要基础。

（三）优化全区网格化工作体系，提高城市服务管理综合水平

在首都建设国际一流和谐宜居之都的背景下，海淀区要把握机遇，积极作为，大力推进城市发展转型和品质提升，优化全区网格化工作体系，以区域网格化建设带动区域服务管理的精细化和智能化发展，提高城市服务管理综合水平。要进一步推进城市网格精细化管理试点工作，对试点工作的经验和成果进行总结，开展网格化服务管理工作的宣传推广和学习交流活动。要增强基层网格划分的科学性，建立健全网格工作制度，明确网格责任清单，强化网格工作责任制。要合理配置网格工作人员，加强网格工作人员队伍建

设，推进基层党员干部力量进网格，为驻区单位、社会组织、志愿者和居民参与网格工作搭建多元平台。要提高地区信息化建设水平，依托区域网格化社会服务管理信息平台，实现各类数据的联通共享，提高地区服务管理效率。要创新社会服务供给方式，推进“互联网+”工作模式，促进地区优势资源与民生建设的高效对接，如借助互联网手段充分发挥海淀区在科技、文化、教育、旅游等方面的优势，不断优化地区公共服务的供给结构，提升供给质量和效率。在网络高度覆盖和信息数据高度膨胀的时代，海淀区要加快推进信息化技术与网格化服务管理的融合发展，不断创新社会服务管理方式，改善区域社会公共服务供给状况，提高城市服务管理的精细化水平和现代化水平，以更好地匹配和履行首都“四个服务”的职责要求。

（四）积极开展创新改革的先行先试，打造社会建设的“海淀模式”

新时期，海淀区社会建设工作要把握好全面深化改革的战略机遇期，深入开展全面创新改革的先行试验工作，努力打造符合首善标准、具有海淀特色的社会建设模式，为我国城市建设发展提供有益借鉴。当前，海淀区已经开辟了一批试验区，取得了一些能够向全国复制和推广的改革经验与创新模式，如在服务型政府建设方面有中关村创业会客厅的一站式创业服务模式、在服务民生方面有乐活中关村模式、社会治理创新的清河实验、农村改革的“东升模式”和“玉泉 · 慧谷模式”等，有力地推动了海淀区重点难点问题的解决。下一阶段，海淀区社会建设工作要紧紧围绕建设“具有全球影响力的科技创新中心”的战略定位，充分开发和利用海淀区在科技创新、人才教育、创业投资、文化旅游等方面的资源和环境优势，努力争取到更多中央和北京市授权的试验区建设资源，在改善社会民生和创新社会治理方面深入实践，全力打造具有时代特征、首都特色、区域特点的“海淀模式”。

第六章　丰台区社会建设回顾和展望

丰台区社会建设是支撑丰台区经济和社会发展的重要基础，跟随改革开放的步伐，丰台区社会建设事业不断提升，得到了蓬勃发展，在基础设施建设、民生保障、社会服务、城乡一体化方面成果丰富。随着首都的发展进入功能调整和转型期，丰台区的区域发展战略和功能定位也发生重要调整。丰台区要全面理解最新的北京市规划内容，深刻把握自身在首都布局中的战略定位，坚持实施“四个全面”战略布局，抓住疏解非首都功能的机遇期，大力推进社会建设事业发展，为改善民生和提升地区整体发展品质打牢基础。

丰台区位于京南腹地，是首都连通全国的重要桥梁和枢纽，聚集了一批航天和军工领域的大型央企，在服务和保障首都发展方面发挥着举足轻重的作用。丰台区重要而特殊的区位因素和复合功能区的特点，决定了其社会建设工作不仅关系着丰台区经济和社会的发展，也对整个北京市经济和社会的发展产生重大的影响。

一　丰台区在首都发展中的功能定位

丰台区是首都中心城区的重要组成部分，是首都功能的重要承载区，肩负着疏解非首都功能的重大责任，丰台区要充分认识到现代城市发展趋势与规律，紧紧围绕首都“四个中心”的战略定位，立足自身功能定位，明确未来社会建设的发展目标和主要任务，在推进社会改革创新和城市转型升级方面积极作为，在建设国际一流和谐宜居之都中争取走在前列。

（一）丰台区是建设国际一流和谐宜居之都的重要区域

新时期，首都发展对丰台区的发展和定位提出了新的要求，按照《北京城市总体规划（2016年—2030年）》的内容要求，丰台区作为中心城区要在建设国际一流和谐宜居之都中积极发挥带头作用和支撑作用，坚持实施“核心引领、双轮驱动、两翼并举、统筹融合”的地区发展战略，努力打造体现首善标准和国际标准的现代化和谐宜居城区。目前，处于转型发展时期的丰台区社会建设工作还面临着许多任务和挑战，作为首都建设国际一流和谐宜居之都的关键之地，丰台区要在科学发展观和“五大发展理念”的指导下，立足自身区位优势和发展短板，重新调整和优化地区功能，带动区域政治、经济、文化、社会、生态的全面协调可持续发展，加快带领全区全面建成小康社会，在服务和保障首都功能方面做出巨大贡献。

（二）丰台区是疏解非首都功能的主阵地

“大城市病”已经成为首都发展的重要瓶颈，未来首都建设和发展要走一条内涵集约式的发展道路，要围绕首都“四个中心”战略定位，大力开展疏解整治促提升工作，集中精力发挥首都“四个服务”职能。丰台区是疏解非首都功能的主阵地，面临的功能疏解和环境整治任务艰巨，通过疏解不符合首都功能的低端产业和行业，腾退利用不合理的土地和空间，以建设丽泽金融商务区、丰台科技园区、河西生态休闲旅游区和改造大红门服装商贸区等地区重点功能区为龙头，带动地区非首都功能的疏解，从而使区域优势得到充分发挥，区域短板得到有效填补，城市空间资源和要素资源得到高效利用，城区整体环境品质得到大幅度提升。

（三）丰台区是首都联系全国的重大交通枢纽

铁路被视为经济发展的大动脉。丰台区是全国最大的铁路交通枢纽，辖区拥有北京西站、北京南站和丰台站三个重要的铁路交通站点，是首都南面最为重要的门户通道，承担着首都对外交往和资源要素流动的重要功能，是带动地区和北京市经济发展的重要基础性条件。随着首都城市建设规模和人口规模的快速扩张，交通运输问题成为困扰首都发展的“大城市病”之一，交通枢纽往往是一个城市人流和货流的主要集散地，综合高效的交通枢纽可以提高城市运行效率，大幅度缓解大城市的交通拥堵问题，丰台区作为首都联系全国的重要交通枢纽，要积极建设和完善以铁路运输为主的高水平综合性交通运输枢纽，做好交通秩序的管制工作和交通站点附近的综治维稳工作，为首都提供高水平、高效能的交通运输网络，在促进首都经济发展、服务和保障首都功能方面发挥带动作用。

（四）丰台区是北京城南行动计划的主要承载区

北京城南行动计划是为了加快推动城南地区经济发展，改善城南地区生活面貌，实现南北城区的协调平衡发展而制定实施的。位于北京市南部的丰台区是城南行动计划的主要承载区，是推动京津冀区域一体化发展的门户通道，在城南行动计划的带动下，一批重点项目正在有序推进，在优化区域产业布局、改善地区民生、提升环境品质、聚集资源要素等领域已经取得了显著成效，在新的第三期北京城南行动计划中，丰台区是政策倾斜的重中之重，成为南部地区崛起的主战场，丰台区将进一步加大投资力度用于产业结构调整（计划实施南中轴、永定河绿色生态发展带、丽泽金融商务区、丰台科技园等重点区域项目）、基础设施建设（计划实施轨道交通、城市道路、能源资源等项目）、民生工程（教育、卫生、棚户区改造等项目）、生态环境建设（计划实施河道治理、生态绿化、垃圾处理等项目），从而不断强化地区优势功能，提升城区整体形象，优化产业业态，改善地区民生，有力地带动南北城区的协调发展（见图 1）。

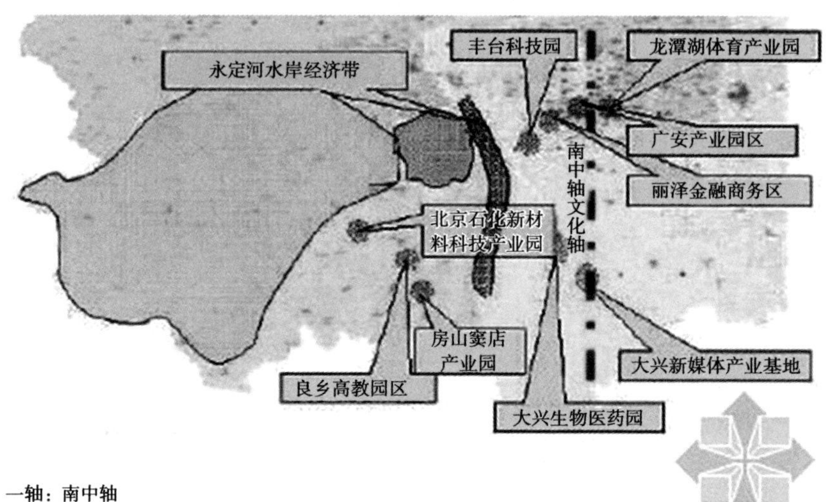

图 1 构建“一轴一带多园区”的城市南部地区产业发展格局

二 改革开放以来丰台区社会建设历程与成就

改革开放持续推进的几十年也是丰台区经济蓬勃发展的几十年，经济实力的快速增长也带动了社会建设事业的大跨步发展，社会建设的发展又为经济发展和民生改善奠定了坚实的基础。丰台区高度重视社会建设在促进地区全面发展中的重要作用，在 40 年的改革开放实践中付出了艰苦努力和巨大精力，按计划有步骤地推动社会建设事业的全面发展。

（一）改革开放以来丰台区社会建设的发展历程

1. 第一阶段（1978~1989年）：稳定社会发展局面，恢复社会建制

在改革开放的初期，丰台区还没有建立起完整的社会建设体系和工作制

度，该时期的工作重心仍然放在农村地区，随着社会局面趋于稳定，丰台区在继续推进农村改革工作的基础上，逐渐恢复并建立了服务和推动城区建设发展的一系列社会建制，为社会建设事业的蓬勃发展提供了稳定的社会环境。1981 年丰台区人民政府正式成立，标志着城市管理进入了崭新的发展阶段，行政机构的调整和改革有了主导力量，街道工作体制逐步建立，基层政权建设得到加强；在社会治安综合治理方面，深入贯彻中央《关于整治危害改革的违法活动维持首都社会秩序的指示》精神，对辖区的车站、旅馆、饭店、市场、亚运会场馆等重点区域开展集中整治活动，推行"门前三包"责任制，动员全区民众参与市容环境卫生整治工作，巩固和稳定社会秩序；在精神文明建设方面，相继开展了"五讲四美三热爱"活动、全民卫生日活动、文明礼貌月活动、加强全民法制教育活动等，推动了精神文明和物质文明的全面协调发展；在深化改革方面，加强党的基层建设工作，保证改革的坚定性和正确方向，加强领导班子和干部队伍的"四化"建设与形势教育工作，保障和引领改革工作在稳定有序的轨道上推进。

2. 第二阶段（1990~1999年）：加强城市综合治理，加快地区法治文明建设

20 世纪的最后十年是丰台区社会建设迅速发展的时期。该阶段，丰台区的工作重心已经转移到城区的建设和管理方面，区域整体环境和民生状况得到显著改善。不断加强社会综合治理能力建设，以重大节日或活动为契机，以重点区域的重点治理工作为抓手，加快城市综合治理体制建设和区域综合执法能力建设，如亚运会前后开展的综合整治工作、"保三优、迎远南、迎国庆"综合整治工作以及大红门地区外来人口疏解整顿工作，"八五"期间还专门成立了社会治安综合治理委员会，统筹规划地区社会治安综合治理工作。加强区域精神文明建设和法治文明建设，不断提升地区整体文明水平和法治水平，积极开展学雷锋主题活动、《中华人民共和国城市居民委员会组织法》等普法宣传教育活动，1992 年丰台区还出台了《丰台区依法治区规划》，成立了第一所开展法制教育、传播法律知识的居民学校，表明了丰台区法治建

设工作取得了积极的成果。以试点工作为突破口，不断探索城市管理体制改革，加强基层管理工作，积极开展城市管理综合执法试点工作和居委会建设试点工作，建立健全居委会工作制度，发挥居委会在管理和组织外来人口方面的优势作用，1997年成立了街道工作委员会，逐步建立和完善街道各项工作制度与服务体系。在组织领导等保障工作方面，持续推进基层党建，充分发挥基层党组织的战斗堡垒作用，突出党对群团组织的领导，统筹各类群体资源，重视并加强基层领导班子的建设和培养，积极开展“推优入党，推优荐才”工作，为社会建设事业的发展提供人才队伍保障，让优秀的干部和人才为推动地区“两个文明”建设积极做贡献。

3. 第三阶段（2000~2007年）：深化街道、社区体制改革，提高城市服务管理水平

在21世纪最初的几年中，丰台区顺应改革开放的历史潮流，全面推进社会领域改革，不断深化街道、社区体制改革，理顺条块关系，提高城市服务管理水平。首先，进一步加强和巩固党在基层的领导地位，深入开展街道和社区层面的党建工作，为基层工作的顺利开展提供思想政治保障。其次，深化城市管理体制改革，不断建立并完善街道和社区管理体制，积极把握现代化城市发展趋势，在科学发展观的指导下，统筹推进城市管理工作，打造优质高效的城市管理服务。再次，在民生建设方面，以解决人民群众最关心的问题为突破口，针对部分老旧小区重点开展环境整治工作，为居民提供优良宜居的生活环境，在医疗、养老、文化、教育等重点民生领域取得了突破性进展。该时期丰台区积极推出“片儿医”下社区的社区卫生服务模式，推行了“社会化参与、制度化运作、亲情化服务”的扶残助学工作模式，成立了区内首家街道托老所和全市首家工商联法律援助工作站，开展了一系列社区文化活动和普法宣传活动。最后，在社区建设和管理方面，丰台区通过进一步完善社区居委会运行机制，大力做好基层“两委”换届工作，深入研究和贯彻居委会组织法与社区会议组织法，推动社区建设朝着规范化的方向发展。2006年和2007年丰台区先后有7个社区荣获北京市“魅力社区”称号，为进

一步增强社区服务功能，丰台区还积极推进社区服务网络建设，建立和完善覆盖全区的各类公共服务设施，如卫生服务站和劳动保障工作站。

4. 第四阶段（2008年至今）：鼓励社会多元参与，凝聚社会共建合力

首都作为全国的“四个中心”，在治理“大城市病”和疏解非首都功能方面任务艰巨，而传统的由政府单一主体主导的城市服务管理模式已经难以满足当前以及未来城市发展要求。丰台区立足区域功能定位，重视和加强对社会建设工作的顶层设计与科学规划，不断鼓励和动员社会多元参与，形成社会共建合力，为推动区域全面协调可持续发展奠定坚实的基础。第一，大力开展社会领域党建工作，探索形成社区大党委工作机制，积极开展社会领域党建试点工作，构建全区社会领域党建工作体系，推动社会领域党建工作方式创新，以创新引领社会建设的全面发展，以楼宇党建工作为切入点，加强地区资源整合，2008 年成立了区首家楼宇社会工作党委和区首家行业协会党委。同时，还组织开展了多种形式的党员领导干部培训活动，提升基层领导班子的综合素质和能力，不断扩大党在基层的影响力和覆盖力。第二，2008 年区委社工委和区社会办成立，统筹推动基层治理体制机制创新，构建现代化的城市治理体系，加强现代化城市社区建设，完善社区管理体制机制。建立健全社区居民代表会议制度、居务公开制度、议事协商会议制度等，探索“一委两居一站”工作模式，推进城乡社会治理一体化发展体系建设，积极探索网格化社会服务管理新模式，建立了由“区社工委牵头、综治办推进、城指中心保障”的工作机制，形成了“一格五员”工作制度和“四级管理流程”[①]的工作模式，逐步推动社会服务管理工作的精细化、信息化、标准化发展。第三，搭建社会多元参与平台和机制，创新社会动员方式，加强社会组织的培养和管理，建立健全“枢纽型”社会组织和志愿者组织工作体系，借助社会建设网络平台加快推进政府购买社会组织服务的模式创新。第

---

① 三级指挥平台和“区级—街道—社区—网格”。

四，重视和加强社工人才队伍建设，拓宽招聘渠道，引进更多的专业社工力量，提高基层社区工作人员工资待遇，做好基层工作的人才保障。第五，丰台区注重对社会建设的研究工作，通过充分利用区域科研院所资源，开展专题研讨会、各类培训班和交流会等，不断提升社会建设的专业化水平和决策的科学化水平，为推动社会治理创新和社会建设事业全面发展提供智力支持。

（二）改革开放以来丰台区社会建设取得的主要成就

1. 社会民生快速发展

丰台区作为首都辐射全国的交通枢纽，承载了巨大的客流量，辖区内常住外来人口比重偏高，各类民生服务需求量大。自改革开放以来，丰台区加快推进社会建设，在社会民生领域取得了丰硕的成果，为区域整体发展提供了稳定的社会基础（见表 1）。数据显示，截至 2016 年底，丰台区的常住人口达 225.5 万（见图 2），其中，常住外来人口达 79.9 万，占区常住总人口的 35.4%。2016 年丰台区居民人均可支配收入为 51173 元，人均消费额达 37831 元，恩格尔系数为 20.8%，人均住房面积为 28.99 平方米。在全区居民物质生活水平不断提高的基础上，丰台区还注重文化、教育、生态等方面的协调发展，2016 年全区共举办各类文化活动多达 3500 场，参与观众达 322 万人次；在市容环境建设方面，该年城区绿化覆盖率为 46.6%，人均绿地面积为 7.8 平方米（见表 2）。可见，丰台区社会建设事业的稳步推进有力地推动了社会民生的发展。

表 1 2014~2016 年丰台区社会事业建设情况比较

年份 指标	2014	2015	2016
专利申请授权量（件）	3884	4871	5344
基础教育学校数（所）	—	—	—

续表

指　标 \ 年　份	2014	2015	2016
基础教育在校生数（人）	104792	93084	97488
公共图书馆（个）	2	2	2
文化馆（个）	—	20	19
档案馆（个）	—	1	1
文物保护单位（处）	12	12	12
卫生机构数（个）	549	554	550
医院床位数（张）	9347	9534	10045
拥有职业（助理）医师（人）	6267	6509	6975
拥有注册护士（人）	7384	7664	7989
体育场馆（块）	—	1275	1275

注：本表格中基础教育学校数量和在校生数量的数据来源范围是小学、普通初高中和职业高中。

资料来源：北京市丰台区统计局，《丰台区 2014~2016 年统计年鉴》，丰台区统计信息网，2017 年 12 月 10 日。

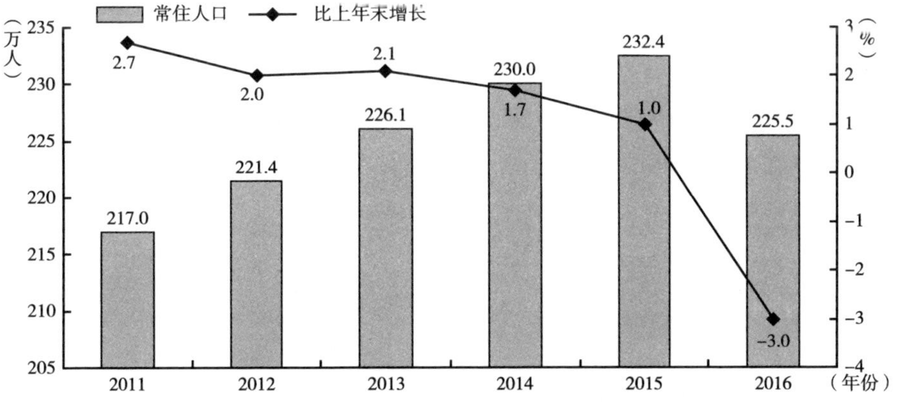

图 2　2011~2016 年丰台区常住人口及增长速度

资料来源：北京市丰台区统计局，《丰台区 2011~2016 年统计年鉴》，丰台区统计信息网，2017 年 12 月 10 日。

表2 2014~2016年丰台区居民生活情况比较

指标 \ 年份	2014	2015	2016
全区居民人均可支配收入（元）	41334	47127	51173
全区享受最低生活保障人数（人）	9672	9839（城镇）	9932（城镇）
	699	340（农村）	312（农村）
全区参与基本养老保险人数（人）	1379000	869000	894000
人均住房面积（平方米）	30.49（城镇）	28.71	28.99
	32.22（农村）		
人均绿地面积（平方米）	17.3	7.6	7.8

资料来源：北京市丰台区统计局，《丰台区2014~2016年统计年鉴》，丰台区统计信息网，2017年12月10日。

2. 网格化社会服务管理体系基本形成

丰台区社会建设工作始终立足于首都发展大局，积极顺应现代化城市发展趋势，坚持贯彻北京市关于城市建设工作的各项政策要求，不断深化城市管理体制改革，创新城市治理方式，逐步建立和完善了覆盖全区的网格化社会服务管理体系，不断提高城市管理的现代化水平。丰台区持续推进街道、社区体制改革，强化了街道的管理职能和社区的服务职能，逐步构建起由“区级—街道—社区—网格”四级构成的网格化基层社会服务管理体系，网格化工作模式推动城市管理的精细化发展，将责任下沉到基层、落实到人头。同时，随着信息化基础设施建设的不断进步和完善，丰台区注重网络技术与社会建设、社会治理和民生建设的融合，加快构建智慧型城区，依托网络化社会服务管理信息平台和指挥中心，更好地了解群众需求，提高政府公共服务供给的有效性，优化文化教育、医疗卫生、养老服务等资源的分配方式，为居民提供多样化和个性化的服务，大幅提升城市服务管理的综合水平。

3. 城区综合发展品质明显提升

丰台区十分注重辖区社会建设的协调均衡发展，经过长期的实践探索，逐步形成了城乡一体化的发展格局，促进了区域整体发展品质的提升。截至2015年底，丰台区的城镇化率已经达到94%，农村产业实现转型发展，产业结构不断调整优化，农民收入水平普遍提高。城乡社会管理逐步实现统一，丰台区搭建了重点乡镇与重点功能区联合发展的工作机制，有效衔接了城乡之间的社会管理机制，通过开展农村社区建设试点工作，探索城乡社会管理的创新模式，积极推出美丽乡村和智慧乡村建设。构建了城乡一体化的社会公共服务体系，城乡公共服务均等化水平不断提高，丰台区以重点村的治理为切入点，在棚户区改造、拆迁腾退、空间治理、基础设施更新完善等方面取得了显著成效，借势园博会和世界种子大会等重大活动带动乡镇基础设施与城区对接，实现河东地区和河西地区、城市与农村的和谐发展。农村生产生活环境得到有效改善，城市环境质量和整体形象得到全面提升，丰台区不断加大城乡治理力度，大力疏解一批低端市场和商户，使外来人口数量显著下降，优化了城乡发展空间，积极推进“城中村”和城乡结合部的治理工作，重视农村生态环境保护工作，加快农村“煤改电”工作的落实进度，加强农村绿化带建设，构建城乡一体化的生态体系。

4. 基层民主自治大步发展

城市管理内容变得更加丰富而复杂，政府已经难以满足城市服务管理需求，多元化的社会参与格局可以有效地发挥社会共建共治合力，整合地区资源，有利于基层民主建设和群众自治能力的提高。丰台区积极鼓励和引导多元社会主体参与社会建设及社会管理，通过深入开展社会领域党建工作，发挥基层党组织对驻区企事业单位和“两新”组织的领导作用，有效整合多元社会建设力量。加强了对社会组织的管理工作，建立和完善社会组织参与社会建设的工作机制，搭建多样化的参与平台，如形成了“枢纽型”社会组织工作体系，建立社会组织服务中心和志愿者联合会，不断提高地区社会动员能力。不断创新社会动员方式，通过政府购买社会服务、PPP[①] 等模式，引入多元社会资源，有效弥补政府服务供给的不足。社区建设和社区治理水平不断提升，丰台区大力推进社区规范化建设，总结和推广试点工作经验，进一步完善社区居民协商议事制度等社区制度，不断加大居民参与力度，巩固和发扬基层民主自治，开展“六型”社区建设和“文明社区”建设，提升社区整体环境品质。

三　从重点事件看改革开放以来丰台区社会建设的特点

改革开放以来，丰台区社会建设经历了四个阶段的发展历程，逐步形成了具有区域自身特点的社会建设模式和方法，对其过去的实践经验和成果进行总结，以一些重点事件为视角，分析和探讨其社会建设工作的发展规律和特点，有利于形成系统化、长效化的社会建设工作体系，为下一阶段工作的开展提供有益参考。

（一）以党建工作统领社会建设工作全局

党建工作始终在推动丰台区各项事业发展中发挥着带头引领作用，在城市发展的不同阶段，社会建设所要面临和解决的问题不同，要对各个阶段的发展形势和格局有一个明确清晰的认识，从而加强对社会建设工作的整体规划和统筹协调，保障工作推进的正确方向。丰台区在社会建设的长期实践中，始终坚持党在社会建设领域的领导地位，高度重视基层党建创新，注重对基层党员干部的培训工作，增强党员队伍的服务意识，以创新型党组织和服务型党组织的建设为主导，加大地区资源整合力度，不断激发社会建设合力。随着改革的深入推进，大量“两新”组织和社会人出现，进一步拓展了城市建设和管理的参与主体，丰台区立足首都发展大局和区域功能定位，在全区

① PPP (Public-Private Partnership)，即政府和社会资本合作。

大力开展社会领域党建工作，以党建工作的全覆盖来推动社会建设工作的全面协调可持续发展。

（二）以社区规范化建设加快构建和谐社会

城市社区承载着越来越多的服务管理功能，社区建设已经成为城市建设的必要课题，社区建设水平直接体现着一个城市的建设和管理水平。2009年，丰台区按照《北京市加强社会建设实施纲要》等文件精神，积极响应北京市社区规范化建设试点工作政策要求，启动了社会领域党建试点工作，加大了社区公共服务设施建设的力度，在社区工作者队伍建设和培训、社区建设保障、社区服务站建设等方面也采取了许多重要举措。此外，还建立了社区公共服务信息平台，完善了对社区社会组织和志愿者团体的管理工作。社区规范化建设是提升丰台区城市服务管理水平的重要实现路径，可以有效地带动丰台区城市管理体制改革和完善，巩固和加强基层民主自治制度，积极开展农村城市社区化建设试点工作，建立健全覆盖城乡的社区服务网络，改善农村居住环境和公共服务设施，加快推进农村与城市的协调发展，努力构建文明、和谐、绿色、宜居的城市社区。

（三）以社会组织服务中心建设不断强化城市服务功能

社会组织的蓬勃发展已经成为助力城市服务管理工作的重要力量，丰台区积极鼓励和发展社会组织，推动社会组织改革，以充分发挥其在服务地区建设和整合地区资源方面的优势功能。丰台区坚持在党和政府的领导下，加强社会组织的建设和管理工作，严格规范社会组织的登记、检查、监督制度，探索“枢纽型”社会组织管理模式，建立健全“枢纽型”社会组织工作体系，积极推进“三社联动”工作机制建设，提供更加多样化和个性化的公共服务，有力地改善地区民生，重视人才队伍建设，开展专业性的培训活动，打造了“社工＋义工”的升级版工作模式，提升了社会工作的专业化程度。为进一步实现政社分离，提高城市服务管理能力，丰台区以加强社会组织服务中心建设为重点，推进社会组织的改革创新，不断强化城市服务功能，创建了区街两级社会组织服务中心的“1+2”模式[①]，基本形成了覆盖区街的两级工作网络，为社会组织参与社会建设和管理提供了更加可靠的平台及渠道，合理地引导和分配社会资源，有效地弥补了政府公共服务资源和能力的不足，提高了社会公共服务的专业化水平。

（四）创新网格化社会服务管理体系顺应城市现代化发展趋势

新时期，丰台区的社会建设和发展要更多地体现首都定位和首善标准，加强社会管理创新，提升城市管理的现代化水平。丰台区以服务民生为根本，通过建立网格化社会服务管理体系，依托网格化社会服务管理指挥中心和平台，不断加快服务型政府的建设步伐，将政府管理职责不断下沉到基层，有利于提高城市管理的精细化、科学化和智能化水平，为扎实推进城市基层服务管理工作提供了重要保障。当前，网格化工作体系已经成为丰台区创新城市治理、提高社会服务管理效率的重要举措。随着丰台区网格化社会服务管理体系试点工作的持续开展，这种新的服务管理模式逐渐向农村地区延伸拓展，调整和优化了农村行政管理区划，帮助农村地区发展公共服务，加强了农村地区的管理工作，尤其是促进了城乡结合部地区服务管理工作的改善，带动了城市社区和农村社区的共同发展和城乡公共服务的一体化发展。

四　关于丰台区社会建设未来发展重点的思考

当前，丰台区已经进入转型发展的关键期和全面深化改革的攻坚期，下一阶段丰台区社会建设要紧紧围绕新时期的问题和特点开展工作。丰台区作为首都功能的主要承载区，是首都“大城市病”治理的前沿阵地，要按照

---

① 由 1 个区级 2 个街道级社会组织服务中心，共同搭建培育发展社会组织的平台。

“核心引领、双轮驱动、两翼并举、统筹融合”的战略发展思路，紧紧抓住疏解非首都功能的契机，全力开展北京第三期城南行动计划，推动全区社会建设的统筹协调发展，为实现全面建成小康社会的目标努力奋斗。

（一）加强社会建设的顶层设计，统筹区域发展大局

在首都大力推动转型发展和提升发展品质的环境背景下，丰台区下一阶段社会建设工作要坚持“四个全面”战略部署，紧密围绕首都战略新定位，不断适应首都建设新格局的要求。丰台区要积极贯彻落实京津冀区域协同发展战略，要继续坚持政府主导、社会参与的社会建设格局，进一步加强社会建设的顶层设计，要从首都和地区发展大局出发，严格按照区域整体战略发展规划要求，制定科学系统的社会建设指导规划，以首都商务新区、首都高品质生活服务供给的重要保障区、科技创新和金融服务的融合发展区、历史文化和绿色生态引领的新型城镇化发展区等重点功能区建设为支撑，带动区域产业布局和产业结构的优化调整，增强区域资源要素的流动和整合能力，促进城市基础设施建设的完善，以制定城乡统筹发展的长远规划和建立城乡治理的长效机制，努力形成城乡一体化的发展格局，提高区域整体建设水平和发展品质。

（二）推进社会治理体制创新，提高城市治理的现代化水平

随着首都进入转型发展的关键时期，各城区在社会治理层面面临着更多的新问题和新挑战，丰台区作为首都功能的主要承载区和建设国际一流和谐宜居之都的关键地区，在疏解非首都功能和治理“大城市病”工作上肩负着重要责任。一是丰台区要在全面深化改革的背景下，主动推进社会治理体制机制的改革与创新，不断提高城市治理的现代化水平，提高城市的服务能力，要进一步深化行政机构改革，调整和优化组织结构及管理结构，厘清部门职责，建立联合执法长效机制，增强基层工作体系的科学性和高效性。二是要努力创新社会治理体系，形成现代化的社会治理格局，按照民主协商、协同

共赢的现代化治理理念，继续在社会组织发展、社工人才队伍建设、“三社联动”等工作方面实现新突破，为多元社会主体搭建更加公平合理的参与平台，从而进一步释放基层自治活力，促进基层社会治理方式的创新和社会动员能力的增强。三是要注重工作思路和方法理论的创新，要深入基层社会进行考察调研，借助科研院所和相关专家的资源力量，对社会建设和社会治理领域的重点问题与前沿问题进行研究，加强对基层领导干部的专业知识培训，为更好更快地解决现代城市发展中存在的新问题提供智力支持和决策参考。

（三）加快推进城乡建设一体化进程，实现区域协调全面发展

农村地区的发展问题是丰台区实现转型升级的重点，加快推进农村社会治理体系改革，重视和加大对农村社会建设的投入，形成城乡一体化的发展格局，已经成为丰台区“十三五”时期改革攻坚的重要议题。目前，丰台区的城乡差距还比较明显，推动和实现全区协调共同发展仍然有许多工作要做，在具体推进过程中要立足农村地区实际，具体问题具体分析，在经验和模式推广工作中要分类指导，切忌“一刀切”，选择“一绿地区全面城市化，二绿地区城乡一体化”的城市发展路子，在河西地区重点推进城乡一体化和特色小城镇建设，在河东地区集中精力破解城乡结合部的发展难题。要紧紧把握疏解非首都功能的契机，转变农村发展方式，按照国家新型城镇化建设要求，推进以“人”为中心的城镇化，进一步完善基础设施，健全公共服务体系，创新社会治理方式，改善生态环境，继续推进整建制农转居、棚户区改造、新型农村社区建设等工作，大幅度提升农民生活水平和质量。加强对农村社会建设工作的科学规划，要从区域整体发展目标出发来明确社会建设工作的主攻方向和重点领域，立足丰台区的功能定位，在北京第三期城南行动计划中积极作为，严守城市增长边界和生态红线，在促进首都南北协调发展方面发挥主力和先锋作用。要坚持农民主体地位，鼓励社会资本参与社会建设事业，促进城乡资源要素的优化配置。积极开展城乡社会建设实验创新项

目，努力创建具有丰台特色的社会建设模板，在河东区建设都市生活服务业创新示范区，在河西区建设“北京西岸”休闲旅游产业聚集区和中医药健康服务创新试验区，打造绿色低碳和谐美好的丰台。

（四）不断完善社会多元参与机制，形成共建共享的社会建设格局

进入全面深化改革的新时期，社会主体变得更加多元化，且各类社会主体的生存方式和利益需求存在差异，因此，在下一阶段的社会建设工作中丰台区要综合考虑社会多元主体的利益诉求，不断完善社会多元参与机制，推动地区共建共享社会建设格局的形成。首先，要坚持党和政府对社会建设工作的领导和主导作用，充分发挥党和政府对社会资源的整合作用，同时保障社会领域的思想统一性，确保社会建设工作方向的正确性，形成地区共建合力。其次，要主动搭建社会多元主体参与的多样化平台，拓宽其社会参与渠道，不断建立和完善社会组织、社工团体、志愿者组织参与社会建设的制度和机制，这样不仅可以有效弥补政府力量的不足，也可以提高社会建设工作的专业化水平。再次，要始终坚持民生导向和问题导向，针对当前阶段区域发展所面临的重点和难点问题，因地制宜地开展试点实验工作，及时总结工作经验，科学推广成功模式。最后，要充分应用好现代化网络技术手段，加快推进地区网络化基础设施建设，建设和完善覆盖全域的数据信息网络平台，不断提高区域有效资源的分配效率和社会建设工作的运行效率，为构建智慧城市和智慧社区奠定一定的基础。

第七章　石景山区社会建设回顾和展望

在全面深化改革和转型发展的关键时期，石景山区社会建设工作也已进入一个全新的发展阶段，接下来要根据北京市总体规划和首都功能定位，探索地区社会建设的新思路和新途径。本文以改革开放为起点，对石景山社会建设历程进行简要回顾，分析并总结不同时代背景和发展阶段下社会建设工作的实践、成果与特点，以此为经验基础，为新时期石景山社会建设工作的开展提供参考与借鉴，并结合区域自身功能定位和区位优势，进一步明确下一阶段社会建设的任务和目标。

“十三五”时期，石景山区已经进入发展和管理转型、提升区域发展品质的关键时期，在大力疏解非首都功能的任务要求下，其社会建设工作还面临着一些艰巨任务和重点问题，因此，该时期要实现社会建设工作的深入发展和全面提升，石景山区必须对区域功能定位和未来发展目标有明确的认识与把握，努力打破旧有的粗放式城市发展模式，走出一条精明、集约、绿色、高端的现代化城市建设路子。

一　石景山区在首都发展中的战略定位

石景山区位于北京西部，属于首都四大主城区之一，作为首都功能拓展区和首都功能集中承载地，石景山区要努力提升服务和保障首都功能的能力，依托资源和区位优势，以建立健全城市高端建设体系为路径，全力打造京西首都城市功能中心，积极实现国家级绿色转型发展示范区的目标。

（一）石景山区是首都功能的集中承载区

石景山区作为首都四大主城区之一，是首都“四个中心”功能的集中承载地，肩负着服务和保障首都功能的重要责任，在推动首都国际一流和谐宜居之都建设中发挥着重要的支撑作用。《北京城市总体规划（2016年—2035年）》从首都发展战略全局出发对石景山的功能定位进行了明确的阐述，位于首都西北部的石景山区具有便捷通畅的交通资源、丰富的自然景观、深厚的历史文化资源，聚集了众多企业、高校和科研院所资源，加之其位于长安街西段，依傍核心区的区位优势，为疏解核心区人口、优化核心区产业结构和强化核心区功能提供了广阔的拓展空间，首钢搬迁就体现了首都功能调整与石景山城区建设发展之间的紧密关系。因此，石景山区要始终坚持首善标准，围绕首都“四个服务”职责，不断推动社会建设事业的全面协调发展，努力打造北京西部绿色高端的城市功能中心，加快首都世界城市建设的步伐。

（二）石景山区要打造国家级产业转型发展示范区

“十三五”时期是石景山区实施“全面深度转型、高端绿色发展”战略的攻坚阶段，作为首都“四个中心”的重要承载区和首都功能拓展区，石景山区要把握和借助疏解非首都功能的契机，一方面要调整和优化区域自身的产业结构，疏解不符合首都标准的行业和产业，另一方面要选择性地接收核心区疏解出来的一些高端产业和服务行业，提升区域发展品质，努力打造成为首都西部新的经济增长极。石景山区深入贯彻和领会《北京城市总体规划（2016年—2035年）》的精神，对区域功能发展格局和产业布局进行了重新调整，将全区划分为三大主体功能区，其中中部地区是带动全区实现产业发展转型的核心区域（见图 1）。“十三五”时期，石景山区从地区基础条件和发展实际出发，以建设绿色高端产业体系为目标，创造性地推出了“一轴三园”① 的高端产业集聚发展格局（见图 2），大力发展高新技术产业和文化创意产业，致力于将石景山区打造成国家级绿色转型发展示范区。

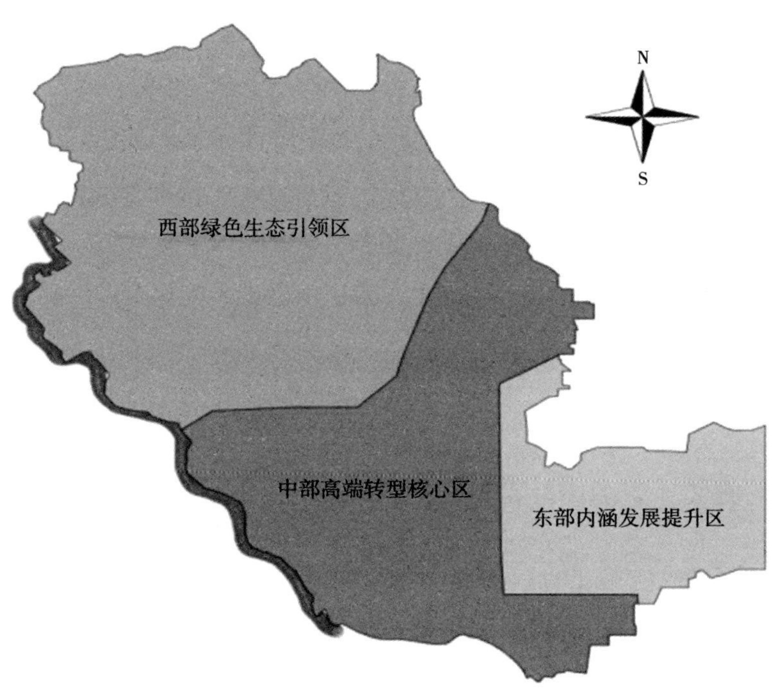

图 1 石景山区三大主体功能区分布示意

① “一轴”即长安金轴，是指长安街西延线综合发展轴，“三园”是指中关村科技园石景山园、新首钢高端产业综合服务区、北京保险产业园三大高端产业功能区。

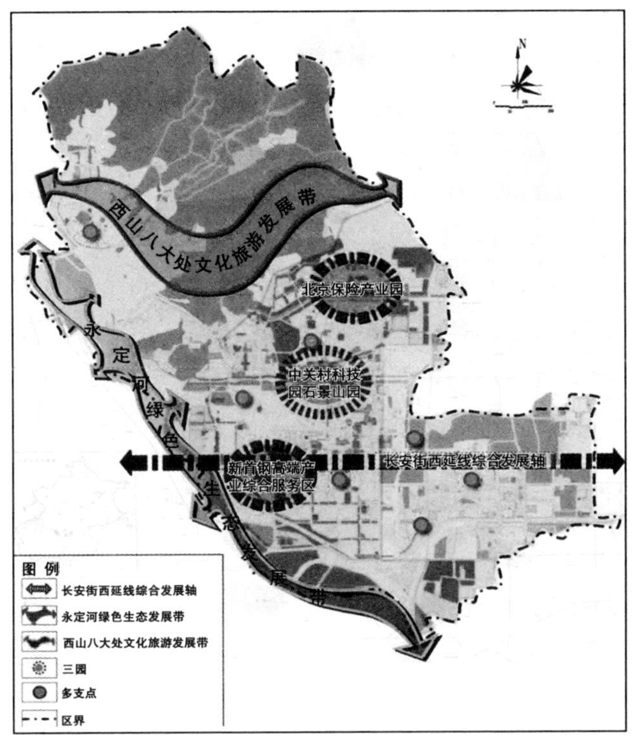

图 2 石景山“一轴两带三园多支点”空间分布格局示意

（三）石景山区要建设成为绿色低碳的首都西部综合服务区

根据首都“四个中心”战略定位并结合石景山区区域发展优势，将石景山区打造成为绿色低碳的首都西部综合服务区符合现代化城市发展规律和首都发展新要求。在绿色低碳理念的引导下，石景山区积极推动地区服务方式转变，探索内涵集约式的发展方式，打造京西服务中心和文化娱乐休闲区，不断强化区域和首都服务职能。要打造绿色高端的首都综合服务区，离不开相应的配套保障措施，石景山区在走绿色低碳服务道路上具备一定的基础优势，辖区拥有丰富的休闲旅游资源，具备绿色便捷的轨道交通网络和相对完善的公共服务设施，而且随着石景山区 CRD 建设取得初步成果，其在现代科技、金融、商务、观光旅游、文化娱乐等服务业方面发展迅速，区域服务功能得到进一步强化，区域服务品质得到显著提升。

（四）石景山区要建设成为山水文化融合的生态宜居示范区

石景山区是北京市总体规划中确定的“一轴一带”的结合点，在地理位置上是距离市中心最近的主城区，同时又拥有丰富的山林资源和历史文化资源，这些独特的区位和资源优势为石景山从山水中谋发展、打造山水文化融合的生态宜居示范区提供了基础条件。按照首都和区域功能定位，秉持“金山银山就是绿水青山”的理念，石景山一方面要做好生态涵养工作，推动西山八大处文化旅游发展带和永定河绿色生态发展带建设，促进京西文化发展，守住生态保护红线，城市建设要注重人与自然和谐相处；另一方面要加快构建高端的城市建设体系，推动城市建设的生态绿色转型发展，不断完善基础设施和公共服务，努力建成生态宜居的海绵城市，逐渐树立和培养城市居民的共同家园文化意识，积极推进国际一流和谐宜居之都建设。

二 改革开放以来石景山区社会建设历程与成就

自改革开放以来，石景山区坚持实事求是，努力实践创新，在社会建设领域不断取得新发展和新突破，在服务和保障首都建设与发展中做出了积极贡献。在几十年的社会建设发展历程中石景山区积累了丰富的经验，取得了丰硕的成果，对其社会建设工作的发展情况、实践成果和规律特点进行详细的梳理和总结，有利于下一阶段社会建设工作的顺利推进和发展。

（一）改革开放以来石景山区社会建设的发展历程

石景山区既是传统的重工业区，也是正在建设发展中的现代化新城区，随着时代的变化发展和区域功能定位的调整，其社会建设工作面临的问题和重点也有所不同，以改革开放为起点，以重点事件和阶段特征为节点，石景山区社会建设大致可以划分为四个不同的发展阶段。

1. **第一阶段（1978~1990年）：开启区域社会建设新局面，加快地区民生建设步伐**

改革开放初期是石景山社会建设的基础奠定时期，该阶段其经济发展和社会建设开启了一个新局面，社会领域各项工作制度逐步确立和运行，社会建设工作迎来了全新的发展机遇，在多个方面取得了积极成果。第一，该阶段石景山区高度重视党的建设工作，把加强基层党建工作作为统领社会建设工作的根本，促进思想统一性，保障社会稳定性，通过开展党的建设学习班、基层党组织“争优创先”活动、两批整党工作，为统筹推进社会建设奠定了基础。第二，改革行政管理体制，根据区情调整基层管理结构，在坚持政府主导地位的基础上，积极推动政社分离、政企分开，在城区加强街道办事处建设，在农村加强村民委员会建设，提升全区行政管理效能。第三，石景山区着手推动街道管理体制改革，确立属地管理原则，将街道党委改为街道工委，加强街道统筹辖区各项管理工作的职责，加快落实和巩固基层管理工作。第四，在促进社会民生发展方面，石景山从地区民众关注的重点领域、重点问题着手，在科技、教育、文化、体育、就业、住房、医疗、卫生等社会事业方面取得了很大进步，主要体现在石景山区成立了区统建办，统筹规划城市建设，成立了区文化馆和图书馆，推动了地区文化事业的发展，成立了区环境保护局，加强环境治理工作，成立了住房制度改革领导小组和住房制度改革办公室，启动了房改试点工作，改善了地区居民住房状况，加强了社会治安综合治理工作制度建设，维护了社会稳定发展格局，促进了区域社会各项事业的全面发展，打开了区域发展新局面。

2. **第二阶段（1991~2000年）：确立中心市区新定位，统筹规划社会建设发展**

该时期石景山区经济和社会获得了长足的发展，社会建设水平也得到了很大程度的提升，而随着区域改革开放力度的不断加大和市场经济的快速发展，石景山社会建设涉及的内容和问题更加丰富与多元，以经济建设为中心继续推进和落实各项具体工作，仍然是这个时期社会建设工作的重点。首先，以 1991 年石景山被划为中心市区为标志，石景山的城区地位得到提升，城区发展具有了新定位，晋升为新城区的石景山对辖区进行了功能划分，包括商务区、高科技园区、经济开发区、休闲旅游区和住宅区，积极构建起现代化的城区发展格局。其次，继续推进基层管理体制改革，成立了区街道工作办公室，加强对街道系统工作的领导和指挥，进一步巩固基层政权建设，对居民委员会的组织结构和工作制度进行调整与优化，更好地发挥居委会的为民服务功能。再次，石景山区越来越重视对地区发展整体的科学规划和统筹，以发展实际为基础，以规划为先导，不断调整区域发展战略，该时期石景山制定并出台了一系列规划和纲要，如《石景山区 1992—2000 年经济和社会发展规划》《石景山区国民经济和社会发展三年计划（1992—1994 年）》《石景山区国民经济和社会发展五年（1996—2000 年）计划和 2010 年远景目标纲要》等，为统筹推进地区城市化建设明确了蓝图和框架。最后，石景山区依法治区意识不断凸显，制定了《北京市石景山区依法治区规划》，加强基层法制宣传和法律援助工作，不断加强政府依法行政、依法办事、依法管理的能力，逐步把社会建设各项工作纳入法治化轨道。

3. 第三阶段（2001~2007年）：深入开展社区建设工作，提高城市建设的现代化水平

进入 21 世纪，城市社区承接了越来越多的城市管理和服务功能，现代化城市社区建设已经成为城市建设的必要内容，关系着城市运行的整体水平。该时期，石景山区以全面推进社区建设为基础，大力提升城市建设的现代化水平。一是根据《北京城市总体规划（2004 年—2020 年）》中关于石景山区“一区三中心”[①] 的功能定位，按照“加快东部，完善中部，启动西部”的原则，启动地区六个功能区建设工作，致力于建设绿色文明的现代化首都新城

① 具体指城市功能拓展区和城市职能中心、综合服务中心、文化娱乐中心。

区。二是进一步调整和优化基层行政管理体制，积极推动居委会转制调整工作和农转居工作，将农村行政工作纳入街道系统，由区人大在街道层面建立街道工作委员会，不断提高全区城镇化建设的整体水平。三是深入开展首都文明区和全国文明城区创建工作，围绕社区建设开展内容丰富、形式多样的活动，吸纳更多的社区建设参与力量，提高了社区在医疗、卫生、体育、教育等各个方面的服务能力，不断激发社区的自治活力和创造能力。四是从区域社会建设的实际需求出发，探索建立城市长效管理机制，成立了城市管理监督指挥中心、环境建设指挥部、突发事件应急委员会和应急指挥中心，建立了社区卫生管理服务信息系统、社区防控网信息发布系统，推动城市管理运行实现科学、安全、高效的可持续发展。

4. 第四阶段（2008年至今）：构建多元社会参与机制，大力推进社会治理创新

石景山区在首都大力推进转型发展的关键时期，积极把握战略发展机遇，成立区社工委，进一步完善基层组织架构，构建多元参与的社会建设格局，凝聚地区共建合力，大力推进社会治理创新。以党建工作为统领全面推进社会建设工作，探索社会领域党建工作新模式，采取商务楼宇党建“五站合一”工作模式，建立流动党员教育管理机制，开展基层党组织创先争优活动，加大对地区资源的整合力度，不断夯实基层工作基础，努力构建区域化“大党建”工作格局。以规范化社区建设为抓手，不断优化社会治理结构，进一步明确社区党组织、社区居委会和社区服务站的职责，不断创新社区服务模式，如八角街道创建的“1515 工程”，有效地强化了社区服务功能，满足社区居民日益多元化的服务需求。建立健全多元社会参与机制，建立了“枢纽型”社会组织管理体系，成立了志愿者联合会，采取政府购买社会组织服务的方式，努力构建共驻共建的社会建设格局。加快推进信息技术与社会建设的融合发展，以“互联网 +”为手段，助力智慧社区建设，建立网格化工作体系，创建社会领域党建微信公众平台，开发区社工招考系统和社区工作者人员信息管理系统，有力地提高了社会建设的精细化水平。充分保障社会建设工作所需的人才队伍，加强对既有社工队伍的领导和培训，培育和引进新的社工团队，打造一支具备专业化能力和综合素质的人才队伍。

（二）改革开放以来石景山区社会建设取得的主要成就

石景山区社会建设经过长期的实践与创新，取得了长足的进步，有力地支撑和服务了地区发展，为推进国际一流和谐宜居之都建设奠定了重要基础（见表1）。

表1 历年石景山区社会事业建设情况比较

指标 \ 年份	2007	2015	2016
全区生产总值（亿元）	226.3	430.2	465.6
产业结构比	67 ∶ 33	33 ∶ 67	31 ∶ 69
城乡社区财政投入占比（%）	—	25.9	47.7
全年完成基础设施投资（亿元）	—	56.0	54.3
文物保护单位（处）	31	—	—
卫生机构数（个）	137	—	—
医院床位数（张）	2951	—	—
拥有职业（助理）医师（人）	1640	—	—
拥有注册护士（人）	1600	—	—
体育场馆（块）	2	—	—

注：石景山区是没有第一产业的新城区，其产业结构比即第二产业与第三产业之比。

资料来源：北京市石景山区统计局，《石景山区 2007~2016 年统计年鉴》，石景山区统计信息网，2017 年 12 月 15 日。

1. 地区民生水平不断提高，城市化进程不断加快

石景山社会建设工作的持续推进，有力地促进地区经济和民生建设的发展，为加快城市化发展进程提供重要支撑。石景山区拥有与核心区距离近的

区位优势，吸引了大量外来人口流入。有关数据显示，2016 年全区常住外来人口数量为 19.0 万，占常住人口总量的 29.97%，外来人口同比下降 11.21%（见图 3），2016 年全区居民人均可支配收入达 60980 元，同比增长 8.3%（见表 2）。为大力提高地区经济发展水平和城市化建设水平，石景山区制定并出台了多个国民经济和社会发展规划，结合城区功能定位，按照“加快东部，完善中部，启动西部”的原则，实施统一规划、统一布局、分步开发、阶段推进，通过加强对流动人口的管理和服务工作，提高管理服务在全区不同人群的覆盖能力，加大对公共基础设施的投入力度，加快推进城乡基础设施均等化发展，还相继推出一系列便民工程，打造具有石景山特色的民生服务品牌，不断巩固和加强地区民生保障工作，改善地区民生，显著提升了区域整体的城市化发展水平。

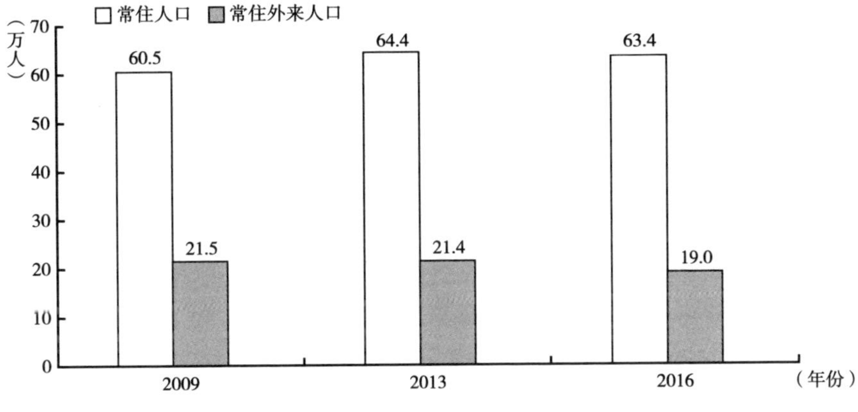

图 3　历年石景山区常住人口统计数据

资料来源：北京市石景山区统计局，《石景山区 2009~2016 年统计年鉴》，石景山区统计信息网，2017 年 12 月 15 日。

2. 基层党建工作深入推进，社会建设工作得到全面发展

石景山区始终把党建工作作为总揽地区社会事业发展的核心力量，基层党组织在组织领导、统筹规划、凝聚共识、监督落实方面发挥着关键作用，石景山区在基层广泛开展党建工作，巩固和加强基层党组织的战斗堡垒作用，

表 2 历年石景山区居民生活情况比较

指标 \ 年份	2007	2015	2016
全区居民人均可支配收入（元）	20744.6	56304	60980
城镇登记失业率（%）	3.38	2.46	2.41
参与基本养老保险人数（万人）	23.2	41.6	42.4
人均消费支出（元）	13525.8	36789	38547
PM2.5（微克 / 立方米）	—	83.5	78

资料来源：北京市石景山区统计局，《石景山区 2007~2016 年统计年鉴》，石景山区统计信息网，2017 年 12 月 15 日。

保障社会建设各项工作得到全面扎实的推进。基层党建力量不断增强，建立了一支坚强可靠的党员干部队伍，保障了基层党组织的组织领导力量，推动了学习型、创新型、服务型党组织建设，社会领域党建工作稳步前进，基层党建工作体系不断完善，重视并加强“两新”组织党建工作，逐步建立健全了“枢纽型”社会组织工作体系、商务楼宇党建工作体系、社区党建工作机制等，基本形成了区域化大党建格局，加大资源整合力度，扩大了党在基层的覆盖力和凝聚力。2016 年，非公企业和社会组织党组织覆盖率分别达到 80% 和 50%，创建了“5+”商务楼宇党员志愿服务平台①，培育了 40 个党建精品项目。

3. 城市管理体制机制不断健全，城市综合服务管理能力显著提高

随着城市管理重心不断下移，石景山区不断调整和优化城市管理体制机制，不断创新城市管理手段和方式，以更好地推进和落实城市发展战略，提高城区社会服务管理能力，打造高品质的现代化城市生活环境。石景山区不断推动网格化社会管理体系的发展与完善，在实现城市精细化管理方面取得

① “5+”商务楼宇党员志愿服务平台，即让楼宇内非公企业、员工感受到“吾家”般的温暖。

了积极成效，通过持续推进城市管理体制改革，进一步完善基层治理结构，理顺了区、街道、社区之间的权责关系，强化了街道对辖区的管理职能，广泛推进基层网格工作体系的建设，落实基层网格工作责任制，将管理工作落到实处，使服务更加贴近群众需求。城市社区建设水平不断提高，现代化标准社区试点工作取得实效，社区建设方式不断创新，老旧小区管理、文明城区建设、“六型”社区建设、智慧社区建设工作深入推进，社区便民服务工程项目收获颇丰，2016 年完成 4 个市级“一刻钟社区服务圈”和 72 个区级“一刻钟社区服务圈”建设，社区覆盖率达到 98%，建成智慧社区 120 个，占全区总社区数的 81%，在无物业社区成立了 11 个自管会，城区整体宜居指数不断上升。

4. 多元社会治理体系逐步完善，城市发展活力不断涌现

在石景山区进入转型升级和品质提升的发展新时期，社会建设领域需要解决的新问题和新挑战也不断出现，社会管理涉及的内容更加广泛，社会服务需求变得更加多元化，传统的政府单一主体供给模式存在的不足越发凸显，石景山区重视发挥和引导社会多元主体参与社会治理，不断激发城市发展活力，凝聚社会共建共享的家园意识。石景山区大力鼓励和培养社会组织力量的发展，社会动员能力不断增强，基层群众参与社会治理的主动性和积极性不断提高，政府的基层管理基础进一步得到夯实。建立了“枢纽型”社会组织体系，发挥“枢纽型”社会组织对基层社会组织的指导和统筹作用，推动了社会组织的规范化发展，提高了地区资源整合效率。加快推动了服务型政府建设，通过创新和拓宽社会组织参与社会建设的方式及渠道，吸纳多元化的社会参与力量，不仅有效弥补了政府服务能力的不足，而且提升了居民自我管理、自我服务能力。2016 年政府在购买社会组织服务方面投资了 702 万元，购买服务项目 76 个。地区志愿服务体系不断发展完善，以项目制管理方式不断推进具有地区特色的志愿服务品牌建设，如金色亲情、乐龄养老、红蜡烛等公益服务品牌，成立了区公益组织与志愿服务发展中心，建立了市民劝导队，以项目共建对接和“志愿反哺”

激励模式不断壮大志愿服务力量，不断丰富社会服务内涵，满足日益多元化的社会服务需求。

三　从重点事件看改革开放以来石景山区社会建设的特点

城市社会建设在不同区域不同阶段具有不同的实践经历和特点，石景山区具有自身独特的发展基础和发展优势，其社会建设伴随改革开放的步伐不断推进，取得了许多重大的成果，从中选取一些具有重要代表性意义的事件，以这些事件为视角剖析其社会建设工作的规律和特点，有利于更好地把握未来石景山区社会建设的发展需求和目标。

（一）以首钢搬迁为契机推动社会建设工作步入新征途

首钢搬迁是在首都建设世界城市背景下做出的必然选择，符合首都功能发展要求，首钢搬迁为石景山区实现转型发展和品质提升提供了重要机遇，以此为契机加快推进绿色高端石景山建设。首钢搬迁是疏解非首都功能的一项重要举措，钢铁产业的疏解为石景山区接收更加优质的产业提供了空间和契机，是石景山区推动转型升级迈出的重要一步。首钢搬迁是从首都和石景山整体发展格局出发做出的规划部署，有利于推动石景山融入区域协调发展的大格局中，为其转型发展和品质提升提供战略空间。同时，首钢搬迁是一项系统工程，要分阶段、定任务、分步骤的有序推进，在前期研究和规划的基础上，还要落实好各项配套服务设施和管理制度，做好首钢小区的居民工作，对搬迁后首钢地区的社会建设工作进行合理规划，使其符合石景山区绿色高端的区域发展战略。另外，石景山区建设首都西部的文化休闲娱乐中心，要依托原有工业厂房，建设钢铁工业遗址，发展文化创意产业，按照五大功能区规划打造创新示范新首钢（见图4）。

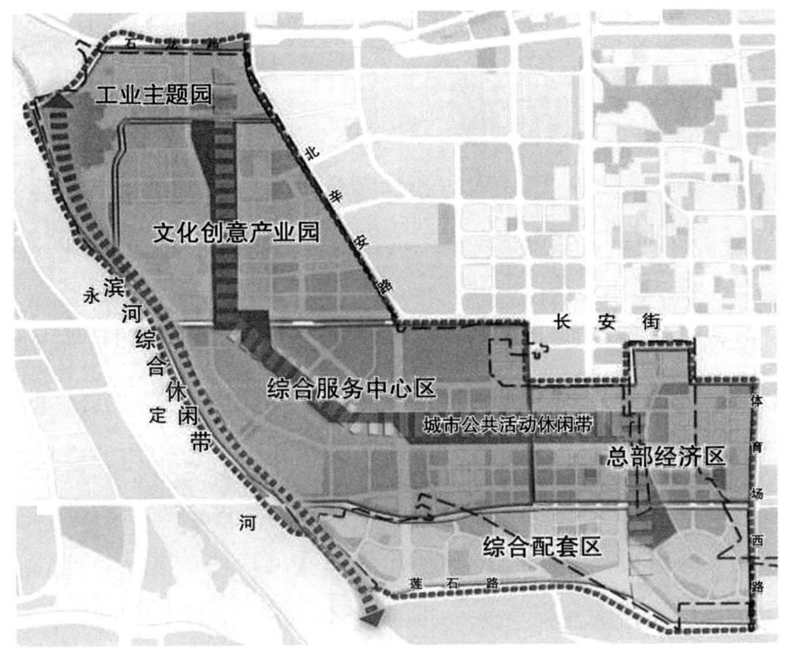

图 4　石景山打造创新示范新首钢的五大功能区示意

（二）以社区规范化建设为切入点不断强化城市的服务功能

社区规范化建设是石景山区推动社区管理制度改革创新，提高社区服务品质的有效渠道，自开展社区规范化建设试点工作以来，石景山区不断结合试点社区特点加强社区建设，不断强化城市服务功能。社区规范化建设推动了社区管理制度的发展完善，进一步协调并理顺社区党组织、社区居委会和社区服务站之间的权责关系，进一步完善社区居民自治制度，搭建多样化的社区治理参与平台，不断优化社区治理格局。以社区规范化建设为契机，加强社区基础设施建设和“一刻钟社区服务圈”建设，打造了一批具有石景山特色的便民工程，进一步完善了社区基本公共服务体系，形成了社区公共服务全覆盖的社区服务管理新格局。进一步完善社区民主协商工作机制，深入探索社区“参与型协商”的民主协商模式，积极引进网络和新媒体技术拓宽居民参与社区管理的渠道，不断提升社区居民自治水平。不断创新社区服务管理模式，充分结合地区内社区发展实际，推动老旧小区管理、“六型”社区建设和智慧社区建设等工作，推动城市服务管理工作规范化、科学化、精细化发展。加快推进社区工作者队伍建设，逐步建立和完善相应的工资待遇机制、奖惩机制与培训机制，以全市“万名社区工作者培训计划”为抓手，以社区工作者人员信息管理系统为工具，努力建成一支高水平、高标准、高素质的社区人才队伍。

（三）通过“三网”融合发展加快构建现代化的城市管理格局

随着基层管理重心的不断下移，网格化工作体系已经成为加强和落实城市服务管理职能的高效工作机制，石景山区积极响应首都构建全响应网格化社会服务管理体系的要求，加快推进区域社会服务网、城市管理网、社会治安网“三网”融合发展，不断构建现代化的城市管理新格局。石景山区以深入辖区开展基层调研为基础，大力推进本区网格化工作体系建设，通过科学划分区域社会管理网格，将全区划分为402个网格，通过建立社会服务管理信息化平台，充分利用“云计算”“大数据”“微平台”等信息技术，实现资源的高效优化配置，通过主动搭建区、街、社三级服务管理平台，不断提高城市服务管理工作的高效性和精准性。当前，石景山区已经全部完成网格化工作组织体系建设工作，实现了网格工作责任制的全区覆盖，有力地促进和保障了社区服务管理工作的真正落地。

（四）以规划设计为指引推动社会建设的高端发展

在改革推进的不同时期，石景山区的发展战略和功能定位也有所不同，围绕首都整体发展格局不断调整辖区发展战略规划，以规划设计为指引推动地区社会建设事业不断迈上高端绿色发展阶段。石景山区高度重视规划设计对地区发展的重要作用，通过制定国民经济和社会发展三年规划或五年规划，明确地区发展的阶段性任务和目标，就重点地区和重点问题领域制定专门的规划纲要，为地区发展面临的重难点问题提供解决方案，为城市实现可持续发展提供更多弹性空间，积极建设海绵城市。石景山区制定了《新首钢高端产业综合服务区控制性详细规划》，为首钢地区实现转型发展指明了方向，出台了《北京市石景山区依法治区规划》，有利于推进城市综合行政执法体制改革。当前，在首都建设国际一流和谐宜居之都目标的指引下，石景山区围绕首都"四个中心"的战略定位，同时结合地区发展优势，对区域发展格局进行了科学规划和部署，形成东、中、西三大主体功能区发展布局和"一轴、两带、三园、多支点"的空间结构，以"八个高端体系"建设为支撑，推动国家级绿色转型发展示范区建设。

四　关于石景山区社会建设未来发展重点的思考

"十三五"时期，石景山区进入了全面深度转型发展的新时期，该时期社会建设工作要紧紧围绕和服务于区域高端绿色发展战略，牢牢把握全区在首都发展格局中的功能定位，紧紧抓住京津冀协同发展和疏解非首都功能带来的重大历史机遇，厘清未来石景山区社会建设工作推进的重要方向和重点任务，努力打造新时期的高端社会治理体系，为进一步提高地区居民福祉、构建和谐社会提供重要保障和支撑。

（一）进一步完善基层党建工作体系，构建党建统领社会建设的基本格局

加强和巩固党的领导核心地位，充分发挥党委统领全局发展和协调各方的作用，通过进一步完善基层党建工作体系，努力形成党建统领社会建设发展的工作格局。首先，深入开展区域化党建工作，不断形成党委领导、多方参与、共同建设的社会建设格局，鼓励和支持社会多元主体参与社会建设，进一步规范各类社会主体在基层党建工作中的职责，形成社会共建合力。其次，按照属地管理原则，不断强化街道党委领导职责并建立街道党建工作协调委员会，通过积极建立社区党建工作平台，广泛推进社区党建发展，充分整合社区党建资源。再次，进一步推进服务型党组织建设工作，在基层党员

干部中深入开展服务型党组织建设教育培训活动，提升基层党员队伍的为民服务意识和为民服务能力，要始终坚持问题导向和民生导向，不断夯实党在基层的群众基础。最后，坚持贯彻和落实依法从严治党，加强基层党组织领导班子建设，建立健全相关培训制度，不断优化党员队伍结构，不断提高其依法办事的能力，努力建设一支高素质的基层党员队伍。

（二）积极构建高端社会治理体系，提升城市治理的现代化水平

石景山区社会建设已经为地区发展打下了坚实的基础，在服务与保障地区经济和社会发展方面做出了重大贡献，地区城市化建设任务基本完成，开始进入深化城市治理、提升城市品质的转型时期，石景山区积极构建高端社会治理体系，以新的城市发展布局，不断提升城市治理的现代化水平。高端社会治理体系是城区大力推进发展转型的必然要求，这种转变主要体现在治理理念、治理体制和治理方式方面。从治理理念上讲，政府要积极转变工作思路，在继续发挥主导作用的前提下，进一步规范和引导更多的社会主体参与社会治理，大力推进服务型政府建设，鼓励和推进社会治理创新与居民自治，正确处理好政府与社会的关系。从治理体制上讲，要认清形势，突破创新，不断完善已有的社会治理体制机制，继续深化网格化社会服务管理体制建设，不断增强社会治理的事前预防和预判能力，推动社会治理各项环节的有效衔接。从治理方式上讲，要根据不同对象和不同问题领域采取多样化的治理手段，通过创新政府与社会的合作方式，加强信息化基础设施建设，引入现代化信息技术，不断丰富社会治理内容，提升社会服务质量。

（三）创新和完善多元社会参与机制，促进社会共建共治共享格局的形成

随着传统“单位制”的解体，原有的政府单一治理主体格局被打破，“两新”组织、志愿者团体、居民自治组织实现蓬勃发展。这些力量的发展有效地将社会分散资源聚合在一起，促进社会治理主体多元化，促进社会自治能

力提升，激发基层社会治理活力。因此，石景山区要重点围绕多元参与，优化社会治理体系。一是要建立健全社会共治的各项体制机制，充分发挥驻区企事业单位、社会组织和居民的共建共治合力，不断推进城市管理重心下移和城市管理职权下沉，形成“一中心、多枢纽、九基地、全辐射”的社会组织运行体系和“组织完善、覆盖全面、形式多样、制度完善”的社会志愿服务体系。二是要搭建多样化的参与平台，拓宽各类社会主体参与社会治理的渠道，不断创新基层治理模式，进一步完善基层参与协商制度，更好地了解基层需求，协调各类社会主体的利益关系。三是要重视和加强社会动员，深入基层开展宣传教育活动，增加民众对政府政策的熟悉度，提高民众参与社会治理的积极性和主动性，形成政府与社会的和谐互助局面，努力塑造家园共同体意识。

（四）重视和加强法治能力建设，打造公平有序的社会环境

石景山区要重视和加强法治能力建设，坚持把全民普法和守法作为依法治区的长期性基础性工作，要善于运用法治思维和法治方式解决社会治理中的实际问题，致力于打造公平有序的社会环境。构建平安和谐的石景山离不开法律的规范和引导作用，首先，要在全区树立法治意识，深入社会领域开展普法宣传工作，尤其要加强对领导干部法治思维和依法办事能力的培养，建立健全覆盖全区的公共法律服务体系，积极营造依法依规办事的良好社会氛围。其次，石景山区作为北京市唯一的“全国综合行政执法体制改革试点区”①，要按照“试点先行、典型引路、重点突出、整体推进”的工作思路，大力推进“法治石景山”建设。最后，要促进法治与德治的融合发展，充分发挥道德和规范的软约束作用，积极构建社会征信体系，科学量化居民诚信行为，深入全区培育和践行社会主义核心价值观。

---

① 2015 年 4 月，中央编办印发《中央编办关于开展综合行政执法体制改革试点工作的意见》（中央编办发〔2015〕15 号），确定在全国 22 个省（自治区、直辖市）的 138 个试点城市开展综合行政执法体制改革试点。

城市副中心

第八章　通州区社会建设回顾与展望

通州区城市功能定位历经三个阶段五次调整，社会建设也经历了基础建设、快速发展以及深化提升三个阶段。下一步，通州区要按照党的十九大报告与《北京城市总体规划（2016年—2035年）》的要求，以非首都功能疏解与京津冀协同发展为出发点，重点从社区治理创新、社会动员、社会组织参与、精细化管理等方面着手，以社会治理体系创新推进全区社会建设进程，为国际一流的和谐宜居之都建设贡献力量。

一　通州区城市功能定位历经三个阶段五次调整

为着力改变北京单中心集聚的发展模式、构建新的城市发展格局，《北京城市总体规划（2016年—2035年）》明确提出，在北京市域范围内形成“一核一主一副、两轴多点一区”的城市空间结构。其中“一副”是指北京城市副中心。北京城市副中心规划范围为原通州新城规划建设区，中心规划范围约155平方公里，外围控制区即通州全区约906平方公里，进而辐射带动廊坊北三县地区协同发展。《通州区国民经济和社会发展第十三个五年规划纲要》明确将通州区的发展定位确定为北京市行政副中心、国际商务新中心、文化发展创新区、和谐宜居示范区。

改革开放以来，随着北京城市的不断发展与扩张，通州的功能定位经历了

“卫星城—新城—北京城市副中心—北京行政副中心—北京城市副中心”五次调整三个阶段（见表1），一定程度上反映了北京城市发展模式的转变。总体来看，这一区域一直是北京城市空间调整的重要节点。这与通州的自然条件、发展基础息息相关。通州与中心城区的距离适中，在有效防止与中心城区蔓延连片的前提下，可以最大限度地与中心城区形成发展合力。同时，通州与顺义、亦庄为邻，与“北三县”接壤，是京津冀协同发展的前沿地区，发展空间广阔。

表1　通州功能定位调整与演变

发展阶段	标志	北京城市总体规划思路	通州功能定位
第一阶段（1983~2003年）：北京分散集团式规划思路与卫星城建设	1983年中共中央、国务院批复《北京城市建设总体规划方案》	1. 北京是我们伟大社会主义中国的首都，是全国的政治中心和文化中心 2. 采取强有力的行政、经济和立法的措施，严格控制城市人口规模。把北京市到2000年的人口规模控制在1000万人左右 3. 应着重发展卫星城镇，逐步把市区的一部分企业和单位迁移到卫星城镇	重点抓好黄村、昌平、通县①和燕山等四个卫星城镇的建设
	1984年通州首次编制《卫星城总体规划方案（草案）》，1987年审议通过，批复执行	—	确定通州是京东地区经济贸易中心和首都综合性卫星城。规划城市用地面积36.46平方公里，人口规模控制在20万人

续表

发展阶段	标志	北京城市总体规划思路	通州功能定位
第一阶段（1983~2003年）：北京分散集团式规划思路与卫星城建设	1993年国务院批复《北京城市总体规划（1991年—2010年）》	1. 北京是伟大社会主义中国的首都，是全国的政治中心和文化中心，是世界著名的古都和现代国际城市 2. 对北京的人口，实行有控制、有引导的发展方针，要严格控制市区的人口规模。今后50年北京市人口仍呈持续增长的趋势，2040年前后，北京常住户籍人口将出现1400万左右的高峰，流动人口将达300万左右	要建设包括通州镇、亦庄、黄村在内的14个卫星城，并明确将通州作为重点发展的卫星城之一
第二阶段（2004~2011年）：北京从单中心向多中心转变的规划理念与新城建设	2004年发布《北京城市总体规划（2004年—2020年）》	1. 北京是中华人民共和国的首都，是全国的政治中心、文化中心，是世界著名古都和现代国际城市 2.2020年，北京市总人口规模规划控制在1800万人左右，年均增长率控制在1.4%以内。其中户籍人口1350万人左右，居住半年以上外来人口450万人左右。2020年，北京市城镇人口规模规划控制在1600万人左右，占全市人口的比例为90%左右	1. 重点发展位于东部发展带上的通州、顺义和亦庄3个新城，使其成为中心城人口和职能疏解及新的产业集聚的主要地区，形成规模效益和聚集效益，共同构筑中心城的反磁力系统 2. 通州、顺义、亦庄新城规划人口规模为70万~90万人，同时预留达到百万人口规模的发展空间 3. 通州新城是东部发展带的重要节点，北京重点发展的新城之一，也是北京未来发展的新城区和城市综合服务中心。引导发展行政办公、商务金融、文化、会展等功能。是中心城行政办公、金融贸易等职能的补充配套区

续表

发展阶段		标志	北京城市总体规划思路	通州功能定位
第三阶段（2012年至今）：北京城市发展模式转变的新阶段与副中心规划建设	北京城市副中心阶段（2012年至2015年2月）	2012年6月北京市第十一次党代会	—	首次提出“副中心”概念，明确指出，落实聚焦通州战略，分类推进重点新城建设，打造功能完备的城市副中心，尽快发挥新城对区域经济社会发展的带动作用
		2015年2月北京市市长王安顺在通州区调研	—	要举全市之力推动北京城市副中心建设，在落实首都城市战略定位上，担起承接与疏解的双重责任，努力打造世界一流的现代化国际新城
		2015年北京市政府工作报告	—	要加快城市副中心建设，完成通州核心启动区基础设施建设任务，抓好国家级新型城镇化试点工作
	北京行政副中心阶段（2015年3月至2016年4月）	2015年3月发布《京津冀协同发展规划纲要》	北京市的功能定位：全国政治中心、文化中心、国际交往中心、科技创新中心。到2017年，有序疏解北京非首都功能取得明显进展。到2020年，北京市常住人口力争控制在2300万人以内。到2030年，首都核心功能更加优化	加快规划建设北京市行政副中心，有序推动北京市属行政事业单位整体或部分向市行政副中心转移，带动其他行政事业单位及公共服务功能向市行政副中心和其他区县疏解。推动部分具备条件、具有明显地域特色的中央企业总部转移到相关产业集中地区
		2015年7月11日中共北京市委十一届七次全会上通过《北京市委、市政府关于贯彻〈京津冀协同发展规划纲要〉的意见》	《京津冀协同发展规划纲要》中明确了北京2300万的人口控制目标，这是必须坚决守住的底线。城市布局要与城市战略定位相一致。按照城市战略定位的要求做好城市总体规划修改、“十三五”规划编制、主体功能区规划调整等工作，切实做到“先布棋盘再落子”	要聚焦通州，深化方案论证，加快北京市行政副中心的规划建设，2017年取得明显成效

续表

发展阶段		标志	北京城市总体规划思路	通州功能定位
第三阶段（2012年至今）：北京城市发展模式转变的新阶段与副中心规划建设	北京城市副中心阶段（2016年5月至今）	2016年5月27日召开中共中央政治局会议	—	研究部署规划建设北京城市副中心和进一步推动京津冀协同发展有关工作
		《北京城市总体规划（2016年—2035年）》	在北京市域范围内形成“一核一主一副、两轴多点一区”的城市空间结构。其中“一副”是指北京城市副中心	北京城市副中心规划范围约155平方公里，外围控制区即通州全区约906平方公里，进而辐射带动廊坊北三县地区协同发展

注：① 1997年4月29日，国务院批复“撤销通县，设立通州区”。

资料来源：根据北京市历次城市总体规划及相关会议报道整理。

二　改革开放以来通州区社会建设历程与成就

1. 第一阶段（1978~2003年）：社会建设随着经济的快速发展开始提上日程，社会建设框架逐步形成

1978年以来，随着经济建设的快速推进，人们的生活水平发生了显著变化，整个社会出现了一系列新情况和新问题。在此背景下，经济领域的快速发展倒逼了社会领域的改革与进步，如街道办事处的优化和乡镇行政区划的调整，城市管理综合执法大队的率先组建，劳动和社会保障局的成立，社区服务工作的开展，街道社区党建工作的推进，社区信息化网络的建设等，通州区社会建设框架逐步形成（见表2）。

表2　1978~2003年通州社会建设相关重要事件一览

时间	事件
1978年5月	通县基本建设委员会成立，拉开全县建设序幕
1979年4月	通州文化局成立，各人民公社相继恢复和建立文化站

续表

时间	事件
1983~1984 年	通县撤销公社，改建乡人民政府
1984 年	完成《北京市通州卫星城总体规划方案（草案）》
1984 年	通县变县一级教育管理为县、乡、村三级办学，两级管理
1987 年	通县建立北京市首个县级体育运动学校
1987 年 4 月	审议通过《北京市通州卫星城总体建设规划方案》
1991 年 9 月	出台《关于加强中外合资企业党的建设的意见》
1992 年	通县农村社会养老保险基金管理委员会成立
1997 年 4 月	国务院批准撤销通县，设立通州区
1997 年 9~10 月	新华、玉桥、北苑、中仓、永顺、梨园街道办事处成立
1998 年	通州区创建首个社区卫生服务站
1998 年 5 月	通州区经济发展服务中心成立运行
1998 年 5 月	通州区国税局稽查局成立
1999 年 3 月	通州区城市园林绿化执法队成立
1999 年 6 月	通州区城市管理综合执法大队成立
2000 年 3 月	通州区城市管理监察大队成立
2000 年 8 月	通州区知识产权办公室成立
2000 年 10 月	通州供电局保修中心正式成立
2001 年 12 月	通州乡镇行政区划调整
2001 年	通州建设完成 3 个社区卫生服务中心和 18 个社区卫生服务站
2002 年 5 月	通州首家街道工会联合会成立
2002 年	调整城区 4 个街道办事处社区居委会的规模
2003 年 8 月	区救助管理站挂牌成立
2003 年	建立和完善社区服务体系

（1）行政区划不断调整和优化

1997 年 9 月，通州区撤销了通州镇及所属西城、东城、南城、北城、新建、运河、北苑七个街道办事处，设立了通州区北苑、新华、中仓、玉桥四个街道办事处。10 月，撤销了通州区城关镇、梨园镇，设立了通州区永顺地区办事处、通州区梨园地区办事处。2001 年，根据北京市民政局《关于调整郊区县部分街乡镇行政区划的批复》进行乡镇行政区划调整，撤销徐辛庄镇，并入宋庄镇；撤销次渠镇，并入台湖镇；撤销牛堡屯镇，并入张家湾镇；撤销郎府镇，并入西集镇；撤销大杜社镇，并入马驹桥镇；撤销觅子店镇，并入漷县镇；撤销柴厂屯镇，并入永乐店镇；撤销甘棠镇和胡各庄镇，合并为潞城镇。

（2）城市管理工作进入法治化、规范化轨道

1999 年，为加大绿化执法力度，完善城市绿化管理，成立通州区城市园林绿化执法队，对私伐乱砍、侵占绿地、损害古树名木，以及破坏城市绿化成果及设施等违法行为和不文明现象进行行政处理及宣传教育工作。率先组建了城市管理综合执法大队，配备来自市容、绿化、工商、占道、卫生、公安、交警、交通等八个职能部门的执法人员。2000 年 3 月，通州区正式成立通州区城市管理监察大队，通州区城市管理工作进入了法治化、规范化轨道，城市管理体制改革迈出了关键性的一步。

（3）社区服务体系逐步建立和完善

健全社区服务设施，全区 6 个街道级和 1 个区级社区服务中心开展便民、利民服务，设施功能齐全，设有养老、社区文化、社区体育、社区卫生、家政服务等几十项服务项目。开通 96156 便民服务电话，完善便民服务网站。本着“政府领导、部门配合、街镇负责、卫生实施、社会参与、群众支持”的发展原则，开展社区卫生服务中心和社区卫生服务站的建设工作。举办健康医疗讲座，为老人建立健康卡。完善养老福利机构各项制度和服务管理，增加社区志愿者人数，社区服务管理水平进一步提高。

（4）社会安全防控体系逐步形成

建成“通州分局新华派出所分指挥中心”，具有 110 接警、指挥调度和电视监控功能。在各居民小区、繁华路口安装电子探头，扩大监控覆盖面，提高社区技防含量，减少各类治安案件的发生，提高破案率，为居民创造稳定、安全的生活环境，使社区居民住得安心。

（5）社区信息网络建设稳步推进

全区 6 个街道级社区服务信息总量 4877 条，其中政务公开信息 219 件、

办事处指南数据信息278条、生活驿站信息4380条，注册登记志愿者1764人。社区服务信息网络支撑体系发展了114家服务商，涉及家政、综合修理、医疗保健等14类50项居民生活服务内容，并组织23家服务商参加96156热线呼叫系统招商大会，11家服务商签订了工作意向书。

（6）街道社区党建工作不断创新

通州区健全了四个街道工委工作机构，配备街道工委组织委员、宣传委员、纪委书记等12名。先后将68个居委会、97个家委会整合为38个社区居委会，并建立了党总支部。2002年通州区以新华街道工委为试点，进行了街道社区党建工作的探索，在取得经验的基础上，4个街道工委全部成立了街道社区党建工作协调委员会和社区建设管理委员会，共吸纳了150家单位，研究制定了工作章程和议事规则，以“共同利益、共同需要、共同目标”为出发点，以“地域性、群众性、社会性、公益性”为着力点，共同协商街道社区内的各项工作，探索思想工作联做、生活环境联建、社会治安联防、公益事业联办的路子。

2. 第二阶段（2004~2009年）：社会建设和经济建设相辅相成，社会建设进入快速发展时期

2004年中国共产党十六届四中全会提出了社会建设的新概念，社会建设开始提升到与经济建设同等重要的地位。在这一阶段，通州区不仅正式成立了社会建设的指导机构——社会建设工作领导小组，而且开展了各种创建工作，如创建“首都平安示范社区”，创建和谐新社区，创建国家卫生区，创建公共文明示范地区等，社会建设工作实现了制度化、品牌化发展。

（1）社会建设工作领导机制正式建立

2009年4月17日，区机构编制委员会批准成立了通州区社会建设工作领导小组。4月24日，区社会建设工作暨区委社会工委、区社会办成立大会在北发大酒店召开。随后，区委社会工委（区社会办）以基本公共服务、社区规范化建设、社会组织改革与发展、社会工作人才队伍建设、社会服务管理创新为载体，出台了一系列指导全区社会建设的规范性文件。

（2）成为北京市首个实现市、区、街、居四级联网的区县

通州区全面普及推广北京市社区管理信息系统，第一个完成社区信息数据的同步上传，数据上传数量和质量均达到100%，成为北京市首个实现市、区、街、居四级联网的区县。全区全年采集、录入户籍信息60271条，常住人口信息147346条，区、街社区服务信息网站共采集、录入各类信息13550条，指导各街道使用“小呼叫”系统，基本实现热线、网站、“96156”呼叫系统的“三网合一”。

（3）义工组织和义工活动走向制度化、规范化

通州区成立了区义工联合会工会分会、青年分会、巾帼分会、红十字分会等11个分会，建立了民主决策制度、财务管理制度、考核奖惩制度、重大事项报告制度、接受捐赠公示制度、监事会工作制度六大制度，进一步健全义工联合会组织网络，使全区的义工组织和义工活动走向制度化、规范化，义工总人数达到21096人，义工服务达到36500余人次，服务范围涵盖整个城区。

（4）创建活动取得积极成效

2004年，新华街道如意社区获得通州区首批“首都平安示范社区”称号。2005年，中仓街道结合社区实际，找准风尚社区定位，通过提倡爱心与奉献、推行市民文明公约、整治社区环境、搭建社区文体活动平台、开展“迎奥运、讲礼仪”活动，在社区中形成人际互助、文明道德、保护环境的新风尚，成为全市创建和谐新社区的9个试点之一。2007年，以新华大街、运河西大街、运河文化广场和重点公共场所为重点，针对乱吐乱扔、乱停乱放等不文明行为，广泛开展了首都公共文明示范地区创建活动。活动坚持教育、管理、服务并重，采取加强媒体舆论引导、完善基础设施、发挥典型示范监督作用、注重依法管理、发动公共参与和建立长效机制等措施。各有关责任部门各展所长，齐抓共管，促进了公共文明建设，切实解决城市环境、秩序建设中存在的突出矛盾和问题，提升全区市民文明素质和城市文明程度。协调市、区38家精神文明建设先进单位分别与38个行政村结成共建对子，广泛开展共建

活动，为共建村提供资金、技术、医疗、教学、法律培训等支持，培育新型农民，推进社会主义新农村建设，提高农民文明素质和农村文明程度。

（5）楼门文化建设全面推进

为营造良好的社区环境，促进通州区的和谐社区建设向纵深发展，通州区全面推进楼门建设，对全区4965个老旧楼门进行硬件改造和文化建设，基本达到文化楼门的标准，同时建立楼门长制度、楼门自我管理制度等。此外，全区粉刷墙壁约310万平方米，更换门窗玻璃1.9万块，安装防盗门1300个，安装门牌号3600多个，制作楼门文化宣传板3.2万块，征集楼门文化作品9500件，共计8.4万户25万人、166家产权单位、102家共建单位直接参与楼门建设。2009年，街道坚持把楼门文化作为一种先进文化建设，按照两个100%和两个50%的标准，健全13个社区楼门长队伍，召开楼门建设研讨会、推进会，制定五星楼门评选标准，对36个楼门依据五星的标准进行评比，促进楼门文化建设朝着纵深发展，涌现出“民族团结一家亲”“荷和苑”“家和万事兴”等主题突出、特色鲜明、有亲近感与亲和力的精品楼门，涌现出潘淑清、聂兰英等一大批明星级楼门长，提升楼门文化建设整体水平。

3. 第三阶段（2010年至今）：管理体制不断优化完善，社会建设新格局逐步形成

这一时期，通州区紧紧围绕北京现代化国际新城建设这一战略任务，从基本公共服务体系、社区管理体系、社会组织管理体系、社会工作运行体系、社会服务管理创新体系等五大体系建设着手，着力构建多元参与的现代化社会建设格局。

（1）成立了社会建设研究指导中心

积极与院校合作，借助智力资源，引入先进理念，抓好顶层设计，加强全区社会服务管理创新的理论研究和实践指导。指导中心按照“1+4+6”模式设置，目前已完成“通州区社会建设评价指标体系”、通州区网格化社会服务管理模式研究等8个重点课题和5个典型培育项目，较好地发挥了社会建设智囊团作用，为通州区社会建设水平的整体提升做出了应有的贡献。

（2）打造了具有通州特色的“一刻钟社区服务圈”

以《北京市社区基本公共服务指导目录（试行）》为指导，对接居民服务需求，积极创新居民服务项目，基本实现社区基本公共服务全覆盖。按照“六有一全”① 的社区服务标准，打造有通州特色的“一刻钟社区服务圈”建设模式。按照社区服务类型，着力打造专业服务队伍，不断提升社区服务的专业化水平。

（3）以统筹城乡发展为切入点，构建城乡结合部社区管理模式

按照社区规范化建设的标准，在推进“城中村”改造、“撤村转居”等重点工作的同时，合理规划用地，有序推进社区规范化建设。通过社区节系列活动，围绕全区文明城区创建、北京城市副中心建设等主题，统筹城乡社区居民广泛参与系列文化活动，共享社区建设的丰硕成果。

（4）各类社会组织不断壮大

认真落实《关于加快推进社会组织改革与发展的意见》《关于推进区级“枢纽型”社会组织规范化建设的意见（试行）》等文件精神，积极培育并优先发展行业协会商会类、科技类、公益慈善类、城乡社区服务类社会组织。2012 年，在有关人民团体自愿申请的基础上，认定玉桥街道社会组织联合会等 13 家社会组织为第一批“枢纽型”社会组织。2014 年，成立了通州区社会组织联合会，标志着通州区社会组织建设发展掀开新的一页。“枢纽型”社会组织的建立，较好地发挥了平台和纽带作用，为所联系的社会组织提供了政策指导、资源整合、经费扶持、规范建设等综合保障服务。

（5）社工人才队伍建设成效显著

按照《首都中长期社会工作专业人才发展规划纲要（2011－2020 年）》的精神，协调区民政部门和司法行政部门，重点推进了社会福利、社会救助、优抚安置、慈善事业、社区建设、婚姻家庭、矫治帮教、纠纷调解等 8 个领域的社会工作队伍建设。定期举办领导干部社会建设培训班、社区书记主任

① 有社区服务站、有服务网点示意图、有便民服务手册、有社区服务信息网络、有品牌服务项目、有居民留言簿及十大类社区服务项目基本齐全。

培训班、优秀社区工作者专业能力提升班、社区工作者岗前培训班、全国职业水平考试考前培训班等20余期。落实市委社会工委“万人培训计划”，利用三年时间对全区社区工作者进行了轮训。引进和建立3家专业社会工作机构，以项目购买的方式，为全区居民提供专业化的社会服务70余次，推动完成了以玉桥街道社会组织孵化基地为中心的志愿者服务、社区营造、准物业模式等项目25个。

（6）网格化工作取得初步成效

以“好使、管用”为出发点，以“管得好、管得住”为己任，充分发挥网格平台作用，推进社会治理创新，并取得初步成效。初步构建起由1个区级指挥中心平台、15个街乡镇指挥分中心平台、587个社区（村）电脑平台（即475个行政村和112个城市社区）以及为全区1809个网格配备的1899部网格手机终端组成的“三级平台、四级服务管理”工作框架。完成了平台24个应用系统、3个应用支撑平台、9个数据库信息系统建设，平台试运行涵盖社会服务、党群建设、综治维稳、公共安全、城市管理和经济管理六大业务模块。

三　从重点事件看改革开放以来通州区社会建设的特点

近年来，通州区在推进社会建设的过程中，进行了一系列改革，采取了一系列工作，通过对相关重点事件的分析，能够发现通州区社会建设的基本特点。

（一）成立通州区社会建设研究指导中心，发挥了社会力量的重要作用

2013年，通州区与北京工业大学实验学院等院校合作，成立了通州区社会建设研究指导中心，目的是借助智力资源，引入先进理念，做好顶层设计，加强通州区社会服务管理创新的理论研究和实践指导。全区各街道、乡镇及区社会建设领导小组有关成员单位共申报创新项目100多个，有六大类

60个项目通过审核。完成了相关调研报告，对各街道共同反映的人员编制、机构设置、资金保障、条块关系等突出问题进行梳理分析，提出相关对策建议。政府和学校合作成立研究机构，拓展了政府的思路与认识，对于提高政府决策的科学化水平具有重要的意义，这也是今后社会建设领域发展的一个趋势。

（二）实施农村社区服务站标准化建设工程，助推了社会生活共同体的打造

2010年，通州区新建了8个镇级农村社区服务中心、394个农村社区服务站。农村社区服务站遵循“统一服务标识、统一项目设置、统一运行流程、统一服务规范、统一资源调配”五个统一工作原则，组织实施了社区服务站标准化建设工程。加强农村社区规范化、标准化建设，对于完善社区自治，扩大居民参与，服务居民群众，打造社会生活共同体，形成具有时代特征、首都特点、通州特色的农村社区建设模式具有重要意义。

（三）开展文明城区创建活动，提升了区域文明水平

2012年，通州区全面启动全国文明城区创建工作。2017年，通州区获得第五届全国文明城区荣誉称号。5年的文明城区创建活动，对于通州区来说意义重大，通过实施楼门文化建设、“文明加油站”建设等一系列举措，通州的区域文明水平得到了有效提升，比如文化建设提升了社区文化水平。2014年，通州区发布《关于进一步深化楼门文化建设的实施意见》，明确了楼门文化建设的具体标准与任务目标。在推进楼门文化建设的过程中，通州区持续加大对相关项目的支持力度，鼓励居民参与楼门文化建设，并以此增强居民的参与意识、文明意识，有效提升了社区的文明水平。

（四）推进网格化建设，提升了城市精细化管理水平

2011年，通州区按照市委、市政府统一部署，依托市网格化城市管理云

计算平台，建立通州区网格化城市管理系统，并与市级平台进行对接。按照网格化管理的要求，通州区进一步深化和拓展了数字化城市管理工作，逐步完善城市规划、国土资源、城市运行管理等城市综合管理与服务系统，建设城市管理决策支撑系统，实现城市管理的智能化。加强网格化治理体系建设，有助于推动“上面千条线”和“基层一张网”的无缝对接，筑牢防范“城市病”的堤坝，实现高效、快捷、精准的城市精细化管理，对于全面构建与北京城市副中心功能定位相适应的现代化网格化治理体系和治理模式，全面提升网格化治理能力和治理水平意义重大。

（五）卫星城和新城建设全面推进了区域社会建设

从 1983 年通县被确定为卫星城以来，1983 年、1993 年、2004 年发布的三版北京城市总规均对通州卫星城、新城建设提出了总体要求。特别是《北京城市总体规划（2004 年—2020 年）》对通州的功能定位进行了明确，再一次强调了通州新城的基本定位，并提出城市综合服务中心和中心城区补充配套区的新定位。

为充分贯彻落实北京城市总规要求，通州区编制了《卫星城总体规划方案》《通州新城规划（2005－2020 年）》，加快推进卫星城和新城建设。其中《通州新城规划（2005－2020 年）》提出了城乡一体化、完善社会结构、加强社区建设等社会发展策略，加快推进社会发展，全面推进社会建设。

（六）副中心建设进一步推进了社会治理体系的完善

2012 年北京市党代会首次提出副中心概念，将通州打造成为功能完备的城市副中心。2015 年发布的《京津冀协同发展规划纲要》明确提出将通州作为北京市行政副中心，承接部分市属行政单位及其他行政事业单位和公共服务功能。《北京城市总体规划（2016 年—2035 年）》则对通州副中心建设的范围及功能进一步进行明确。在副中心建设的过程中，通州区积极贯彻落实中央、北京市要求，从京津冀协同发展的大局着眼，协同推进非首都功能疏解，主动承接中心城区的部分功能。同时，为进一步落实副中心建设要求，通州区加快完善社会治理体系，重点从基本公共服务体系、社区管理体系、社会组织管理体系、社会工作运行体系、社会服务管理创新体系等五大体系建设着手，初步形成了多元参与的现代社会治理格局。

四　关于通州区社会建设未来发展重点的思考

《北京城市总体规划（2016年—2035年）》明确了通州区作为城市副中心的重要目标和任务。党的十九大报告对社会治理创新提出了明确要求。对于通州区来说，要将贯彻落实党的十九大精神与服务京津冀、服务首都相结合，强化部门的统筹领导功能，重点从社区治理创新、社会动员、社会组织参与、精细化管理等方面着手，创新社会治理体系，加快推进国际一流的和谐宜居之都建设。

（一）加大统筹协调力度

区委社会工委（社会办）作为社会建设的主责部门，要充分发挥在社会建设和各项民生工作中的统筹协调、宏观指导作用，建立健全责任明确、领导有力、运转有序、保障到位的工作机制。各部门、各单位要从全局出发，主动配合、全力支持、加强沟通、提高效率。坚持按职责办事，专业工作要由专业力量完成，不得将专业工作推向街道和社区，努力为基层减负。科学整合各种社会资源，全区社会建设工作要形成有机整体。各街乡、各相关部门要结合实际制定具体实施措施，进一步完善工作制度，切实履行加强社会建设的工作职责，做到分工明确、责任清晰。区委、区政府将按照科学性、系统性、渐进性和可操作性的原则，建立社会工作目标考核机制，加强督促检查，确保各项任务落到实处。

（二）构建复合型社区治理新模式

要本着“管理模式突出多样性、管理策略突出层次性、管理力量突出参与性、管理行为突出规范性”的原则，采取分类指导、分类探索的方式，鼓励不同地区大胆实践，创造出符合社会发展需要的不同管理模式。重点研究和探索居委会、业委会与物业公司的关系处理及作用发挥问题。在农村社区，针对农村城市化过程中出现的典型问题，加强对上楼农民、农村新建小区等重点对象的对口服务，加快推进农民市民化进程。在老旧小区，巩固老旧小区自治管理成果，进一步探索老旧小区多产权管理自治模式，加大综合整治力度，努力改善老旧小区人居环境。在新建小区，按照社区规范化建设标准，以社区自管自治为导向，构建现代社区治理体系。

同时，要注重创新社区自治方式，切实把社区居民委员会的工作重点转移到社区管理与服务上来。完善社区居民会议常务会、社区议事协商会议等规则，采取居民代表提案、听证会、评议会等形式，就社区热点、难点问题达成共识，形成决议，推进基层群众自治制度的民主协商。设立社区居民自治创新项目奖，鼓励社区探索个性化的自治新模式。探索建立社区民主监督小组或民主监督委员会，加强对社区居委会、政府职能部门和公共事业单位的监督评议。

（三）优化社会动员体制机制

以社会动员体系建设工程为抓手，加强区—街乡—社区（村）三级社会动员平台建设，进一步完善全区“四位一体”立体动员体系，搭建志愿者服务资源和需求资源的对接平台，实现志愿服务供需精准对接。推广社会动员小组工作模式，运用社会工作方法组织化解决社区管理问题。拓展深化社区志愿服务，打造一批区级社区志愿服务示范站，推动社会组织与社会单位共建一批志愿服务队伍。深化企业社会动员，通过开展志愿服务、组建行业协会等方式，加强企业诚信自律机制建设，引导企业反哺社会。加强志愿服务专业人才的引进，继续开展志愿服务“金葵奖”系列评选展示活动，完善推广公益反哺机制，吸引更多人士参加志愿服务活动。

（四）提升社会组织服务管理能力

加快形成现代社会组织服务管理体制，完善社会组织人才培养机制，推动社会组织向互益型、公益型组织转变，在居民自治和承接基层服务中发挥积极作用。推动社会组织法人治理结构建设，强化社会组织决策、执行、监督三方治理结构建设，增强社会组织自主发展、自我管理、自我约束能力。完善“枢纽型”社会组织体系，加快慈善协会、社会组织联合会等区级“枢纽型”社会组织认定工作，引导相关组织成立行业协会，发挥枢纽带动作用。建设通州区社会组织联盟，完善联盟信息互联、服务互补、人才互通工作机制，按照服务类别，形成具有区级枢纽性质的功能型组织联盟，提升社会组织服务能力。

（五）提高城市精细化管理水平

将社会治理的理念贯穿于城市管理的全过程，启动网格精细化管理工程，全面推进城市管理网、社会服务管理网、社会治安网融合发展，形成“三网融合、二级闭环、一格统筹”的网格化服务管理体系。完善城市管理区域分片联勤联动、条块联动、督查督办等机制，多方合力提升城区环境建设水平。

城市发展新区

第九章　顺义区社会建设回顾与展望

改革开放以来，顺义区加快推进地区社会建设事业，取得了丰硕的建设成就，地区经济发展更加繁荣、民生水平不断提高、社会管理更加科学、社会服务更加完善、社会秩序更加稳定、社会关系更加和谐，为地区实现发展转型和升级奠定了坚实的基础。新时期，顺义区社会建设面临的形势和问题也发生了新变化，根据首都整体发展布局和区域功能定位，新的发展阶段顺义区要紧紧围绕“打造北京东北部重点新城、建设绿色国际港、打造国际航空中心核心区、共筑和谐宜居新家园”的奋斗目标，不断推动地区社会建设取得新发展，在首都构建国际一流和谐宜居之都中积极发力。

顺义区位于北京东北郊，全区面积约为 1021 平方公里，下辖 12 个镇、7 个地区办事处和 6 个街道办事处，截至 2016 年底，顺义区常住人口已经达到 107.5 万人。在北京城市总体布局中属于多点支撑地区，是服务和保障首都发展的重点地区。

一　顺义区在首都发展中的战略定位

2017 年最新发布的《北京城市总体规划（2016 年—2035 年）》（以下简称《总规》），中将指导首都未来发展的新的城市空间结构总结为“一核一主一副、两轴多点一区”，其中顺义作为“多点”支撑首都发展的五个新城之一，在首都城市发展战略格局中占有重要位置。

（一）顺义区是疏解和承接首都功能的重点地区

顺义区作为北京总体规划中多点支撑之一，在首都功能疏解和空间重组中承担着不可替代的职能，是疏解和承接首都功能的重点地区。根据《总规》对顺义区的功能定位，顺义区将成为承接从中心城区疏解出来的部分人口和适宜功能的重点地区，也是北京未来重点的城市化和产业化发展地区、首都现代化过程中新功能的聚集区及城市新增人口的主要聚集地。新城建设是首都由单中心集聚的城市发展模式向多中心、多支撑的城市发展模式转变的重要探索与实践。顺义区作为支撑首都未来发展的新城之一，要主动承接首都的科技文化、教育医疗、国际交往服务等功能，强化新城在服务和保障首都功能方面的重要支撑作用，引进和发展“高精尖”产业，打造高新技术和战略性新兴产业集聚区，加快推动地区发展的转型升级，走绿色、集约、高效的可持续发展道路，有效控制城市开发边界，不断提高城市建设的总体水平。

（二）顺义区是首都面向区域协同发展的重要战略门户

顺义区位于首都东北部，在地理位置上与河北省接壤，是首都面向京津冀协同发展的前沿地区。在首都建设国际一流和谐宜居之都和打造世界级城市群的时代背景下，顺义区要主动融入京津冀协同发展战略格局，依托首都国际机场等地区优势，充分发挥其作为首都面向区域协同发展的重要战略门户功能。在科学发展观的指导下，顺义区以《北京城市总体规划（2004 年—2020 年）》为根本，结合区域发展实际，制定了《顺义新城规划（2005 年—2020 年）》，进一步规划和明确了顺义区在首都城市发展总体格局中的战略定位和在推动区域协同发展中的功能定位，在辖区自身发展格局、首都总体发展格局、京津冀协同发展格局下审视地区发展，通过积极承接部分适宜的首都功能和产业资源，不断优化区域发展格局，提升区域在人才、资本、物流等资源方面的吸引力和竞争力，在推进城区内部协调发展的同时，不断强化新城对首都发展的支撑和保障作用，努力打造北京东北部地区的发展核心，加快推动区域临空产业中心和先进制造业基地建设，带动和辐射周边地区的协同发展，实现区域之间的资源共享、优势互补、合作共赢。

（三）顺义区要打造绿色国际航空港和国际航空中心核心区

首都国际机场是顺义区经济和社会发展的优势所在，是中国最繁忙的国际空港，也是首都对外交往的重要空中门户和窗口。在首都大力推进发展转型和建设世界城市的背景下，顺义区要以努力打造绿色国际航空港和国际航空中心核心区为新时期的奋斗目标，加快提升机场综合服务能力与环境品质，加强和完善国际交往门户功能，更好地服务于首都建设与发展。顺义区依托首都国际机场的综合优势，充分利用机场对资源要素的集聚效应，吸引更多国际组织和跨国公司总部的进驻，承办更多的国际赛事和国际会展，不断强化首都的对外交往职能，相继完成了首都机场扩建、现代第三工厂、新国际展览中心、首都航空货运大通关基地等一批重点项目，大力推进国家临空经济示范区建设和现代制造业、服务业基地建设，形成高端产业聚集功能区，加快地区经济结构转型升级步伐，不断提升地区经济的创新引领力和辐射力，通过港城融合发展，进一步优化和完善地区国际交往的软硬件环境，进一步提升国际航空枢纽和国际经贸口岸功能，进一步扩大首都的对外开放程度，带动地区经济社会实现跨越式的可持续发展。

（四）顺义区要建设成为首都和谐宜居示范区

顺义区是首都重点建设的新城之一，肩负着疏解非首都功能、优化首都城市发展格局的重要职责，在首都建设国际一流和谐宜居之都的目标指引下，顺义区立足地区发展实际和民生需求，积极推进地区实现发展转型，努力提升区域发展品质，为把地区建设成为首都和谐宜居示范区开展广泛和深入的实践。顺义区坚持把人民群众的利益放在第一位，以增进地区民生福祉为出发点和落脚点，高标准推动新城建设，通过完善城市基础设施建设、建立健全社会公共服务体系、创新城市服务管理体系、调整和优化基层行政管理体制等，不断强化和完善城市服务功能，提高城市建设发展的现代化和科学化水平。顺义区作为城乡综合治理和新型城镇化发展示范区，在推动和实现城乡协调发展方面不断实践，加快改善区域发展不平衡问题，形成新城、重点镇、一般镇的城镇发展格局，积极推进美丽乡村建设，促进人口资源环境的协调发展，重视和加强城市生态建设与保护，加大对潮白河风景区和温榆河绿色生态走廊的管理与保护力度，充分展现顺义的滨水城市特征，为人民群众提供高品质的城市生活环境，努力打造生态和谐宜居的城市新家园。

二　改革开放以来顺义区社会建设历程与成就

改革开放以来，顺义区社会建设工作得到持续推进和发展，在行政体制改革、基层党建、社会治理体系建设、民生发展等方面取得了优异成绩，整理和总结顺义区社会建设发展历程与成果，对于下一阶段地区社会建设工作的开展具有重要的启示意义。

（一）改革开放以来顺义区社会建设基本历程

通过对顺义区社会建设40年的工作实践和重点事件进行梳理与总结，按照建设进度和阶段特征将其划分为四个不同的发展阶段，进一步厘清其发展脉络。

1. 第一阶段（1978~1997年）：启动行政体制改革工作，加强基层党的建设

随着党的十一届三中全会的召开，顺义县按照党中央在会议上提出的指导思想和政策要求，把地区工作重点也转移到社会主义现代化建设上来，为地区各项事业的建设和发展指明了方向。在中央进行拨乱反正和改革开放的背景下，顺义县主动适应新的发展形势，从解放思想、党的建设、行政机构改革、精神文明建设方面开展工作，统筹推进地区社会建设工作，逐步搭建起社会建设工作的基础框架。广泛开展群众性思想解放运动，尤其是加强党员干部的思想建设工作，为改革开放事业提供强大的思想动力，营造积极的社会氛围。梳理和考察基层党组织的基本状况，加强基层党组织的建设和管理工作，加强和巩固党在基层的战斗堡垒作用，发挥党员在社会建设中的先锋模范作用，为地区社会建设工作的开展提供坚强的领导核心。调整和改革地区行政区划与行政体制，该时期顺义县建立了顺义镇、牛山镇等委员会，开展了后沙峪等 5 个乡的撤乡设镇工作，积极转变政府职能，不断使地区行政管理体制适应首都城市发展布局和发展需求。重视开展精神文明建设活动，召开地区精神文明建设大会，深入群众，开展多种形式的精神文明创建活动，积极推进文明县城和文明小康村创建工作，以“三德三爱”① 教育活动和“三大”活动② 的开展带动地区群众整体素质的提高。

2. 第二阶段（1998~2007年）：深入贯彻落实科学发展观，统筹推进地区社会建设全面发展

1998 年顺义正式撤县设区，开启了新一轮行政机构改革和调整，在 6 个地区办事处设立建制镇，该阶段顺义区更加重视机构改革的宣传和动员工作，进一步加强了对行政机构改革工作的组织和领导，坚持民主集中制的工作原则，强化了对政府行政机构改革的规划和监督，保障了改革工作的具体落实，加快了地区城市化建设步伐。同时，顺义区还启动了政务信息化建

---

① 三德三爱：即社会公德、职业道德、家庭公德和爱学习、爱劳动、爱祖国。

② 即二月新春、五月鲜花、十月金秋。

设工作，成立了区信息化工作领导小组，搭建起区综合信息网，有效地提高了政府行政服务效率，提升了人民群众的满意度。顺义区在深入贯彻和落实科学发展观的基础上，做好新城经济和民生发展规划，牢牢把握大局意识和地区发展定位，大力发展临空优势产业，努力优化和调整地区经济发展结构，统筹推进地区社会建设事业全面发展，在最低生活保障、基础教育、住房保障、老龄化问题等方面不断取得进步，从公共服务、社会保障和安全稳定方面促进了城乡一体化发展。该时期顺义区更加重视基层民主建设和基层党建工作，不断巩固和加强了基层人大的工作，积极在驻区企业中加强党的领导作用，在汇源集团、牛栏山酒厂等地区龙头企业中成立党组织，进一步扩大了党在基层社会的覆盖面和影响力。顺义区文化建设也获得了蓬勃发展，顺义区重视建设学习型社会，通过开展形式多样的文化活动和精神文明创建活动，凝聚了地区发展合力，提高了地区群众的整体文明素质，积极推动了和谐顺义的建设。顺义区在全区广泛征集顺义精神，启动了《顺义年鉴》的编纂工作，开展“同心全面建小康”主题教育活动，围绕2008年奥运主题，秉持“人文奥运”的理念，在地区举办了“全民健身与奥运同行”龙腾狮跃闹元宵——2007年全国龙狮大联动北京分会场活动、“好运北京”世界赛艇青年锦标赛、“奥运北京魅力顺义”主题展览等活动。

3. 第三阶段（2008~2011年）：坚持以人为本，构建多元参与的社会治理体系

顺义区为适应新的城市发展形势和建设需求，继续推进基层行政管理体制改革，新成立旺泉、空港、双丰三个街道办事处，突出了街道在辖区管理中的统筹作用，不断提升城市管理服务水平。

顺义区借助2008年奥运会在北京举办的重大机遇，加快完善公共基础设施建设，建立健全社会公共服务体系，带动地区环境品质的整体提升，充分做好奥运会的各项保障工作。同年，以区委社工委和区社会办的成立为标志，顺义区社会建设工作有了专门的领导和组织机构。通过组织召开社会建设大

会，进一步明确地区社会建设工作的重点任务，从创新社会治理体系、完善社会公共服务体系、开展社会领域党建等方面着手，推动地区社会建设工作的全面可持续发展。顺义区始终坚持以人为本的原则，尊重人民群众的主体地位，听取人民群众的意见和要求，巩固和推广基层民主议事制度，加强各部门之间的协调联动，共同推动社会建设事业的深入发展。以纪念建党88周年为契机，切实加强基层党建工作，在属地管理原则下，推进商务楼宇党建工作和“两新”组织党建工作，充分发挥党员干部的先锋模范作用，帮助群众解决实际问题，不断强化党的作风建设，夯实党的群众基础。积极推动社区工作创新，通过开展社区规范化试点工作、开展“五型”社区①达标创建活动、改善社区工作者待遇等多种举措加快社区规范化建设步伐，提高城市的宜居水平和生活品质。在区社会建设领导小组的带领下深入开展社会组织改革，重视鼓励和引导社会组织参与社会治理，积极培育多元化的服务型社会组织，建立“枢纽型”社会组织工作体系，采取分级分类的管理办法，完善社会组织监督管理工作机制，促进基层社会服务管理创新，形成多元主体结构下的社会共建共治共享格局。

4. 第四阶段（2012年至今）：创新社会服务管理工作，不断提升区域发展品质

进入新时期以来，顺义区面对城市化进程带来的诸多“城市病”问题，从党建创新、基层治理体系创新、社区建设、社会组织建设、城乡一体化建设等方面着手，努力推进城市服务管理创新，不断提升城市整体发展品质。深化街道社区体制改革和创新，强化街道办事处对辖区的管理职能，进一步厘清街道、镇、社区之间的层级关系和各职能部门之间的权责关系，建强社区服务功能，完善社区居委会工作体系，巩固和加强基层政权建设。继续推进社会领域党建工作，积极构建服务型政党，以党建创新引领社会治理创新，通过开展纪念建党90周年系列活动、社会领域“知党爱党跟党走”演讲比赛、

---

① “五型”社区包括“自治、安全、便捷、优美、和谐”共五个要素内容。

“两新”组织党建工作推进大会、乡党组织结对共建活动等，建立了覆盖镇、街、功能区的党群活动服务中心，不断创新基层党组织的工作方式，激发基层党建活力。顺义区以“全国农村社区建设实验全覆盖”示范单位评估为重要契机，加大对农村社区建设的重视和投入力度，促进了城乡社区建设的协调发展，进一步加强“一刻钟社区服务圈”建设，积极推进老旧小区整治工作、平安社区建设和智慧社区建设工作，初步构成共驻共建的区域化社区建设新格局。依托网格化社会服务管理体系，积极推进社会建设领域的信息化建设，建立和运行了社会服务管理创新信息系统与指标体系，努力实现地区社会服务管理体系的一体化、精细化、联动化和长效化发展。加强和完善社会组织的管理与服务工作，成立了社会组织服务管理中心，启动争创全国社会组织建设创新示范区活动和社会组织孵化中心试点工作，建立健全了政府购买社会组织管理服务的制度和社会组织联席会议制度，打造了具有地区特色的社会组织公益服务品牌，促进了地区社会组织的健康发展。重视和加强对社会工作人员的教育与培训工作，针对不同主体开展形式多样的培训课程和活动，如“万人社区工作者”培训班、社区工作者岗位培训班、社会组织负责人建设专题培训班等，打造一支高水平、高素质、专业化、职业化的社区工作者队伍。

（二）改革开放以来顺义区社会建设取得的成就

自改革开放以来，顺义区顺应时代发展趋势，紧密结合地区实际需求，在社会建设领域深入实践探索，大力开拓创新，获得了丰富的经验和成果，荣获了“首都文明区”“全国创建文明村镇工作先进区”“全国文化先进区”“全国体育先进区”“国家卫生区”“全国绿化模范城市”“全国食品安全示范区”等一系列荣誉称号。相关数据如图 1、表 1、表 2 所示。

1. 广泛开展社会领域党建工作，不断增强基层民主自治能力

顺义区始终坚持党在社会建设工作的领导作用，在地区广泛深入开展社会领域党建工作，不断巩固党在基层的群众基础，发挥基层党组织的战斗堡

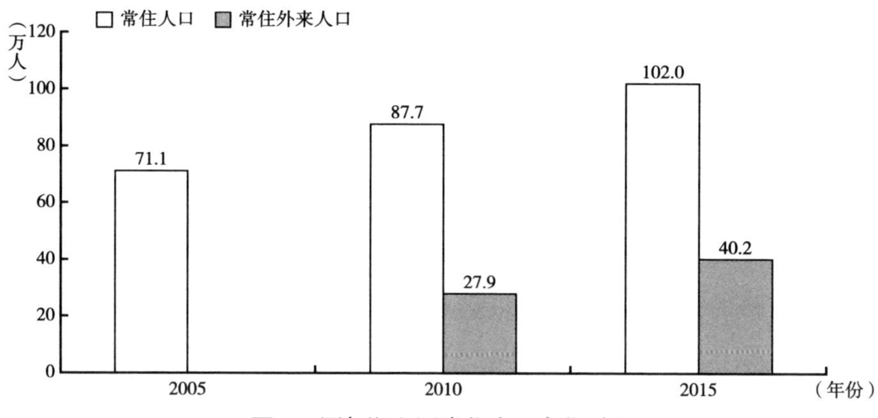

图 1　历年顺义区常住人口变化对比

资料来源：北京市顺义区统计局，《顺义区 2005~2015 年统计公报》，顺义区统计信息网，2017 年 12 月 25 日。

表 1　历年顺义区社会事业建设情况比较

指　标 ＼ 年　份	2005	2010	2015
专利申请受理量（件）	—	434	2650
基础教育学校数（所）	114	90	78
基础教育在校生数（人）	80725	62463	69569
公共图书馆个数（个）	1	1	1
文化馆（站）个数（个）	20	25	—
博物馆个数（个）	—	—	—
文物保护单位（处）	9	9	—
卫生机构数（个）	50	57	672
每千常住人口医院床位数（张）	4	3.6	—
全区卫生技术人员（人）	3051	4562	7422
拥有注册护士（人）	—	—	2689
体育场地数（块）	—	11	—

注：基础教育学校数量为普通高中和小学数量之和。

资料来源：北京市顺义区统计局，《顺义区 2005~2015 年统计公报》，顺义区统计信息网，2017 年 12 月 25 日。

表 2 历年顺义区居民生活情况比较

指标 \ 年份	2005	2010	2015
居民人均可支配收入（元）	16166.5（城镇） 7458（农村）	24825.3（城镇） 12898（农村）	33394（城镇） 22648（农村）
居民人均消费性支出（元）	10208.1（城镇） 5450（农村）	14256.7（城镇） 8639（农村）	22174（城镇） 13926（农村）
居民家庭恩格尔系数（%）	32.3（城镇） 31.6（农村）	35.9（城镇） 35.1（农村）	27.7（城镇） 31.2（农村）
居民人均居住面积（平方米）	18.6（城镇） 37.7（农村）	—	—
全区公路总里程（公里）	1776.6	2641.4	2944.9
城区人均公用绿地面积（平方米）	22.5	30.15	—

资料来源：北京市顺义区统计局，《顺义区 2005~2015 年统计公报》，顺义区统计信息网，2017 年 11 月 1 日。

垒作用，加强同人民群众的血肉联系，保障社会建设各项事业的扎实有效推进。在社区党建方面，实施社区"大党委制"，开展社区"三级联创"活动，建立社区党组织"一诺三公开"工作机制，进一步增强基层的民主自治能力。深入"两新"组织开展党建工作，加强和重视地区龙头企业党建工作对地区企业党建的引领带动作用，积极开展商务楼宇党建"五站合一"工作和驻区企事业单位的党建联建工作，不断加强社会组织党建工作，进一步理顺社会组织党建工作的体制机制。推动党建工作模式创新，不断丰富党建工作内容，为多元社会主体搭建多样化的党建资源平台和交流渠道，不断扩大基层党组织的覆盖面。加大对农村党建工作的投入力度，加强党建活动服务中心建设工作，制定"六星"基层服务型党组织建设标准，大力推进基层服务型党组织建设，不断实现基层党组织的常态化和规范化建设。

2. 持续推进体制机制改革，不断强化政府为民服务能力

顺义区持续推进行政体制改革，通过简政放权、政企分开，理顺条块关系，正确处理政府、市场和社会三者之间的关系，不断提高政府行政效率，

强化政府的服务管理职能。在社会建设领域充分发挥政府的主导作用，明确政府的管辖范围和职能定位，顺义区积极推进街道管理体制改革试点工作，对部分行政区划进行调整和优化，进一步增强基层政府职权，如空港街道改革试点工作取得显著成效，建立健全基层矛盾纠纷解决机制，加强多部门之间的联合执法机制建设，提高区域综合治理能力，切实帮助人民群众解决问题，对政府机构和事业单位实施分类改革，构建三级政务服务体系，加快推进和落实行政审批制度改革，进一步制定和公布科学明晰的行政审批事项清单，不断提高政府行政管理工作的公开透明度，不断提升窗口单位的行政服务水平。此外，顺义区在长期的行政管理体制改革实践中，不断优化和完善地区社会治理体系结构，促进了城乡治理体系的协调发展，有力地推动了法治政府建设、民主政府建设和服务型政府建设。

3. 建立城市服务管理网格化体系，有效提高城市管理运行效率

随着城市化进程的加快和城市发展需求的日益多样化，城市服务管理工作的精细化水平和现代化水平也不断提高，依托先进的城市管理网络和信息化技术手段，积极推进城市服务管理网格化体系建设，有效提高城市管理的运行效率，满足人民群众日益增长的服务需求。顺义区作为北京市社会服务管理创新综合试点区，深入探索基层社会服务管理体系创新，积极构建社会服务管理长效机制，不断深化网格治理体系建设，加快推进城市管理网、社会服务管理网、社会治安网“三网”融合发展，有效提升城市的综合管理能力和运行能力，不断扩大基层网格工作的覆盖面，充分发挥社区和居委会在基层网格化工作的积极作用，实施“一街一社工”“社区一区一品”等项目，高效整合和调动基层网格资源，落实基层网格工作责任制，形成高效集约的城市治理和运行体系，推动城区社会治理体系和治理能力的现代化，打造北京东北部面向区域、具有核心辐射带动作用的现代化综合新城。

4. 构建多元共治的社会治理格局，促进地区和谐社会建设

随着顺义区经济和社会的快速发展，大量“两新”组织涌现，社会组织和居民自治力量得到蓬勃发展，形成了共建共治共享的社会治理格局，有效

凝聚了全社会的协同共治力量，促进了社会和谐。顺义区在党和政府的领导下，积极组织和引导各类社会组织、驻区企事业单位、志愿者团体和社区居民参与社会建设，构建了相对完善的“枢纽型”社会组织管理体系，在街道和镇成立了社会组织联合会，鼓励和培育城市社区与农村社区社会组织的发展，紧紧围绕人民群众最关心的问题和最紧迫的需求，建立和孵化不同类别的社会组织与志愿者队伍，通过创新参与方式和途径，搭建有效的资源共享平台，采取政府购买服务等方式，不断丰富城市服务内容，满足城市居民多样化的服务需求，2014 年顺义区被民政部确认为“全国社会组织建设创新示范区”。多元社会治理体系的形成有利于实现资源的高效整合和优化配置，进一步加强了政府与社会之间的协调合作关系。据统计，截至“十二五”期末，在区民政局登记注册的社会组织共有 341 家，已备案的社会组织达到 1248 家，全区共利用市、区社会建设专项基金 1966 万元，用于向社会组织购买公共服务项目。

三　从重点事件看改革开放以来顺义区社会建设的特点

从改革开放发展至今，顺义区已经形成一系列具有自身特点的社会建设模式和路径，在对其社会建设历程的基本情况和发展成果进行四个阶段划分的基础上，以其间发生和经历的重点事件为切入点，分析和研究顺义区社会建设的实践规律和特点，对下一阶段社会建设工作的开展具有重要的现实意义。

（一）街道管理体制改革加强了基层政权建设

顺义区以推进街道管理体制改革带动基层治理体系和结构的完善，不断加强基层政权建设。随着城市化进程的加快，撤县设区成为顺义区行政管理体制改革一个新的出发点，行政区划的重新调整和优化使街道成为城市最基层的政权组织，在提供公共服务、开展综合执法、推进社会治理、加强基层党建、指导社区建设等方面发挥着重要职能。顺义区深入开展街道管理体制改革试点工作，结合地区发展实际探索和制定适应地区发展形势的街道管理体制工作方案，大力提高政府的科学施政能力，以优化和调整街道治理结构，不断加强政府自身能力建设，通过建立健全街道政务服务中心，探索建立各部门之间的协调联动机制、一站式窗口办理机制、协同办理机制等，提高政务管理服务效率，努力把街道建设成为管理科学、建设规范、服务高效的社会服务管理基础平台。同时，顺义区重视对改革经验和成果的总结与提升，为地区全面深化行政管理体制改革提供有益借鉴。

（二）社区、社会组织的建设和管理带动了基层社会治理创新

随着城市化发展进程的持续推进，城市社区已经成为承载众多城市服务管理工作的重要治理单元，代表不同利益群体的社会组织力量也得到蓬勃发展。因此，加强社区建设和管理、社会组织建设和管理成为带动城市基层社会治理创新发展的重要基础。基层社会治理创新离不开广大人民群众的创造活力，顺义区通过加强社区居委会制度和基层民主协商议会制度建设，进一步了解地区民众的生活服务需求；为加大社区减负增效力度，积极鼓励和发展以服务类为主的社区社会组织，并加强对各类社会组织的管理和监督工作。同时，顺义区建立了地区公益性社区服务品牌，深入城市社区开展分类治理，针对现代化城市社区治理、农村社区治理、老旧小区治理研究不同的方案，开展智慧社区、平安社区、文明社区、“八型”社区①、“六型”农村社区、国际化社区等多种类型社区建设，加快社区规范化建设步伐，推动公约化协同共治模式创新，进一步激发基层社会的创新能力和建设活力。

（三）网格化社会服务管理创新指标体系的建立提升了城市管理科学化和现代化水平

网格化工作体系的建立和信息化技术的应用已经成为推动城市治理能力

---

① “八型”社区包含“干净、规范、服务、安全、健康、文化、诚信、智慧”共八个要素。

和治理体系现代化的重要动力。顺义区积极响应北京市全响应网格化社会服务管理体系的建设要求，努力实现网格化工作体系在地区的全覆盖，不断完善区域信息化基础设施建设，加快推进地区“三网”融合发展和“互联网+”计划，建立起覆盖区、街（镇）、社区（村）的社会服务管理网络，逐步构建地区社会服务管理的长效机制，积极推进城市管理服务朝着精细化和科学化方向发展。为进一步规范网格化社会服务管理工作，提高城市服务管理效率，顺义区在北京市首创了社会服务管理创新指标体系，建立了社会服务管理创新信息系统。这标志着顺义区城市服务管理工作有了一套全面性、系统性、科学性的创新标准和规范，也体现了顺义区社会治理的信息化应用能力不断增强，城市社会治理体系和治理能力现代化水平不断提高。

（四）社会领域党建工作促进了地区资源的整合

通过加强基层党组织建设，发挥党在基层的领导核心作用，加大地区各类社会资源的整合力度，凝聚多元社会主体，形成社会共建合力。顺义区全面加强社会领域党建工作，大力推进城乡社区党建工作、社会组织党建工作、非公有制经济党建工作、商务楼宇党建工作，积极构建区域化党建新格局。以党建工作为统领全面统筹推进社会建设工作，以党建创新引领社会建设创新，充分发挥基层党组织在社会治理中的积极作用，推进全面从严治党工作，广泛开展群众路线教育活动，深入基层群众生活，了解群众需求，鼓励和调动党员领导干部在服务基层群众工作中的带头作用，保持党同基层人民群众的血肉联系，构建服务型党组织工作取得明显成效，党在基层的领导力和凝聚力得到不断加强。

四　关于顺义区社会建设未来发展重点的思考

进入新时期，顺义区要从京津冀协同发展和首都发展大局出发，立足自身首都战略功能定位，持续推进地区全面深化改革，以“建设绿色国际港、打造航空中心核心区、共筑和谐宜居新家园”为奋斗目标，全面统筹推进地区社会建设工作，大力提升区域发展品质，服务并支撑首都建设和发展。

（一）构建区域化党建新格局，加强党对社会建设的统筹领导作用

巩固和加强党对社会建设工作的统筹领导作用，更好地发挥党在社会治理中总揽全局和协调各方的功能，不断完善社会建设领导体制和工作体系，全面提升基层党建科学化水平。面对新的发展形势和发展任务，顺义区要牢牢坚持和把握党在社会建设中的领导核心地位，加强社会领域党建工作。充分发挥街道党工委和社区党组织的带头作用，建立和完善街道党建工作协调委员会工作制度。优化基层党组织的设置方式，更好地统筹和配置地区党建服务资源，努力构建区域化党建工作格局。大力推动城乡社区党建工作，进一步完善区、街（镇）、社区（村）三级党建工作平台建设。建立健全党员联系群众的长效工作机制，不断开展形式多样的党建联创活动，扩大党在基层的影响力和覆盖面。深入“两新”组织开展党建工作，建立覆盖区、街（镇）的二级“枢纽型”社会组织党建工作网络。广泛开展“六星”基层服务型党组织创建活动，致力于打造具有地区特色的党建服务品牌。重视并加大基层党员干部的监督和培养力度，努力建设一支优秀的基层党务工作者队伍，加快推进学习型和服务型政党建设。

（二）创新基层社会治理体系，不断提升和优化政府公共服务能力

在全面深化改革的时代背景下，构建多元主体的社会治理体系，协调各类社会主体的利益关系，已经成为构建社会主义和谐社会的必然选择。顺义区继续深化行政管理体制改革，不断强化街道社区服务管理职能，扎实推进“四有”[①]政府建设工作，促进政府职能转变。建立健全有效的社会沟通机制和

---

① 即“有限、有为、有责、有限”。

民意反馈机制，加快推进政务信息公开化。大力推动基层社会治理体系创新，深化网格化社会服务管理体系建设，实现群众公共服务需求与政府公共服务供给之间的有效衔接。积极引入市场机制创新社会公共服务供给模式，建立政府购买服务的统筹机制和平台，正确处理政府、市场与社会三者之间的关系。推进城乡基础公共服务均等化发展，不断扩大“一刻钟社区服务圈”覆盖范围，进一步推广和落实社区服务体系“十大覆盖工程”。探索“一站多居”社区服务站建设，加快城乡一体化发展进程。强化法治之区建设，加强和完善城市管理综合执法体系、基本公共服务体系、公共安全体系等的建设，构建平安和谐顺义。

（三）进一步完善社会动员体系，不断激发基层社会活力

加强社会动员能力建设，完善社会动员机制，进一步构建和完善覆盖区、街（镇）、社区（村）三级的社会动员网格体系，不断提高地区居民的自治能力，不断激发多元社会力量参与社会治理的积极性。开展内容丰富、形式多样的社会动员宣传教育活动，加快转变社会治理理念，逐渐形成共同家园意识，凝聚地区共建合力。推动社会动员体系创新，搭建多元化的社会参与平台。充分发挥驻区企事业单位、社会组织、志愿者服务组织在社会动员中的积极功能，实现社会的协同共治和资源共享。不断扩大基层民主协商的范围和途径，形成城乡社区协商治理的新局面。结合区域发展实际情况，创新基层民主自治形式，加快推进楼委会、网格议事会、楼宇自治委员会等基层自治工作模式的发展。围绕地区发展的重难点问题广泛开展社会动员，鼓励和支持驻区企业、社会组织、志愿者组织、社区居民等各类主体积极承担社会责任，不断夯实城市基层社会服务管理工作的民众基础。

（四）加强城市管理的信息化应用能力，努力创建现代化的智慧城区

加快推进城市管理信息化建设，提高地区社会服务管理工作的信息化应用水平，打造现代化的智慧新城。加大对地区信息化基础设施建设的投入力

度，充分发挥大数据和云计算等现代化信息技术手段在社会治理中的功能，依托网格化社会服务管理平台，加强对地区重点领域、重点问题的实时监控和管理，不断提高城市服务管理的精细化和精准化水平。“十三五”时期是顺义区实现发展转型和品质提升的关键时期，在网络信息技术快速发展的时代背景下，应逐步实现网格化社会服务管理体系在城乡社区的全覆盖，加快二、三级网格化指挥中心建设，全面提升城市治理的现代化水平。深入推进“三网”融合发展，加强对网络化社交媒体资源的吸收和应用，实现线上管理和线下管理相结合，提高对问题的预判和评估能力，降低决策的风险性。

实施“互联网 +”社会治理工作模式，将网络化技术与区域化党建、社会动员、社会组织管理、志愿者服务等工作相结合，加快推进智慧城区和智慧社区建设，进一步推进基层社会治理信息化平台建设和社会服务管理创新指标体系建设，不断提高地区社会治理的现代化水平。

第十章　大兴区社会建设回顾与展望

大兴区位于北京南部，是首都面向区域协同发展的重要战略门户，也是承接中心城区适宜功能、服务保障首都功能的重点地区，更是首都新机场建设的承载区。改革开放以来，大兴区经历了恢复建制、稳步建设、强化服务、治理创新四个阶段，社会建设成效显著。特别是在新城建设以来，大兴区社会建设获得了快速发展。下一步，大兴区要按照党的十九大报告与《北京城市总体规划（2016 年—2035 年）》的要求，以构建现代社会治理体系和现代社会服务体系为目标，重点从完善基本公共服务体系、提升城乡管理水平、构筑“3+3”社会治理体系、优化社会环境、构建新型社会关系等方面着手，加快推进全区社会建设。

一　大兴：“三区一门户”的功能定位

《北京城市总体规划（2016 年—2035 年）》明确提出，要在北京市域范围内形成“一核一主一副、两轴多点一区”的城市空间结构。其中，大兴区属于“多点”（顺义、大兴、亦庄、昌平、房山新城）之一，总体定位是面向京津冀的协同发展示范区、科技创新引领区、首都国际交往新门户、城乡发展深化改革先行区。围绕“三区一门户”的功能定位，大兴区将在产城融合、城乡一体化、生态文明建设等方面做出探索与示范，打造首都南部发展新高地。

（一）面向京津冀的协同发展示范区

大兴区要以新机场建设为契机，在更高层面、更大尺度上谋划发展，统筹推动功能承接和疏解工作，为破解首都人口资源环境矛盾做出有益探索，重点在产业、生态、交通等领域实现协同发展，着力打造面向京津冀的协同发展示范区。

大兴区是承接中心城区适宜功能和人口疏解的重点地区之一。在加快疏解非首都功能方面，要严格控制增量，严把新增产业准入关，促进新增项目与人口、资源、环境承载力相匹配；坚决退出高污染、高耗能、高耗水等一般性产业；整治疏解不符合规划、无照经营、严重影响交通和环境的小散乱批发及物流等低端业态。在承接中心城功能方面，着力承接公共服务功能、产业功能及科技创新功能。

与此同时，还要加快产业、交通、生态等领域的协同发展，探索建立区域合作长效机制。在产业对接协作方面，加强产业园区合作共建，以上下游分工协作来推动形成跨区域全产业链布局，提升产业整体竞争力，促进产业协同发展。在交通一体化发展方面，加快构建全方位、高效连接的综合交通体系，覆盖航空、铁路、城市轨道、公路等领域，特别是要强化北京大兴国际机场与首都机场、天津滨海国际机场、石家庄正定国际机场等机场群的分工协作，构建“空中的京津冀”。在生态合作共建方面，以跨域水系治理、绿色廊道建设、大气污染防治等领域为重点，加强共治共管，建立政府和民间的跨区域长效合作机制，形成政府引导、协会主导、企业主体、市场运作、多方共赢的协同发展模式，共建良好的生态环境，提升区域生态品质。

（二）科技创新引领区

创新是引领发展的第一动力。大兴区要从北京建设全国科技创新中心要求出发，着力打造创新要素汇聚、创新服务完备、创新能力突出、创新氛围浓厚、创新成果不断涌现的科技创新引领区。

首先，要抓住制约产业发展的关键技术开展创新，打造产业技术创新中心。要强化企业创新，构建由企业发挥主体地位和主导作用的六位一体创新体系，即“产业联盟 + 研究院 + 专利池 + 技术交易平台 + 基金 + 特色产业园”，进一步集聚知识、技术、资本等创新要素。其次，要实施人才强区战略，打造创新创业人才高地。通过将产业落地、招商引资与引进高层次智力资源相结合，吸引高端领军人才、开发培育青年英才、培养专业技术人才，形成一支创新人才队伍。最后，还要注重营造良好的创新发展环境，实施知识产权战略，形成企业、社会、政府共同参与科技创新的多元投入主体，激发全社会创新活力和潜能。

（三）首都国际交往新门户

大兴区要以北京大兴国际机场为载体，以“一带一路”建设为契机，不断增强国际交往功能，着力打造首都国际交往新门户。

首先，北京大兴国际机场作为重要的国际枢纽，要以最高标准来规划与建设，并注重融合中国传统文化和中轴历史文化元素。要构建覆盖世界主要国家和地区的航线网络，形成辐射全球的大型国际航空枢纽和亚洲门户。其次，以临空经济区为载体，发挥国家对外交往功能。例如，通过创造有利条件，吸引国际航空总部、国际组织、国际知名企业、国际行业协会等相关机构入驻大兴区，不定期举办高端论坛、展览展示、商务交流、体育赛事等国际性活动，从而推动形成国家对外交往功能承载区。再次，利用在电子信息、生物医药、高端装备等优势产业领域的国际分工优势，加强国际产业合作。最后，建立国际活动平台，筹划、举办具有大兴特色、北京特色、世界水准的品牌活动，塑造国际品牌形象。

（四）城乡发展深化改革先行区

改革是发展的动力。大兴区以集体经营性建设用地入市试点、两区行政资源整合为改革重点，推动经济社会全方位改革创新，着力打造深化改革先行区。

一方面，2015 年大兴被纳入全国首批集体经营性建设用地入市的试点地区，并且在西红门镇先行先试，获得社会普遍认可。农村集体经营性建设用地入市试点需要继续深入推进，不断加强试点范围内集体经营性建设用地统筹规划，探索建立国家、集体和农民的权责划分、增值收益分配等机制。另一方面，强化两区行政资源整合，即“开发区就是大兴，大兴区就是开发区”，加强两区行政融合、资源整合、工作结合。

此外，要继续全面深化行政管理、国资国企、农村、社会事业和生态文明等领域的改革与创新。加快转变政府职能，推进简政放权，建立权力清单、责任清单，明晰政府、市场、社会的权责边界。深化国资国企改革，坚持政企分开、政资分开、所有权与经营权分离。推进农村综合改革，推进农村土地确权登记颁证工作，规范土地流转行为。深化医药卫生体制改革，推进公立医院综合改革，构建科学有效的管理体制、补偿机制、运行机制和监管机制。深化教育领域改革，探索管、办、评分离的现代教育治理体系。深化生态文明改革，落实节能、节水、环保、耕地林地湿地保护等相关标准和规章制度，探索编制自然资源资产负债表，建立科学规范的自然资源统计调查制度。

二　改革开放以来大兴区社会建设历程与成就

改革开放以来，大兴区各项社会建制逐步得到恢复和调整，社会建设事业获得了跨越式发展，区域功能不断发展完善，人民生活水平得到显著提高。以此为研究基础，本文对大兴区长时期以来的社会建设实践历程进行阶段性划分，并对其阶段性实践成果进行概述和总结，以利于更深刻地掌握大兴区社会建设工作的历史动态、发展现状和存在的问题，为更好地开展下一阶段工作提供重要的基础信息和可借鉴的经验。

（一）改革开放以来大兴区社会建设基本历程

随着时代的进步和形势发展的变化，大兴区社会建设工作的目标和内容也经历了不同调整，以改革开放为起点，从实践背景和内容来看，大兴区社会建设的发展历程划分为前后联系又一脉相承的四个阶段。

1. 第一阶段（1978~2000年）：社会建制得到恢复和确立，开启社会建设新局面

在改革开放政策开始实施的时代背景下，大兴县主动顺应时代潮流，积极解放思想，坚持实事求是，逐步恢复和完善地区社会建制，开启了社会建设新局面，推动地区实现了新发展。该阶段，大兴县人民政府得以恢复，其他配套的行政机构如教育局和司法局也相继恢复或成立，在具体行政区划上，以地区原公社管辖范围为基础建立了 18 个乡。此外，地区政协工作也得到恢复，地区各项社会建制的恢复运行为大兴社会建设事业的发展奠定了基础。大兴始终坚持党对社会主义建设各项事业的领导作用，从 1984 年启动政党工作以来，先后开展了三次乡级政党工作，不断提升并夯实了党在基层的工作能力和群众基础。在党和政府的领导下不断加强地区法制建设，成立了中共大兴县政法委员会和法制工作办公室，专门制定了“依法治县”工作方案，从 1987 年到 1990 年实施宣传动员、推广完善、巩固提高“三步走”规划，通过召开年度法制工作会议和开通“148”法律服务专线，不断提高县区人民学法、懂法、守法的普遍意识。

大兴一方面结合地区发展实际情况，另一方面贯彻和落实北京市的规划要求，探索适合自身建设发展的道路。根据 1984 年北京市批准的《黄村卫星城总体规划方案》，明确了作为大兴政治中心、经济中心和文化中心的黄村在服务首都发展方面的重要功能价值，随后，大兴成立了城市规划管理局，以卫星城建设为主导带动地区建设进入了一个崭新的发展阶段。大兴县在规划地区经济和民生发展的同时，还注重规划地区环境建设，加强城市和村庄的绿化工作，促进资源环境的协调发展。该时期，大兴作为全

国高标准平原绿化试点县和全国科技兴林示范县，将地区综合治理工作与绿化美化工作相结合，大力建设村镇片林工程，先后两次获得村镇绿化单项奖，环境和形象的改善为进一步推进地区发展提供了宝贵的财富与机遇。

社会建制的恢复和运行为大兴社会建设工作提供了基本的组织领导框架，有力地推动了地区社会建设事业的全面发展。大兴通过开展文明礼貌月活动，着力提升地区文明程度；组建了大兴评剧团和星城艺术团，公布了两批县级重点文物保护单位，建成了大兴人民广播电台，举办了北京市“首届民间艺术大展赛”，进一步丰富了地区居民的文化生活；成立了农民体育协会，举办全县农民运动会，并获得了“北京市体育先进县”和“全国体育先进县”的荣誉称号；成立了教育体制改革领导小组，实施《关于进一步深化教育改革的意见》，促进县域教育水平的提高；成立了劳动交流中心，关注人民就业问题；积极响应《关于发展城市社区卫生服务的若干意见》，建立社区卫生服务站，推动农村卫生三项建设，为城乡居民提供便捷的医疗卫生服务。

2. 第二阶段（2001~2008年）：坚持民生需求导向，稳步推进社会建设

21世纪以大兴撤县设区为标志，大兴区社会建设也进入了一个崭新的发展阶段，根据《大兴县（区）国民经济与社会发展“十五”规划和2010年远景目标纲要》，大兴区要努力建成科技产业基地和现代化城镇体系，围绕此建设目标，大兴区坚持以民生需求为导向，稳步推进社会建设事业的全面发展。这一阶段大兴区以建设首都文明区和迎奥运为契机，在全区积极开展精神文明创建活动，并成功地被评为“首都文明区”，辖区多个村镇和单位被评为“全国创建文明村镇工作先进村镇”和“全国精神文明建设工作先进单位”；建立了综合行政服务中心和区社会矛盾调处中心，强化地区为民办事能力。

大力实施科教兴区战略和城镇带动战略。该时期，大兴区开通了教育

信息网络平台，启动了10所中小学与北京市10所高校建立“一对一”对口支援合作关系的工作，进一步理顺镇级学前教育管理体制，积极推进农村成人教育。在文体方面，大兴区开展了非物质文化遗产普查工作，团河行宫遗址和元代无碍禅师塔被列入市级重点文物保护单位，启动《大兴区社会主义建设史》编撰和《大兴区志》续修工作，还举办了第三届全民健身体育节和第十八届农民艺术节，在充分挖掘地区文化资源的同时，丰富了当地群众的精神文化生活。在就业和医疗保障方面，大兴区建立了“零”就业保障机制，进一步落实地区居民最低生活保障的托底工作，启动了基本医疗保险制度改革，全面实施《北京市大兴区农村社会养老保险办法（试行）》，该时期红星医院和中医院病房楼竣工并投入使用，城乡地区医疗条件得到明显改善。

大兴区作为距离北京市区最近的远郊区，力争在社会建设各方面与首都建设接轨，以更好地服务和保障首都功能。大兴区牢牢把握发展机遇，结合区域发展特色，在全区持续推进绿化建设工作，营造并保护地区优良的自然生态环境，被国家环境保护总局命名为“国家级生态示范区”。在地区开展信息化建设试点，推进地区经济民生建设与信息化建设的融合发展，促进更广泛区域的信息资源共享，提高政策实施效率。组织召开了“四五”普法规划研讨会和全区法制宣传教育工作会，通过群众喜闻乐见的形式开展普法宣传教育工作，重视对青少年群体的法制教育，建立了全市首家青少年法制教育网站，不断强化地区法制建设。

3. 第三阶段（2009~2011年）：统筹区域全面发展，强化城市服务功能

大兴区自撤县设区以来，地区城镇化速度不断加快，但总体发展水平仍然与城六区存在一定差距。为更好地服务首都发展，强化城区服务管理功能，大兴区自区委社工委和区社会办成立以来全面统筹区域建设和发展，在街道、社区、党建、社会组织等多个领域深入开展实践。该时期，大兴区社会管理体制机制进一步建立健全。2009年区社工委和社会办正式成立，负责统筹

规划辖区社会建设和管理。街道系统进一步完善，成立了观音寺和天宫院两个街道办事处，街道统筹辖区建设和发展的职能得到不断强化。召开了社会建设大会并出台了《加强地区办事处工作意见》和《加强街道办事处工作意见》，采取"条专块统"原则，不断理顺各职能部门的权责关系，更加明确新时期街道工作的目标和任务。加强社区建设，推动社区规范化建设，加强社区自我管理和自我服务的能力，在街道指导下推进"一刻钟社区服务圈"建设，加大社区软硬件设施的投入力度，搭建社区网络服务管理平台和基础管理数据库，完善社区服务站和社区居委会工作制度，构建社区党建、社区自治、社区服务"三位一体"工作格局，积极参与北京市"魅力社区"评选活动，努力打造和谐社区。

基层党建工作始终在大兴区社会建设和管理方面发挥着核心引领作用，大兴区通过加强社会领域党建工作，统筹规划地区建设，加大资源整合力度，凝聚地区建设合力。全面加强街道社会工作党组织建设，不断完善街道社会工作党委工作机制。成立了社会领域党建研究会，多次召开社会领域党建工作研讨会，围绕社区党建、商务楼宇党建、党员教育和管理等多个主题开展研讨。在社区开展"五个好"党支部创建工作，召开社区党建工作座谈会和"在职党员进社区"工作推进大会，以社区党建工作带动社区服务管理工作创新。组织开展非公企业党建工作交流会，积极推进非公企业"五个好"党支部创建工作。发布了《大兴区关于加强商务楼宇社会工作党组织建设的实施意见》，开展商务楼宇社会工作党组织建设试点活动，建设商务楼宇社会工作站，推进商务楼宇"五站合一"工作，努力实现商务楼宇党建工作全覆盖。重视和加强党组织与党员的管理培训工作，在社会领域基层党组织和党员中广泛开展创先争优活动，如"四帮五带六提高"活动，不断创新党员教育管理模式，进一步完善社会领域党务工作者培训制度，为建设基层服务型党组织提供可靠的人力和智力保障。

大力推进基层服务管理创新。该阶段，大兴区召开了社会服务管理创新大会，重点围绕社会公共服务管理、社会组织服务管理、城乡一体化建设等方面开展创新。创建和推广“一键式”综合便民服务项目，开展街道“三个”工程建设，启动搬迁农民观念提升工程，建立“四有”工作机制[①]并完善搬迁村信息管理系统，加强对搬迁农民的服务管理，认定了两批“枢纽型”社会组织，成立了第一家社会工作事务所和北京市郊区县首家社会工作站。通过政府购买社会组织服务的方式创新公共服务供给模式，丰富公共服务内容，提升公共服务品质。此外，大兴区还专门成立了社会发展研究中心，加强对地区社会建设工作的专业研究和科学统筹。完成《大兴区社区工作者管理办法》征求意见稿，进一步建立健全社工招聘制度和培训制度，完善社区工作者工资待遇政策，为基层社会服务管理工作打造高素质的人才队伍。

4. 第四阶段（2012年至今）：创新社会治理体系，大力提升城市品质和内涵

在全面深化改革的新时期，大兴区作为首都新区的战略功能定位更加清晰。大兴区积极探索新区建设与发展的新模式，努力创新社会治理体系，不断提升城市发展品质和内涵。大兴的新区建设在该阶段实现大跨步前进。通过召开新区社会建设大会统筹规划新区建设和发展，明确新区阶段性的建设目标和任务。全面部署新区社会建设和“六型”社区创建工作，充分发挥新区网格化管理信息工作平台的作用，进一步推进基本公共服务在新区的全面覆盖。大兴区全面落实“四有”工作机制，加快农民市民化步伐，在改善地区民生和提高地区服务管理水平方面取得重要成果，这些成功实践使大兴区荣获了“2015 中国 + 大社会治理创新”奖。

社区建设工作持续推进，社区管理服务功能得到不断强化，社区建设更加规范和标准。大兴区大力完善基层社区公共服务体系，广泛推进“一刻钟便民服务圈”社区全覆盖工作、达标社区和智慧社区建设工作，有效整合

① “四有”工作机制即“安置就业有岗位，经营增收有资产，稳定生活有保障，服务管理有组织”。

社区服务资源，提高社区为民服务能力。进一步建立健全社区网格化工作体系，促进社区管理的精细化，开展在职党员进社区服务，充分发挥党员干部的先锋模范作用。为促进城乡社区协调发展，大兴区通过培养农村社区便民服务典型，促进村庄社区化试点的创建，针对回迁社区居民搬迁工作，大兴区召开了回迁社区规范化建设工作会，出台《大兴区回迁社区规范化建设指导意见》，积极探索具有地区特色的回迁社区管理模式。以社区党组织为领导核心，不断建立健全回迁社区管理体制机制，推进“六心”[①]家园回迁示范社区建设，有力保障回迁社区居民的切身利益，促进了社会和谐稳定。

为进一步推进基层社会服务管理创新，提高社区为民服务水平和能力，大兴区积极探索多元社会治理模式，鼓励和引导驻区企事业单位、社会组织、志愿者团体和辖区居民等多元利益主体共同参与。大兴区持续推进党政机关体制改革，进一步调整和优化各职能部门之间的权责关系，增强党政机关的服务功能。鼓励和发展社会组织，召开社会组织“一中心、多基地”工作会，发布《街道社会组织发展服务（孵化）基地指导意见》和《购买社会组织服务方案》，明确街道社会组织发展服务基地职能及建设标准。建立健全政府购买社会组织服务机制，创新公共服务供给方式，通过开展社会组织公益行系列活动，广泛开展志愿服务月活动，积极建立社区志愿互助服务新典型，打造具有地区特色的志愿服务品牌。重视和加强社会工作者的教育与培训工作，举办北京市万名社工培训工程大兴培训班，进一步提高社区工作者专业化和职业化水平。

（二）改革开放以来大兴区社会建设取得的成就

改革开放政策在社会领域广泛而深入推进，进一步带动思想的解放和进步，促进了政府、社会与市场关系的健康有序发展，为社会建设工作的顺利

---

① 六心：即聚心、舒心、安心、称心、怡心、暖心。

推进和快速发展创造了有利的基础环境。大兴区主动把握战略发展机遇，积极响应市委和市政府关于首都建设与发展的政策要求，在社会建设领域开展了一系列创新实践，取得了丰硕的发展成果。

1. 城区服务管理能力显著增强，居民幸福度持续提升

大兴区建立了较为完善的社会公共服务体系，基本实现了地区基本公共服务的全覆盖，社会服务能力和水平显著提高，地区居民的生活品质和幸福度得到很大提升。“十二五”时期，大兴区城乡居民人均可支配收入年均增长 11%，截至 2015 年，新区常住外来人口达到 76.1 万人，占常住人口的 48.7%（见图 1）。居民人均可支配收入 33849 元，居民人均消费性支出 23402 元，全区居民物质生活水平显著提高。构建了城乡一体化的社会保障体系，重点推进地区养老服务体系、社会救助体系、医疗保险制度和就业保障体系建设，该时期新建了 25 个养老管理服务中心，发展各类养老服务商 340 余家，开展各类服务项目 121 项，城乡居民养老保险累计参保 19.9 万人。进一步完善了新型农村合作医疗制度，率先在全市远郊区县实现低保标准城乡一体化，初步建立了非户籍人口边缘群体动态保障机制。加强社区事业人员档案统计工作，扩大“一人一卡”或

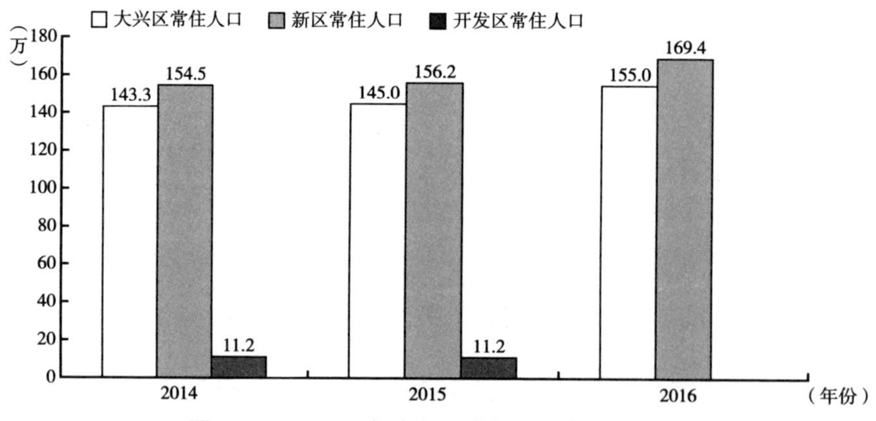

图 1 2014~2016 年大兴区常住人口变化对比

注：新区常住人口即大兴区与开发区常住人口之和。

资料来源：北京市大兴区统计局，《大兴区 2014~2016 年统计公报》，大兴区统计信息网，2018 年 1 月 20 日。

“一户一档”的覆盖面。“一刻钟社区便民服务圈”建设在全区的覆盖率高达70%。初步建成了涵盖区、镇、村三级的公共文化服务网络，地区公共文化设施覆盖率达到100%。完成国家公共文化示范项目创建工作，推出了《银杏庄》等精品剧目，开展多场文化惠民演出，不断丰富地区居民的精神文化生活。建立了教育协作区，引进资源合办校30所，新建成首师大附中北臧村分校、北京亦庄实验小学等优质学校，推动了区域教育水平的整体提升。建成237个运动场地，不断满足社区居民的健身需求。不断完善医疗服务体系，优化地区医疗资源配置，新增广安门医院南区、区人民医院等三家三级医院，地区医疗服务供给能力明显提高。具体如表1、表2所示。

表1　2014~2016年大兴区社会事业建设情况比较

指标＼年份	2014	2015	2016
专利申请受理量（件）	3730（新区）	4849（新区）	5607（新区）
基础教育学校数（所）	224（新区）	229（新区）	237（新区）
基础教育在校生数（人）	116156（新区）	119726（新区）	122808（新区）
公共图书馆个数（个）	1（大兴区） 1（开发区）	1（大兴区） 2（开发区）	1（大兴区）
文化馆（站）个数（个）	5（开发区）	5（开发区）	—
卫生机构数（个）	762（新区）	778（新区）	803（新区）
卫生机构实有床位数（张）	6675（新区）	6780（新区）	7012（新区）
全区卫生技术人员（人）	10046（新区）	10697（新区）	11423（新区）
执业（助理）医师（人）	3678（新区）	4021（新区）	4268（新区）
拥有注册护士（人）	4069（新区）	4313（新区）	4629（新区）
体育场地数（块）	1433（新区）	1433（开发区）	1452（新区）

注：基础教育学校数量为普通高中和小学数量之和。

资料来源：北京市大兴区统计局，《大兴区2014~2016年统计公报》，大兴区统计信息网，2018年1月20日。

表 2 2014~2016 年大兴区居民生活情况比较

指标 \ 年份	2014	2015	2016
居民人均可支配收入（元）	37131（城镇） 18824（农村）	40598（城镇） 17796（农村）	33394（城镇） 22648（农村）
居民人均消费性支出（元）	24382（城镇） 12743（农村）	26798（城镇） 15322（农村）	22174（城镇） 13926（农村）
居民家庭恩格尔系数（%）	31.7（城镇） 37.4（农村）	25.4（城镇） 30.9（农村）	27.7（城镇） 31.2（农村）
供热管网总长度（公里）	1420.9（大兴区）	1526.8（大兴区）	1881（大兴区）
全区公路总里程（公里）	2723.7	2854.8	2788.4

资料来源：北京市大兴区统计局，《大兴区 2014~2016 年统计公报》，大兴区统计信息网，2018 年 1 月 20 日。

2. 形成多元参与的社会动员体系，社会文明和谐程度不断提升

通过在地区建立广泛参与的社会动员体系，大力推进社会服务管理方式创新，高效整合地区多元主体力量，激发地区自治活力，形成社区共治格局，不断提高地区文明和谐程度。大兴区成立了社会组织服务中心，完善了街道“枢纽型”社会组织体系，形成了“一中心、多基地”的社会组织工作模式。“十二五”时期，街道社会工作事务所在新区的覆盖率达到 60%，平均每万人拥有社会组织数量为 2.91 个，各类社会组织年均开展公益活动 50 多场，建成了清源、兴丰、天宫院三个街道社会组织发展服务基地，完成了两批“枢纽型”社会组织认定工作，共认定了大兴区总工会、大兴区妇联、大兴区科协、团区委、大兴区残联、大兴区文联、大兴区红十字会、大兴区社区教育协会、大兴区工商联、大兴区商业联合会、大兴区社区服务协会、大兴区私营个体协会 12 家“枢纽型”社会组织。充分发挥区社会建设工作领导小组功能，不断完善使用社会建设专项资金购买社会组织服务的机制，完成政府购买社会组织服务项目的申报、审核、监管和绩效考评等工作。截至 2015 年，大兴区共了发布 205 项公益服务项目，累计组织各类活动 3607 场，整合近 700 个基层社会组织、社区社会组织共同参与，服务城乡居民 64 万余人，使用社会

建设专项资金共购买 26 个社会组织的 43 项服务项目。鼓励和动员志愿者力量参与社会治理，“十二五”期间，志愿者实名注册人数达到 13 万余人，在 2015 年开展的志愿者服务月活动中，共有 1210 支服务队伍和 23532 名志愿者参加，累计服务次数达到 33283 次。

3. 基层党建水平不断提高，居民自治活力充分释放

坚持党在社会建设中的领导地位，深入开展基层党建工作，不断提高区域化党建水平，不断夯实党在基层的群众基础，充分释放居民自治活力。进一步完善社会领域党建工作机制，更好地发挥街道党工委的统筹作用，有效整合地区各类资源，形成地区共建合力。不断扩大党组织在基层的覆盖面，深入推进社区党建、“两新”组织党建、商务楼宇党建，建立健全基层党建服务管理网络。建立健全基层民主协商机制。积极开展在职党员进社区试点工作，探索在职党员单位党组织和社区党组织双重管理模式。在全区开展非公企业“五个好”党组织和社区“五个好”党支部示范点建设工作，在全区社会领域基层党组织和党员中开展创先争优活动和“四帮五带六提高”活动，充分发挥基层党组织和党员干部的先锋模范作用，加强了地区群众与党员之间的联系，更好地了解群众需求，帮助群众解决问题。大兴区成立了社会领域党建研究会，组织召开了社会领域党建研讨会。加快推进地区服务型党组织建设工作，不断加强和完善社会领域党建工作考核及对各类基层党建人才的教育培训。

4. 优化街区治理体制，进一步增强城市管理效能

街道社区作为城市建设和发展的基础单元，承载着越来越多的城市功能。大兴区注重从调整和优化城市街区治理体制入手，构建现代化的城市治理体系，不断完善城市功能，增强城市管理效能。进一步处理好政府、市场和社会的关系，坚持“条专块统”的原则，理顺各职能部门之间的权责关系，加强街道基层政权建设，加快推动政府职能转变。在街道指导下加强社区建设，努力完善社区居委会的工作体系，进一步拓宽社区居民参与社区服务管理的渠道，提高社区居民自我管理、自我服务的意识，不断创新社区服务方式，丰富社区服务内容，提高社区服务水平，使社区为民服务功能得到强化，

通过开展社区规范化建设、“六型”社区建设和智慧社区建设，不断强化社区服务功能。“十二五”时期，大兴区规范化社区建设达标率为100%，智慧社区覆盖率达到43%。建立健全网格化社会服务管理体系，推动城市服务管理的精细化，提高城市服务管理效率。“十二五”时期，大兴区社区网格化管理覆盖率达到100%，依托网格化工作体系，进一步提升了地区社会综合治理体系和公共服务体系的运行效率，保障了城市服务管理工作的有效落实。

三　从重点事件看改革开放以来大兴区社会建设的特点

从改革开放至今，大兴区顺应时代发展要求在社会建设领域开展了广泛而深刻的实践与创新，并呈现阶段性的发展特征，对其实践历程中具有重要意义与重大贡献性质的事件进行梳理和研究，从中剖析和把握大兴区社会建设工作所具有的规律与特点，对未来大兴区社会建设发展和其他地区社会建设实践具有重要的参考意义。

（一）以全面推进社会领域党建工作，不断提升基层党组织的服务能力

大兴区通过全面推进地区社会领域党建工作，不断提升基层党组织在基层的管理能力，不断强化服务功能，2012 年全区实现了 5 个街道、5 个地区和 9 个镇社会工作党委全覆盖，2013 年全区共建立非公党组织 243 个，覆盖企业 2114 家，覆盖率达到 74.9%。大兴区通过全面启动非公企业党建“五个好”示范点创建工作，在街道和社区创建“五个好”党组织和“五个好”党支部，充分发挥社区“两委”班子的带头示范作用，更好地服务基层企业和员工。在商务楼宇党建方面，2013 年全区 11 家商务楼宇已全部实现“五站合一”工作的全覆盖。全区还在社会领域基层党组织和党员中广泛开展创先争优活动和“四帮五带六提高”活动，不断创新社会服务管理模式，提高服

务质量。通过开展“在职党员进社区”工作，鼓励和带动基层党员深入基层，了解群众需求，帮助群众解决实际困难。2012 年，全区共有 10330 名在职党员到社区报到，报到率达到 91%，共走访慰问困难居民 916 户，做实事、解难事 1142 件。此外，大兴区还重视加强对社会领域党务工作者的培训，以提高其业务能力和服务水平。大兴区通过全面推进地区社会领域党建工作，不断扩大基层党组织在基层的覆盖范围，提升基层党组织的服务功能；通过不断创新社会领域党建模式，不断完善社会领域党建工作机制，努力形成党政善治、社会共治、基层自治的地区共建共治格局，让广大人民群众在共同参与中真正享受到改革发展的成果。

（二）以新机场建设为引擎，带动区域整体功能的调整和优化

在首都建设国际一流和谐宜居之都的背景下，大兴区要根据首都“四个中心”的战略功能定位重新审视和调整自身功能定位与空间布局，以更好地服务和保障首都功能。其中，新机场建设为大兴区带来了新的发展机遇，也带动了区域整体功能的调整和优化。具体来看，新机场建设工程的启动将会带动所在镇区的改造工作，带动周边环境的改善。围绕机场发展起来的区域临空产业，不仅能够有效提升地区的产业层级，而且可以创造更多的就业机会。与新机场配套的基础设施建设也带动了地区民生的改善，加速提升了区域城镇化水平。

大兴区为充分把握和发挥新机场建设对区域整体发展的带动作用，加快推动了地区“三城”建设，即亦庄新城、大兴新城和规划中的新航城，“三城”建设既具有各自的特色，又在功能方面相互补充和相互支撑，其中亦庄新城是南部高端制造业发展的主体平台、首都生产性服务业的重要组成部分；大兴新城是地区行政中心和文化中心、区域消费性服务业中心、南部新区的部分重要产业集聚区；新航城则是首都作为世界城市的门户枢纽，带动高端临空产业集聚，推动南部基础设施建设、提升城市产业化国际水平和辐射带动能力，加快城乡一体化、区域统筹发展步伐。

（三）以智慧社区建设为推手，不断提升城市服务管理的精细化和科学化水平

大兴区重视信息网络技术在推动地区社会建设发展方面的重要作用，以智慧社区建设为推手，实现地区民生建设与现代网络技术的融合，不断提升城市服务管理的精细化和科学化水平。2011 年，为更好地服务社区居民，大兴区最早在观音寺街道建立“一键式”综合便民服务试点项目，通过实现大兴区服务中心的系统平台与社区联网并在居民家中安装“一键通”系统，提供实时的便民服务；大兴区还充分利用移动互联网技术，开发了区社会服务网及手机客户端，为地区居民实时提供医疗、养老、教育、就业等方面的信息服务，大大提高了行政服务效率。根据《北京市智慧社区建设指导标准》要求，大兴区 2014 年遴选上报 5 个街道办事处 13 个社区作为智慧社区建设试点，进一步加大智慧社区推进力度，制定智慧社区双月报工作机制，定期搜集整理基层智慧社区工作亮点，如观音寺街道推出的“一键通”便民养老服务系统和清源街道的便民自助终端建设，在清源街道建设“智慧小屋”试点，利用信息化技术展示了“吃、穿、行、游、购、娱、健”的便民理念。大兴区以智慧社区建设为推手，优化提升了社区资源的配置率和利用率，改善了社区服务的供给结构，更好地满足社区居民日益多样化的生活需求。

（四）以建设首都文明区为推手，提升社会文明法治水平

大兴区积极贯彻落实首都文明区建设的政策要求，在地区深入开展精神文明创建活动，使城区整体形象得到显著改善，社会文明法治水平得到很大提升，在参与首都文明区创建活动中，大兴区荣获了“首都文明区”称号，辖区多个村镇和多家单位被命名为“全国创建文明村镇工作先进村镇”和“全国精神文明建设工作先进单位”。以社区为单位，深入社区广泛开展群众性文化活动，如开展“社区新风尚”大讲堂活动，开展“勤俭节约”“和谐家庭、美好社区”“北京精神的文化胸怀”等多种主题的社区文化创建活动，积

极营造健康向上的公共文化氛围，推进文明社区、和谐社区与“六心”社区建设，打造社区特色文化品牌，帮助社区居民构建和谐融洽的邻里关系，培养社区居民的共同家园意识，进一步加强和推进美丽乡村建设，不断加强农村地区的社会文明建设。建设法治社会，重视群众性的普法宣传教育工作，尤其是青少年的法律教育工作，目前大兴区已经开通了“148”法律服务专线，建立了区青少年法制教育基地和全市首家青少年法制教育网站，不断提升地区群众学法、懂法、守法的能力和水平，帮助群众更好地运用法律手段维护自身合法权益，行使监督权利。

四　关于大兴区社会建设未来发展重点的思考

《北京城市总体规划（2016 年—2035 年）》明确了大兴区作为首都新城的重要目标和任务。党的十九大报告提出，要以疏解北京非首都功能为“牛鼻子”推动京津冀协同发展。[①] 大兴是首都面向区域协同发展的重要战略门户，也是承接中心城区适宜功能、服务保障首都功能的重点地区，更是首都新机场建设的承载区。在此背景下，大兴区推进社会建设，要按照党的十九大报告提出的要求，提高保障和改善民生的水平，加强和创新社会治理，着力构建现代社会治理体系和现代社会服务体系，筑牢社会治理基本结构，着力推进热点民生提质、城乡统筹惠民、智慧社区便民、平安和谐益民、社会组织培育、多元共治创新，提升居民的获得感。

（一）完善基本公共服务体系，有效提升公共服务水平

以基本公共服务保障为重点，加快推进社区公共服务体系“十个全覆盖”。“十个全覆盖”指在社区层面实现就业服务体系、社会保障服务体系、养老助残服务体系、卫生计生服务体系、文化教育体育服务体系、流动人口

① 习近平:《中国共产党十九大报告》，新华网，2017 年 10 月 18 日。

服务体系、安全服务体系、环境美化服务体系、便民服务体系和志愿服务体系的全覆盖。在逐步完善社区基本公共服务项目和服务设施的同时，加快推进基本公共服务体系向农村地区延伸，促进基本公共服务的城乡均衡发展。

以改善民生保障为导向，重点推进七项“民生提质工程”。提升养老保障水平，逐步建成“居家为基础、社区为依托、机构为补充、医养相结合”的功能完善、设施先进、服务优良、覆盖城乡的养老服务体系，实现机构、社区和居家三类养老互相依托、资源共享、协调发展。提升全民健康保障能力，进一步完善基层公共卫生服务体系。提升社会救助服务水平，形成以政府为主导、社区为平台、社会力量参与的社会救助格局。提升就业水平，大力推动“大众创业、万众创新”，鼓励大众创业带动就业。拓宽便民服务供给渠道，提升居民生活便捷度，加快实现社区服务信息化，积极培育家政服务品牌化，加快推进社区“一刻钟便民服务圈”基本实现全覆盖。加强社会安全治理体系建设，提升居民生活安全感。提高教育、文化、体育服务能力，提升全民素质，加快建成首都公共文化服务示范区和“一刻钟文化圈”。

完善政府购买服务机制，创新社会服务方式。要进一步厘清政府公共服务清单，逐步扩大政府购买社会服务的范围；非基本公共服务可以通过委托、承包、采购等方式由社会力量承办。设立社会建设专项资金用于购买社会组织服务，区社会建设工作领导小组办公室要充分发挥窗口平台、桥梁纽带作用，进一步完善使用社会建设专项资金购买社会组织服务的机制，完善政府购买社会组织服务项目的申报、审核、监管和绩效考评工作制度。

健全人口动态管理机制，促进人口结构优化。重点从信息采集、居住证制度等方面着手，加强人口动态管理，并加快流动人口管理信息平台建设，以信息化手段辅助人口管理工作。继续推行“以业控人、以房管人”等“九控”手段，促进人口结构不断优化。

（二）提升城乡社区管理水平，夯实社会管理基础

重点推进回迁社区建设。整体推进北京大兴国际机场周边和北京经济技

术开发区服务配套区搬迁地区的回迁社区建设，加快实现回迁社区由镇至属地街道管理权的移交。新建社区要同步建设“一刻钟便民服务圈”和“一刻钟文化圈”，将回迁社区打造成“六心”社区、和谐家园。

对症解决现有社区问题。完善区内老旧小区的基础设施建设，全区无物业老旧小区分别成立自管组织并开展自治。依托大兴区老旧小区自我服务管理协会，与国有物业公司进行结对帮扶，解决老旧小区出现的急难险重问题。通过购买社会组织服务、志愿服务等多种方式建立老旧小区自管的长效工作机制，老旧小区自我服务管理覆盖率达到100%。加强统筹城乡社区基础设施、服务设施和信息化建设，重点加快“一刻钟社区服务圈”向农村延伸，加大政府购买社会组织服务、志愿服务向农村养老、助残、扶贫等项目延伸的力度；开展城乡“一加一”社区共建活动，形成城乡社区协同发展局面。

升级社区服务管理手段。依托“互联网+”，着力推进“智慧社区便民工程”。以大兴区社会服务管理系统为依托，建立社区治理服务信息化平台，将社区居民、流动人口、房屋租赁等信息纳入平台，做到社区人、地、物、事、组织信息覆盖率100%。加强社区网格化建设，推动社区自治管理与网格化服务管理相衔接，通过社区网站、社区微博、社区微信等载体，引导居民参与社区事务，建设一批具有代表性的智慧社区试点。推动移动互联网、云计算、大数据、物联网等与各行业的结合，将社区各项基础工作纳入“互联网+”的大环境中，提升社区的便利性，实现政民、政企互通，更好地服务民生发展。

促进工业园区功能服务与属地管理的有效融合。加强工业园区管委会与区属职能部门之间的协作联动，结合园区实际情况及商务楼宇企业的现实需要，在医疗、卫生、教育、养老等方面加强配套服务建设，满足不同人群的合理化社会服务需求。创新管理模式，引导成立企业家联合会、社会组织联合会开发区分会等民间机构，为形成全区一体化的多元社会治理体系搭建平台。依托侨联、台办的力量，发挥政协委员、商会会员的作用，引导企业家、社会各界人士积极参与社会治理。

（三）大力推进社会协同，构筑“3+3”社会治理体系

构建现代社会组织发展体系。进一步完善现有的区、街道（镇）两级“枢纽型”社会组织认定体系。推动社会组织“一中心、多基地”建设，争取市级社会建设专项资金扶持成立社会工作事务所。

多举措扶持培育本土社会组织快速成长。继续开展社会组织“公益行”活动，每年发布一次活动计划，引导社会组织参与社会服务。加大政府购买服务工作力度，除逐步扩大已有市、区两级政府购买社会服务范围外，逐步推出街道（镇）政府购买社会服务项目。引入成熟优秀的社会组织带动本土机构发展。搭建社会服务与企业社会资源对接平台，促进社会组织服务内容、范围有效延伸，增强社会组织发展能力。推动区内社会组织协同化、集约化发展。加大对服务能力强、社会效益好、组织机构规范的社会组织的项目扶持力度，让机制健全、科学运行、有较强社会公信力的社会组织继续做大做强，形成服务品牌。推动建立“1+X”模式①的社区社会组织培育机制。

完善社会组织管理制度。完善社会组织治理结构，实现党政机关与社会组织在组织结构、功能体系、人员管理、财产运作、活动运筹、决策机制等方面的分离；形成党建政治引领、政府依法监管、“枢纽型”社会组织日常服务协调的格局。引导社会组织建立健全议事、选举、机构设置、财务、人事等各项制度，建立“枢纽型”社会组织新闻发言人制度，促进社会组织规范化发展。以社会组织等级评估、社会组织诚信建设等活动，促进社会组织健康发展，并逐步建立社会组织退出机制。

广泛动员公众有序参与社会治理。大力培育公民的主人翁意识、参与意识、社会责任意识，鼓励和支持公众参与社会治理及社会服务，依法保障公众对社会治理和社会服务的知情权、参与权、决策权、监督权。搭建非公有

① “1+X”模式：即每个街乡成立一个“枢纽型”社区社会组织联合会或者服务中心，每个社区建立若干个基本型社区社会组织。

制经济人士、流动人员参与社会公共事务管理服务的平台，鼓励社会组织积极参政议政。通过推动社区居民自治、社会组织协同、驻区单位履行社会责任，完善多元共治、积极协同的基层社会自治机制，不断提高社会协同能力和水平。

健全社会志愿者激励机制，实现社会志愿服务常态化。充分发挥区志愿服务联合会的作用，广泛开展与志愿服务相关的主题活动。完善志愿招募动员机制，扩大志愿者队伍。构建多元化志愿者激励体系，保证志愿服务常态化。从物质、文化、社会价值等多层面探索创新志愿者激励机制，保证志愿服务回报多元化、规范化。研究开发志愿服务保险产品，尝试建立“义工银行”。

形成共享共建机制，引导驻区单位履行社会责任。建立健全企业参与驻区社会治理长效机制，健全和完善企业履行社会责任的激励机制，支持和引导社会资源向积极履行社会责任的企业倾斜，充分发挥行业协会、商会等组织的作用，推动企业履行社会责任。搭建资源共享平台，以社区管理和社区服务为主题，政府主导搭建驻区单位与属地政府及社区居民的交流分享平台。构建属地共建机制，逐步推广驻区企业与属地组织在服务、解忧、文化联谊、治安、卫生环境等各个领域的联动管理模式，共同推进和谐社区建设。引导、鼓励街镇以及其他社会单位加大对公共体育健身设施的投入。

健全社会工作者队伍，提升社会治理专业化水平。按照每个社区500户居民配备1名社区服务站工作人员，每个社区服务站不少于3名工作人员的标准配齐人员队伍。以培养职业化、专业化社会工作人才队伍为目标，加强社会工作者队伍职业化管理。选拔引进一批具有专业职业资格、实践经验丰富、善于做群众工作的社会工作人才。推行职业资格管理制度，提高社会工作专业化水平。

（四）优化社会环境，巩固社会治理基础

德法并重，营造宽严相济的社会氛围。加强法制教育和宣传，强化居民

法制意识，促使居民合理表达诉求，依法维护自身权益。大力加强公民道德建设，以制定新区新市民道德规范准则为契机，推进行业规范、社区公约等社会规范的建立及完善。每年至少开展一次道德模范评选表彰活动，继续深入开展文明村镇、文明社区、文明单位创建活动，营造社会文明风尚。着力开展优秀传统文化的宣传教育活动，引导城乡居民讲道德、尊道德、守道德，每年开展一项传统文化进社区的活动。

健全机制，疏通矛盾解决渠道。健全群众诉求表达机制，完善来信来电等传统诉求表达机制，拓宽新媒体等诉求表达方式。健全群众利益协调机制，高度重视群众最现实、最关心、最直接的利益，特别关注弱势群体、边缘群体等特殊群体的利益。同时，还要注重完善社会矛盾调处机制、社会稳定风险评估机制等，有效化解社会矛盾和防范社会风险。

第十一章　昌平区社会建设回顾与展望

昌平区位于北京西北部，是首都的北大门，也是首都新城，素有“北京的后花园”之称。改革开放以来，昌平区经历了恢复建制、“科教兴昌”、奥运建设、全面建设等四个阶段，社会建设成效显著。特别是在县改区之后，昌平区社会建设得到快速发展，先后获得“全国科技进步示范区”“全国文物工作先进县”“全市体育工作优秀区”“首都文明区”等荣誉称号。下一步，昌平区要按照党的十九大报告与《北京城市总体规划（2016 年—2035 年）》的要求，重点从创新社会治理机制、创新社会服务模式、完善社区治理和服务体系、完善社会组织治理体系等方面着手，以社会治理体系创新为重点，加快推进全区社会建设。

一　昌平区是首都新城与生态涵养区的重要结合之地

《北京城市总体规划（2016 年—2035 年）》（以下简称《总规》）明确指出，要构建“一核一主一副、两轴多点一区”的城市空间结构。其中，“多点”即 5 个位于平原地区的新城，包括顺义、大兴、亦庄、昌平、房山新城，“一区”即生态涵养区，包括门头沟区、平谷区、怀柔区、密云区、延庆区以及昌平区和房山区的山区。对于昌平区来说，贯彻落实《总规》，要以京津冀协同发展为重要背景，有效落实首都战略定位，承接中心城区适宜功能和人口疏解，以生态、科教为特色，重点打造首都西北部重点生态保育及区域生态治理协作区、具有全球影响力的全国科技创新中心重要组成部分和国际一流的科教新区、特色历史文化旅游和生态休闲区、城乡综合治理和协调发展的先行示范区。

（一）打造首都西北部重点生态保育及区域生态治理协作区

按照《总规》部署，昌平区是生态涵养区的重要组成部分，尤其是西北部山区属于“一屏、三环、五河、九楔”[①]市域绿色空间结构（见图1）的山区生态屏障。昌平区要充分发挥山区整体生态屏障作用，加强生态保育和生态修复，提高生态资源数量和质量，严格控制浅山区开发规模和强度，充分发挥山区水源涵养、水土保持、防风固沙、生物多样性保护等重要生态服务功能，不断提升全区森林覆盖率和林木绿化率，扩大环境容量，降低主要污染物排放总量，基本实现垃圾、污水全处理，降低能耗、水耗，普及绿色低碳生产生活方式，优化城乡景观风貌。

（二）打造具有全球影响力的全国科技创新中心重要组成部分和国际一流的科教新区

“四个中心”建设是中央对北京发展提出的要求。在落实《总规》的过程中，昌平区要充分落实首都战略定位，发挥园区优势和资源优势，加快推进科技创新中心建设，充分发挥昌平区在建设科技创新中心中的重要作用。一方面，依托未来科学城、中关村科学城昌平园等园区，以园区带动区域发展，以科技创新引领发展。建设未来科学城与中关村科学城是《总规》对创建科技创新中心的明确要求，是昌平区落实“四个中心”战略定位的必然选择（见图2）。另一方面，依托沙河高教园，充分发挥智力优势，为科技创新提供智力支撑。建设国际一流的科教新区的目标，为昌平区在未来充分发挥

---

① “一屏”指山区生态屏障，“三环”指一道绿隔城市公园环、二道绿隔郊野公园环、环首都森林湿地公园环，“五河”指永定河、潮白河、北运河、拒马河、泃河为主构成的河湖水系，“九楔”指九条楔形绿色廊道。

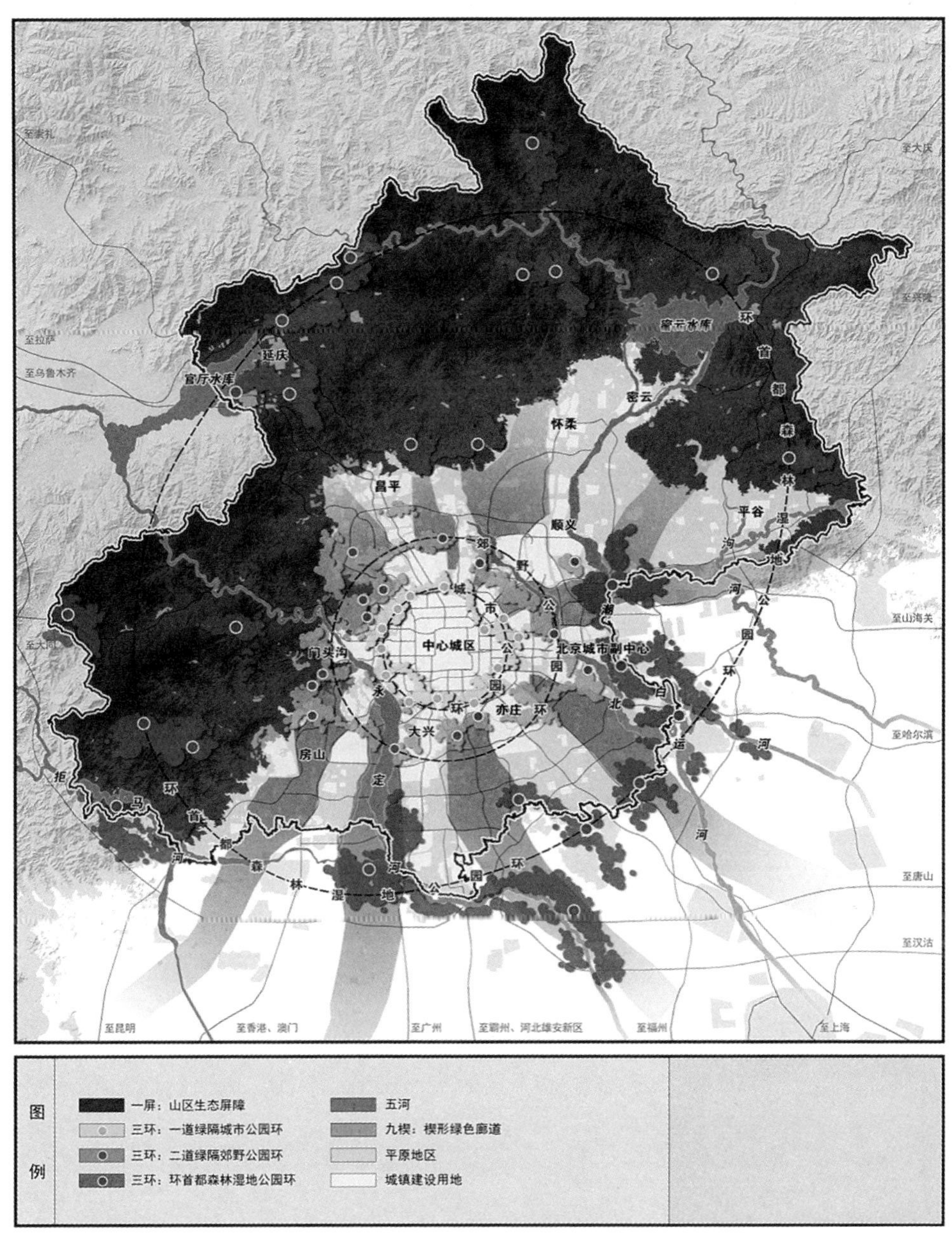

图 1　市域绿色空间结构规划

资料来源：北京市规划和国土资源管理委员会，《北京城市总体规划（2016 年—2035 年）》，首都之窗，2017 年 9 月 29 日。

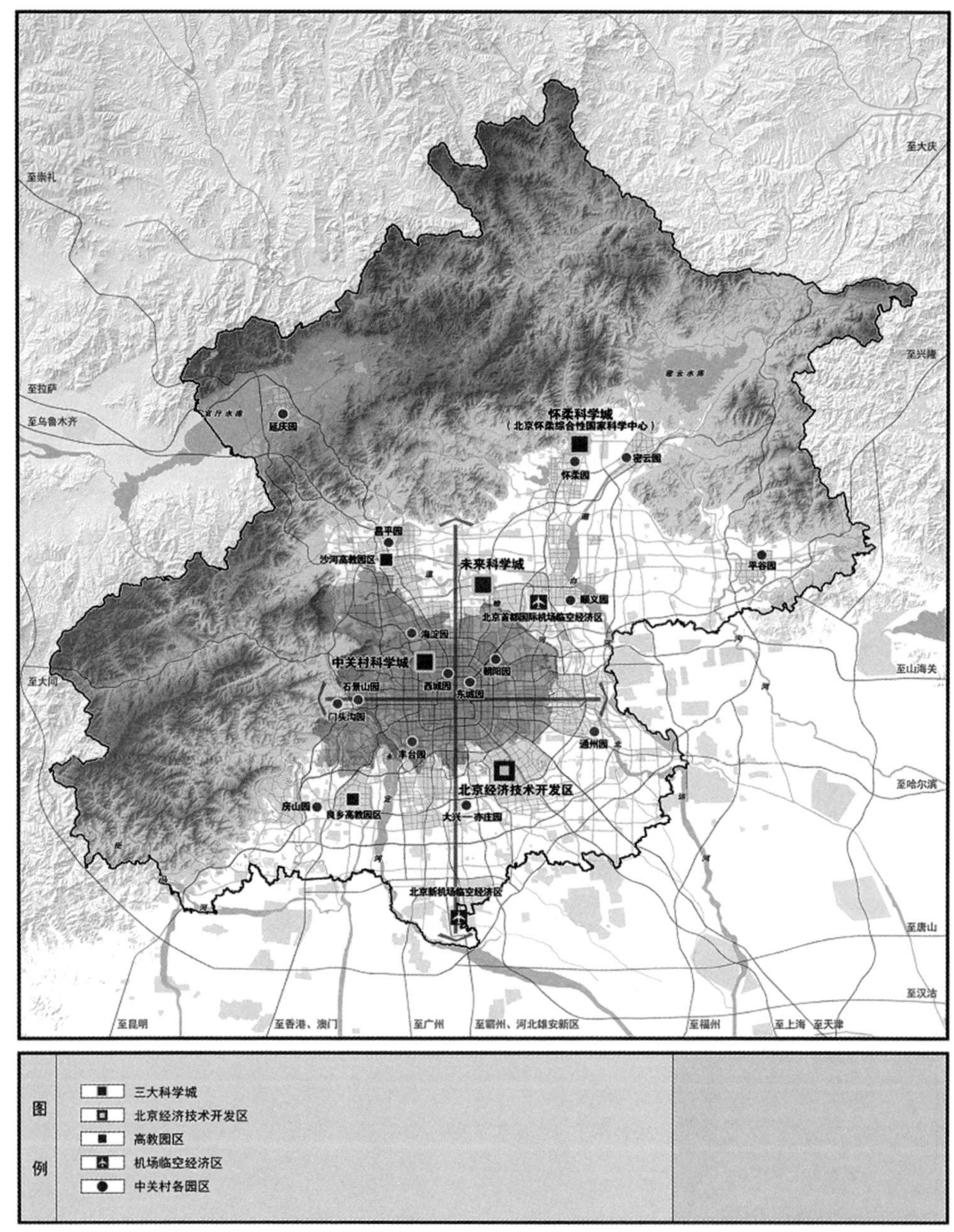

图 2　科技创新中心空间布局保障示意

资料来源：北京市规划和国土资源管理委员会，《北京城市总体规划（2016 年—2035 年）》，首都之窗，2017 年 9 月 29 日。

科教资源密集、创新创业活跃、生态环境良好的比较优势，实现更高水平的发展指明了方向和道路。

（三）打造特色历史文化旅游和生态休闲区

昌平区拥有悠久的历史和丰富的文化资源，也是首都城市发展新区。塑造具有深刻历史内涵、鲜明时代特征、浓郁地方特色的区域文化，打造特色历史文化旅游和生态休闲区，是昌平区落实首都全国文化中心战略定位的重要途径。昌平区要充分发挥 6 处国家级、78 处市区级文物单位的集群效应，进一步挖掘明文化、关城文化、温泉文化等历史文化内涵。以明十三陵、居庸关长城、巩华城为依托，着力提升明文化的时代内涵，打造明文化综合体验区。整合居庸关、白羊城、长峪城等古村落资源，加强南口、流村地区长城的修缮和保护利用，展示关城文化的历史脉络和文化内涵。高品质开发温泉资源的综合价值，突出温泉历史文化底蕴，加快打造汤泉古镇。抓住北京打造“三大文化带”的机遇，加强对文物遗址、皇陵王墓、宗教寺庙、隘口关城等历史文化遗产的保护修缮和整合利用，继续推动巩华城、和平寺等文物的修复和整体保护，有效推动昌平历史文化风貌重塑。加强对“花钹大鼓、漆园龙鼓、涧头高跷”等非物质文化遗产的挖掘、传承、利用与发展。以梳理昌平历史中有特色、有内涵、有品位的文脉为主线，高品质编写制作书籍、音像及其他衍生品，完成《昌平区志》《明十三陵志》的编纂，采取多种形式广泛宣传推介，全面展示昌平独特的历史人文风貌和文化魅力。

（四）打造城乡综合治理和协调发展的先行示范区

贯彻落实国家新型城镇化规划，统筹推进城市建成区、城乡结合部、重点镇和新农村建设，努力把昌平建设成城乡综合治理和协调发展的先行示范区。根据资源环境承载能力、发展基础和未来需求，优化“两轴两带、三城两区”的区域空间布局（见图 3），以实现南北均衡、东西协调为重点，打造功能完备、联动发展、充满活力的现代化新城。以现代化、品质化为导向，

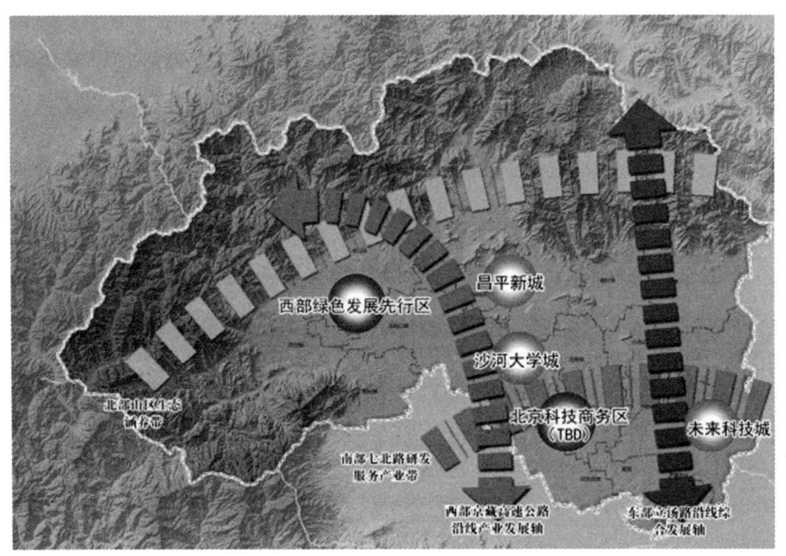

图 3 “两轴两带、三城两区”空间布局

资料来源：北京市昌平区发展和改革委员会，《北京市昌平区国民经济和社会发展第十三个五年规划纲要》，北京市昌平区发展和改革委员会网站，2017 年 11 月 1 日。

着力推进新型城镇化和新农村建设。以交通为重点不断提升承载能力，以智慧城市建设为重点提升城市治理水平。

二 改革开放以来昌平区社会建设历程与成就

改革开放以来，昌平区经历了恢复建制、“科教兴昌”、奥运建设、全面建设等四个阶段，社会建设成效显著。特别是在县改区之后，昌平区社会建设得到快速发展，先后获得“全国科技进步示范区”“全国文物工作先进县”“全市体育工作优秀区”“首都文明区”等荣誉称号，在社会治理体系建设、社会服务体系建设、居民生活水平提升等方面取得了一定成效。

（一）改革开放以来昌平区社会建设基本历程

昌平区社会建设的历程与重大事件的发生密切相关。改革开放以来的拨乱反正时期，昌平区与北京市整体步伐一致，进入了恢复建设和重建体制机制的重要时期。“科教兴昌”时期，昌平区开始摸索区域发展特色。在奥运筹办时期，昌平区实现了县改区，以精神文明建设为抓手快速推进社会建设，开始在社区建设、志愿服务等领域进行探索。在区委社工委成立后，昌平区进入了社会建设的全面发展时期，工作体系进一步完善。

1. 第一阶段（1978~1989年）：社会建设恢复建制

1978 年至 1989 年，全国处于拨乱反正的重点时期，昌平县[①]与北京的整体步伐一致，教育、文化、卫生等方面的社会建制逐步恢复。特别是昌平县开始注重发挥自身优势，加强教育工作，于 1987 年 9 月召开教育工作会议，提出要理顺关系，坚持改革，把昌平的教育工作提高到一个新水平，这为后期“科教兴昌”目标的确立奠定了一个重要基础。

2. 第二阶段（1990~1999年）：以“科教兴昌”为目标打造地区特色

在此阶段，昌平县确立“科教兴昌”目标，重点推进教育和科技工作。1990 年，昌平县委、县政府召开科技工作会议，要求全县一盘棋，打总体战，确保“科教兴昌”目标的实现。随后，昌平县提出了“昌平县科教文主导战略”，对全县的经济和社会发展进行了功能定位。这一系列目标和发展战略的提出，对昌平县发展区域科教特色具有重要影响。

3. 第三阶段（2000~2008年）：县改区后，以举办奥运为契机推进精神文明建设

1990 年至 2008 年是确立“科教兴昌”目标、推进精神文明建设的重点时期。特别是 1999 年，昌平县改区，说明昌平区的经济和社会发展水平达到区级标准，发展方向开始与北京市的总体框架一致。在此阶段，昌平区以《北京城市总体规划（1991 年—2010 年）》《北京城市总体规划（2004 年—2020 年）》两个规划为指导，稳步推进社会建设，各个社会建设领域工作有序

---

① 1999 年 9 月 16 日，经国务院及北京市政府批准，同意撤销昌平县，设立昌平区，以原昌平县的行政区域为昌平区的行政区域，区人民政府驻政府街。

开展。一方面，昌平区进一步落实“科教兴昌”目标，重点加快推进科技和教育工作。2003 年，昌平区政府制定《昌平区 2003—2008 年教育事业发展规划》，明确了指导思想和战略方针、教育发展目标、重点工作等内容。2005 年，昌平区荣获“全国科技进步示范区”称号。另一方面，昌平区以 2008 年奥运会为重要契机，以精神文明建设为重点，全面推进社会建设，并在社区建设方面取得了一些成效。2002 年，昌平区召开精神文明工作会议，提出创建“首都文明区”目标的具体要求，2004 年昌平区被命名为“首都文明区”，2007 年昌平区启动“公共文明示范地区”创建工作。在社区建设方面，2002 年昌平区制定《关于推进城市社区建设的意见》，2003 年昌平区制定《关于加强社区党的建设工作的意见》。同时，2003 年昌平区获得“全国文物工作先进县”荣誉称号，并成为全市第一个获得“全市体育工作优秀区”称号的远郊区县。2004 年，昌平区开始举行一年一届的小汤山温泉文化节。另外，志愿服务机制在此阶段也得到了初步发展，2007 年成立了 10 支志愿服务队。

4. 第四阶段（2009年至今）：区委社工委成立，全面推进社会建设

2009 年，中共昌平区委社会工作委员会、昌平区社会建设工作办公室成立。随后，城北街道、城南街道、东小口镇、回龙观镇、北七家镇、南口镇六个镇（街）社会工作党委正式成立，这标志着社会建设组织架构基本形成。自区委社工委、区社会办成立以来，昌平区全面推进社会建设，2009 年区委、区政府印发《关于进一步加强社会建设的实施意见》，明确了社会建设的总体要求，提出了公共服务体系建设、社区管理体系建设、社会组织管理体系建设、社会工作运行体系建设、社会领域党的工作体系建设等方面的工作任务，全面推进社会建设进程。2009 年 6 月 15 日，区委印发《关于进一步加强和改进社会领域党建工作的实施意见》。2010 年 3 月 16 日，昌平志愿服务指导中心成立大会召开，并于 2014 年出台《关于印发〈昌平区社区志愿服务站规范提升工作方案〉的通知》。2013 年，昌平区印发《关于进一步加强文化建设打造首

都文化强区的意见》。2014 年，中共北京市昌平区委全面深化改革领导小组社会事业与社会治理体制改革专项小组召开第一次会议。2016 年，昌平区重点推进“三网”融合的网格化体系建设、“一刻钟服务圈”建设、社区规范化建设，并召开一系列会议加快工作落实。同时，昌平区注重通过政府购买的形式促进社会组织发展，并加强社工队伍和党建队伍培训，全方位提升社会治理水平。

（二）改革开放以来昌平区社会建设取得的成就

改革开放以来，昌平区从远郊区县跻身到首都发展新城，社会建设成效显著，社会面貌发生了重大变化。在社会治理方面，网格化建设、社区规范化建设取得了重要进展，初步构建了网格化、多元化的社会治理体系。在社会服务方面，以民生为导向，社会事业和社区服务获得重要发展。在居民生活水平方面，居民收入水平快速提升，社会保障体系不断完善。

1. 初步构建网格化、多元化的社会治理体系

昌平区作为发展新城，是承接城区功能疏解的重要地区，人口聚集趋势明显（见图 4）。在社会治理创新方面，昌平区的起步晚于城六区，但注重结合自身实际，稳步推进社会治理体系建设，在社区标准化建设、网格化服务体系建设、“枢纽型”社会组织工作体系建设、社会领域党建等方面进行了重要探索，取得了一定成效。

以创建和谐社区为抓手，深化社区管理体制改革。实行“大部制”改革，积极推进政府社会服务管理重心下移，推进社区规范化建设，完成街道级社区服务中心标准设施建设。

加强网格化服务体系建设。制定《昌平区推进“三网”融合加强网格化体系建设工作实施方案》，有序推进城市管理网、社会服务管理网、社会治安网“三网”融合工作。全区已划分二级网格 535 个，三级网格 1005 个，网格化社会服务管理区级平台已初步建成。完善社会动员机制和志愿者队伍建设，加强专业社会工作者队伍建设，推进社会工作专业化、规范化。

探索建立“枢纽型”社会组织工作体系。鼓励和支持社会组织依法有序参

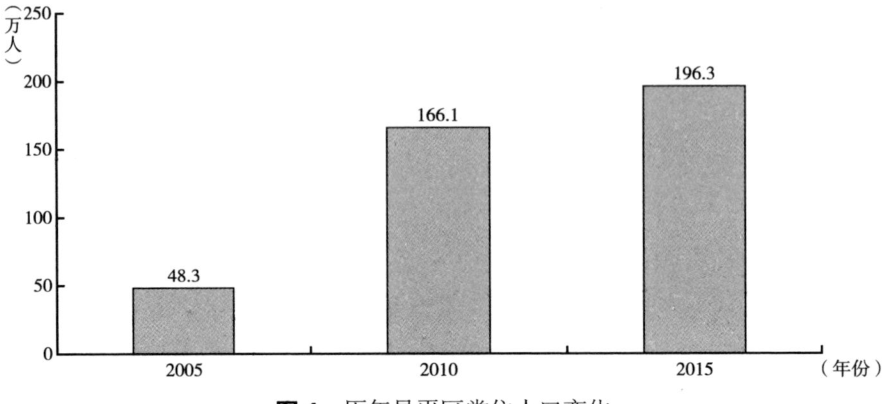

图 4 历年昌平区常住人口变化

注：2005 年常住人口为户籍人口数据。

资料来源：北京市昌平区统计局，《昌平区 2006~2016 年统计年鉴》，昌平区统计信息网，2017 年 11 月 1 日。

与社会治理，推进社会组织自身建设，引导社会组织健康发展。积极推进政府向社会组织购买公共服务工作，并给予专项资金扶持。大力推进社会组织公益行活动，动员各级各类社会组织开展各具特色、主题鲜明、服务社会的公益活动。

充分发挥社会领域党组织在社会服务管理创新中的政治核心作用。建立组织部门与社会工委、职能部门、街乡联动的党建工作机制，推动党建工作全覆盖。建立非公企业党建工作联席会议制度，形成协商会议机制。

2. 以服务民生为导向的社会服务体系进一步完善

昌平区积极贯彻落实中央精神，注重以服务民生为导向，从社会事业和社区服务两个方面着手，不断提升社会服务水平，着力构建符合公众需求的社会服务体系。

一方面，坚持以保障和改善民生为出发点和落脚点，着力增进民生福祉，社会事业不断发展进步（见表 1）。“名校名医院”工程成果丰硕，先后引进北京师范大学昌平附属学校、清华大学附属小学昌平学校等名校，积水潭医院回龙观院区、清华长庚医院等名医院，高水平通过全国义务教育发展基本均衡区县认定，全区名校名园达到 20 所、三级以上医院达到 10 家。积极推进“文化惠民”工程，群众精神文化生活更加丰富，社会文明程度进一步提升。基层文化设施覆盖率达到95%。持续打造“创业昌平”品牌，获评“国家创业先进城市”和“全市绿色就业工作先进单位”。社会保障基本实现人群全覆盖，“平安昌平”“法治昌平”建设成效显著，实现全国双拥模范城“九连冠”。

另一方面，重点加强社区建设，基本公共服务覆盖范围不断扩大。“十二五”期间，昌平区加大社区建设和社区治理创新力度，全区完成189个社区规范化建设，建成“一刻钟社区服务圈”56个、星级智慧社区83个、老旧小区自我服务管理试点8个、农村社会服务管理创新试点11个，全区217个社区办公服务用房实现达标。

表1 历年昌平区社会事业建设情况比较

指标 \ 年份	2005	2010	2015
专利申请受理量（件）	—	3125	8822
基础教育学校数（所）	145	—	—
基础教育在校生数（人）	56538	74462	80996
公共图书馆个数（个）	1	1	35
文化馆（站）个数（个）	21	—	22
博物馆个数（个）	—	1	1
文物保护单位（处）	67	64	84
卫生机构数（个）	275	837	907
每千常住人口医院床位数（张）	11.1	4.5	5.2
每千常住人口拥有职业（助理）医师（人）	2.5	1.9	2.4
每千常住人口拥有注册护士（人）	—	1.8	3.0
体育场馆（个）	4	93	116

资料来源：北京市昌平区统计局，《昌平区2006~2016年统计年鉴》，昌平区统计信息网，2017年11月1日。

3. 居民生活水平和社会保障水平快速提升

改革开放以来，昌平区的经济社会得到了快速发展，居民生活水平得到显著提升。居民收入持续增加，2015年城镇居民人均可支配收入接近4万元，是2005年的2.5倍，农村居民人均纯收入超过2万元，是2005年的2.7倍。

居民消费水平发生巨大变化，2015 年城镇居民人均消费性支出为 27340 元，农村居民人居生活消费支出为 18425 元。城镇居民就业得到充分保障，2015 年全市城镇登记失业率为 1.5%。社会保障体系不断完善，2015 年全区社会保障制度覆盖人群达到 214.1 万人次。城市公共交通建设发展迅速，2015 年昌平区公路里程长达 1885.3 公里（见表 2）。

表 2 历年昌平区居民生活情况比较

指标＼年份	2005	2010	2015
城镇居民人均可支配收入（元）	15685	24428	38794
城镇居民人均消费性支出（元）	10845	17123	27340
城镇居民恩格尔系数（%）	—	32.2	24.3
城镇居民人均居住面积（平方米）	—	32.7	—
农村居民人均纯收入（元）	7416	12548	20115
农村居民人均生活消费支出（元）	6732	11379	18425
农村居民恩格尔系数（%）	—	28.0	25.7
农村居民人均居住面积（平方米）	—	43.9	41.4
公路里程（公里）	1589	1827	1885.3
人均绿地面积（平方米）	—	102.3	31.22①

注：① 2015 年人均绿地面积的绿地范围为建成区，不含山区林地。

资料来源：北京市昌平区统计局，《昌平区 2006~2016 年统计年鉴》，昌平区统计信息网，2017 年 11 月 1 日。

三 从重点事件看改革开放以来昌平区社会建设的特点

昌平区地处首都西北部，社会建设与城区相比起步较晚，主要发展于 1999 年县改区之后，其发展阶段特征则与重大事件的发生密不可分。1990 年“科教兴昌”的目标明确了区域发展方向，1999 年县改区则标志着社会建设进入发展新阶段，2008 年奥运会的筹办则促进了以精神文明建设为重点的社会建设与发展探索，2009 年区委社工委和区社会办的成立则推进了以网格化和社区规范化建设为重点的社会建设的全面发展。

（一）“科教兴昌”目标的确立明确了区域发展方向与特色

1990年，京郊昌平县提出了“科教兴昌”发展目标。由此开始，昌平区明确了区域发展方向与发展特色，重点在教育领域和科技领域抓住优势、打造特色。在“科教兴昌”目标的推动下，昌平区的科技力量不断提升，其中最重要的科技园区就是中关村科技园区昌平园。昌平园成立于1991年11月，作为最早加入中关村的三个分园之一，1994年进入国家级开发区行列，自成立以来经济持续增长，基础设施不断完善，经过20多年发展，目前已形成能源科技、生物医药、先进制造、新材料和电子信息等五大特色产业，由中心区、未来科技城、北京科技商务区（TBD）、中关村生命科学园、国家工程技术创新基地、三一产业园等重点功能区及流村工业园、阳坊工业园等原镇属工业园组成。2005年，昌平区荣获“全国科技进步示范区”称号。同时，昌平区的教育资源日益聚集，中国政法大学、中国石油大学等各类高等院校和科研院所在昌平落户。

（二）县改区标志着昌平区社会建设从远郊区县迈向首都新城的飞跃

1999年9月16日，经国务院及北京市政府批准，同意撤销昌平县，设立昌平区，以原昌平县的行政区域为昌平区的行政区域，区人民政府驻政府街。县改区标志着昌平正式从远郊区县跻身为首都新城，社会建设进入了发展新阶段。《昌平新城规划（2005—2020年）》提出了构建持续协调发展的科教宜居新城的新目标，从建设科教创新基地、人文生态景区、和谐宜居新城等方面提出了明确要求。

（三）奥运会的筹办促进了社会建设的快速发展

昌平区是2008年奥运会旅游服务区，区域所承载的服务功能促进了地区社会建设的快速发展。在精神文明建设方面，昌平区将其与“首都文明区”

创建紧密结合，于 2004 年获得了“首都文明区”称号；随后召开了一系列精神文明建设会议，并举行了一系列“迎奥运、讲文明、树新风”活动；2007 年启动创建“公共文明示范地区”，精神文明建设快速推进。在文化建设方面，昌平区依托小汤山温泉资源，于 2004 年开始举行一年一届的小汤山温泉文化节，着力塑造文化品牌。在社区建设方面，先后出台《关于推进城市社区建设的意见》《关于加强社区党的建设工作的意见》，开始探索社区建设和社区自治。在志愿服务方面，昌平区注重对接奥运志愿服务模式，并于 2007 年成立了 10 支志愿服务队，开始初步探索志愿服务模式。

（四）统筹领导部门的成立促进了社会建设的全面发展

2009 年，昌平区社会建设大会暨中共昌平区委社会工作委员会、昌平区社会建设工作办公室揭牌仪式举行。这标志着昌平区社会建设进入了部门统筹领导的发展新阶段，社会建设的内容进一步丰富，社会建设得到了全面发展。同年 6 月，昌平区委、区政府印发《关于进一步加强社会建设的实施意见》（以下简称《实施意见》），提出了社会建设总体要求、公共服务体系建设、社区管理体系建设、社会组织管理体系建设、社会工作运行体系建设、社会领域党的工作体系建设、领导体系建设等七个方面的主要内容。《实施意见》的发布初步确立了社会建设的六大领域，为全面开展社会建设提供了基本指引。此后，昌平区开始按照北京市社会建设要求，着力推进六个方面的社会建设，在网格化体系建设、社区规范化建设、社会领域党建、“枢纽型”社会组织工作体系建设等方面取得了重要进展。

四　关于昌平区社会建设未来发展重点的思考

《北京城市总体规划（2016 年—2035 年）》明确了昌平区作为首都新城与生态涵养区的重要目标和任务。党的十九大报告提出，要以疏解北京非首都功能为“牛鼻子”推动京津冀协同发展。[①] 昌平区是首都面向区域协同发展的重要战略门户，也是承接中心城区适宜功能、服务保障首都功能的重点地区，责任重大、任务艰巨。从社会建设领域来说，昌平区要按照党的十九大报告提出的完善党委领导、政府负责、社会协同、公众参与、法治保障的社会治理体制要求，加快补齐民生服务短板，从精细化、法治化着手创新社会治理机制，引导居民、社会参与社会治理，围绕全面建成高质量小康社会，着力构筑共建共治共享的社会治理格局。

（一）以法治化、精细化为导向，创新社会治理机制

法治化是党的十九大提出的明确要求，也是全面推进依法治国的要求。精细化则是推进社区网格化建设的重要目标。因此，昌平区在推进社会治理创新的过程中，要重点从法治化、精细化两个方面着手，创新社会治理机制。加快推进法治政府建设，推进各级政府社会治理权限、程序、责任的规范化、法定化。全面正确履行政府职能，更加重视社会服务和社会治理，强化各级政府相关职能部门的社会服务和社会治理职责。推进人口政策、产业政策与社会政策相协调，完善以“五管”为核心的人口调控机制。坚持以问题和需求为导向，加快形成全面覆盖、多网融合、一体运行、精准服务、精细管理、精密防控的网格化工作体系，不断提高昌平区社会服务与城市管理的精细化水平。另外，要结合全面深化改革要求，推进街道体制改革，实现党和政府工作重心下移。

（二）构建民生优先、政府主导、社会参与的社会服务模式

昌平区要按照党的十九大报告提出的要求，以保障和提高民生水平为导向，创新社会服务模式。以“一刻钟社区服务圈”等重点工作为抓手，加快健全覆盖各类人群的基本公共服务体系，推进基本公共服务均等化。发挥政

① 习近平:《中国共产党十九大报告》，新华网，2017 年 10 月 18 日。

府主导作用，统筹区域资源，构建多元供给、优质高效的公共服务体系。另外，要充分发挥志愿服务和慈善公益的补充作用，不断拓宽社会参与途径。

（三）以促进居民参与为导向，完善社区治理体系

党的十九大报告明确提出，要实现政府治理和社会调节、居民自治的良性互动。居民是社区治理的重要主体，昌平区在完善社区治理体系的过程中，要充分发挥居民主体的重要作用。以协商自治为导向，从民主协商、民意表达和民主监督等方面着手，完善社区治理机制，完善社区治理体系。以民生需求为导向，健全社区服务体系。以和睦邻里为导向，推进社区文化建设。

（四）以“枢纽型”社会组织为重点，完善社会组织治理体系

社会组织是实现社会调节的重要主体。昌平区在推进社会治理创新的过程中，要充分发挥社会组织的主体作用，尤其要发挥“枢纽型”社会组织的重要作用，完善社会组织治理体系，加快实现政府治理和社会调节、居民自治的良性互动。以区、街（镇）两级“枢纽型”社会组织工作体系建设为重点，完善社会组织工作网络。按照简政放权要求，加快推进社会组织登记制度改革，降低社会组织设立门槛，加强对社会组织的监管。通过政府购买、基地孵化等方式，加强对社会组织的支持与培育，促进社会组织发展。

第十二章　房山区社会建设回顾与展望

房山区位于北京西南部，是首都新城与生态涵养区的重要交集之地。改革开放以来，房山区经历了恢复建制、新城建设、全面建设等三个阶段，社会建设成效显著。特别是在推进新城建设之后，房山区进一步明确了经济社会建设的方向，社会建制进一步完善，科教文卫体等社会建设领域得到了进一步发展。下一步，房山区要按照党的十九大报告与《北京城市总体规划（2016 年—2035 年）》的要求，结合区域特色，从加强生态建设、优化民生服务、全面深化改革等方面着手，不断提升区域可持续发展能力，加快推进“一点三区”建设。

一　房山区在首都发展中的功能定位

《北京城市总体规划（2016 年—2035 年）》（以下简称《总规》）明确了房山区作为首都新城与生态涵养区的功能定位。对于房山区来说，贯彻落实《总规》，要充分发挥其在京津冀协同发展中的节点作用，有效落实首都战略定位，主动承接中心城区适宜功能和人口疏解，以生态、科技、文化为特色，重点打造首都西南部重点生态保育及区域生态治理协作区、京津冀区域京保石发展轴上的重要节点、科技金融创新转型发展示范区、历史文化和地质遗迹相融合的国际旅游休闲区。

（一）打造首都西南部重点生态保育及区域生态治理协作区

房山区地处京郊西南，总面积2019平方公里，山区、丘陵和平原各占1/3。按照《总规》部署，房山区是生态涵养区的重要组成部分，尤其是西南部山区属于“一屏、三环、五河、九楔”① 市域绿色空间结构的生态屏障。房山区要充分发挥山区整体生态屏障作用和生态文化优势，将生态建设与文化建设相结合，从生态宜居示范区建设和首都生态文化强区建设两个方面着手，加快建设首都西南部重点生态保育及区域生态治理协作区。

一方面，以生态宜居示范区建设为统领，打造高品质的生态空间，加强生态修复。主要是突出生态建设，高举生态文明建设大旗，把生态置于全区城乡建设的每一个角落，把绿色贯穿产业发展的每一个环节，把低碳融入百姓生活的每一个细节，全面提升房山区生态宜居水平，力争把房山打造成为彰显生态优势、突出宜居功能、天蓝地绿水清的国际一流和谐宜居之都的示范区。着力打造西部屏障水源涵养区、中部森林湿地绿化美化带、东部城市景观生态休闲区三个区域；全力打造环首都国家公园，以休闲游憩功能促进全域生态空间的保护。切实加大大气污染治理力度，加强水环境综合整治，全力提高城市宜居性，持续开展城乡环境综合治理。

另一方面，加快推进首都生态文化强区建设。把握全国生态保护与建设示范区②、环首都国家公园③ 建设机遇，积极培育生态文化、生态道德，大力推进绿色城镇化，保护自然景观，传承历史文化，提倡城镇形态多样性，保

---

① “一屏”指山区生态屏障，“三环”指一道绿隔城市公园环、二道绿隔郊野公园环、环首都森林湿地公园环，“五河”指永定河、潮白河、北运河、拒马河、泃河为主构成的河湖水系，“九楔”指九条楔形绿色廊道。

② 2015年，国家发改委、科技部、国土资源部、环境保护部等11个部门联合发布《关于印发生态保护与建设示范区名单的通知》，明确30个市（州、地区）、北京市房山区等113个县（市、区）为首批国家级生态保护与建设示范区。

③ 2016年，河北省保定市林业局与北京市房山区园林绿化局共同签署了《林业生态建设与保护协同发展合作协议》，双方拟以中国房山世界地质公园为龙头，共建环首都国家公园。

持特色风貌，建成一批以绿色企业、绿色学校、绿色社区、美丽乡村为主体的生态文化教育基地，助推“生态宜居示范区”建设。

（二）发挥京津冀区域京保石发展轴上的重要节点作用

2015 年出台的《京津冀协同发展规划纲要》中明确提出构建“一核、双城、三轴、四区、多节点”① 的区域格局。“三轴”是京津冀协同发展的主体框架，即京津、京保石、京唐秦三个产业发展带和城镇聚集轴。房山区正处于京保石发展轴上，京津冀协同发展对于房山区来说是重要机遇，为房山对内承接市区高端要素、对外辐射拉动周边地区发展、发挥“内承外联”桥头堡作用搭建了更大平台。房山区要发挥中关村南部创新城的辐射带动作用，协同建设京保石科技创新共同体。加快融入京津冀一体化交通网络建设，重点加强京保石走廊的通道对接，构建辐射周边区域的客货运体系，打通与新机场及京南其他地区的快速交通网络。建设京西南旅游协作区，共同推动拒马河生态文化旅游走廊建设。推进区域生态环境共治，共同划定生态保护红线，完善大气污染联防联控协作机制，协同推进永定河、拒马河、小清河等绿色生态河流廊道治理，协同构建统一的生态环境规划、标准、评价、监测、执法体系。积极承接城六区疏解和外溢的优质产业资源、服务资源与高端人才资源，缩小与首都中心城区的发展差距，促进区域均衡发展。

（三）打造科技金融创新转型发展示范区

“十二五”时期，房山区提出了“一区一城”功能定位，即首都高端制造业新区和现代生态休闲新城。当前，房山区结合城市《总规》，对“一区一城”功能定位的内涵进行丰富与升华，即建设“生态宜居示范区”和“中

---

① “一核”即指北京。“双城”是指北京、天津。“三轴”指的是京津、京保石、京唐秦三个产业发展带和城镇聚集轴。“四区”分别是中部核心功能区、东部滨海发展区、南部功能拓展区和西北部生态涵养区。“多节点”包括石家庄、唐山、保定、邯郸等区域性中心城市和张家口、承德、廊坊、秦皇岛、沧州、邢台、衡水等节点城市。

关村南部创新城”。其中，建设中关村南部创新城则与打造科技金融创新转型发展示范区密切相关。“一区一城”功能定位主要是突出功能承接，重点依托中关村新兴产业前沿技术研究院、良乡高教园区等，积极承接各类高端创新资源和人才，进一步集聚优质科研、创新和高教资源，努力成为首都建设国家科技创新中心的战略支点，以打造三大创新平台高地为重点，全力加快科技创新、金融创新、文化创新，推动房山产业结构大跨步迈向高精尖。

一方面，房山区要大力推动金融创新，加快建设首都新型金融聚集区。在北京调整优化金融功能格局的背景下，房山有条件抢抓机遇，以私募基金、互联网金融、绿色金融等新型金融业态为重点，突出金融创新，努力建设新型金融聚集区，成为北京金融街、CBD 等金融聚集区的有效补充。同时，推动京津冀区域金融协同发展，积极承接北京金融功能疏解，建立健全有利于京津冀协同发展的金融服务体系。

另一方面，房山区要大力推动科技创新，全力建设中关村南部科技创新城。随着中关村国家自主创新示范区的全球影响力逐步扩大，房山通过与中关村自主创新示范区深入合作，共建中关村南部科技创新城，应该说，有望把房山打造成为全国科技创新中心的新高地。具体措施包括：构建“双核五基地”的总体科技创新布局，“双核”即长良（长阳和良乡）、窦店两个城市组团，“五基地”即北京石化新材料科技产业基地、北京高端制造业基地、北京海聚工程高科技产业园、北京良乡高新技术产业东区及西区。建设一批科技研发集聚区，以良乡高教园区为基础，以中关村新兴产业前沿技术研究院为引领，引进一批重点实验室、工程技术中心和企业技术中心，推动一批高校和科研机构的重大应用科技成果孵化与产业化。重点打造一批创新服务集聚区，重点建设和引进科技孵化中心、中细软知识产权科技创新园、大学生创业园、创客空间载体、天使投资机构等。大力培育总部办公、金融服务、文化创意、科技成果转化服务、商务服务等新兴产业，成为首都西南最具创造活力的智汇城。不断完善温泉休闲、体育健身设施，建设首都商务休闲产业发展示范区。用房山区高端楼宇资源，打造天资科技文创孵化广场、绿地启航国际、拱辰楼宇金融中心等众创空间，建成高端楼宇经济产业集群。突出科技创新重点，围绕高端智能装备、轨道交通、生物医药及生命科学、新能源新材料、工业互联网等重点领域，促进高端创新资源集聚，大力吸引创新能力强、技术水平高、产业链条长、带动能力强的优势企业和资源入驻。加大对创新创业类企业的引入和宣传力度，推动成功创业者、青年创业者、天使投资人、创业导师、创业服务机构等在房山聚集。大力培育和引进一批专业性强、创新活跃、产业融合度高、带动作用显著的生产性服务业企业，全面提升房山区创新服务能力与水平。强化创新成果转化应用，完善产学研用协同创新机制，以良乡高教园区为基础，放眼全市科教资源，支持打造校企合作平台，引导研发成果和技术产品在房山就地产业化，努力将科教资源优势转化为创新资源优势。

同时，房山区还要注重推动文化创新，建设首都西南国际交往中心，积极构建国际文化交往交流平台。目前，与北京国际交往中心定位相匹配，北京的会展经济获得了快速发展，房山完全有条件依托自己的文化资源、科教创新资源，以首都新机场建设为契机，以国际葡萄酒大赛、国际地质公园大会等重大事件为抓手，落实国际文化交往空间建设。重点抓好长阳文创产业园、云居寺文化景区、北京文化硅谷、国际红酒城、乐高主题度假村、张坊国际赛车谷等重大项目建设，努力促进文化创意产业的集聚发展，积极推动文化产业和其他产业融合发展，促进“文创产业化、产业文创化”。优化文化发展空间布局，建设北京西南文化创意产业重点发展平台，发展文化创意产业和低密度商务办公服务，发展民俗文化商业服务及民宿文化旅游等。

（四）打造历史文化和地质遗迹相融合的国际旅游休闲区

房山历史文化底蕴深厚，共有文物保护单位328处。同时，房山旅游资源居京郊之首，境内有石花洞、十渡风景名胜区等众多自然人文景观。在贯彻落实《总规》的过程中，房山区要充分发挥文化资源和旅游资源的优势，打造历史文化和地质遗迹相融合的国际旅游休闲区。

首先，着力打造北京历史文化名区金名片。以历史文化名城整体保护、西部历史文化带建设为重点，建设琉璃河遗址、周口店遗址、金陵十字寺遗址、万佛堂遗址、长沟大墓遗址等大遗址公园，推广“祖源文化”为主线的历史文化品牌，推动非遗保护事业可持续发展，推动形成文化遗产保护利用社会化格局，壮大文化遗产保护力量，提升文化遗产保护水平。

其次，加快建设首都西南休闲度假旅游和文化旅游区。充分发挥山区生态优势，依托中国房山世界地质公园，加大山区资源整合力度，发展山地旅游、健康养老、文化旅游等，让山区生态优势充分释放。

最后，加快建设京西南旅游协作区。以中国房山世界地质公园建设为抓手，深化与保定市旅游发展的对接，全面落实“合力打造京西南黄金线路”合作协议，整合区域旅游资源，共同开发旅游精品路线，依托现有中心城镇、中心村，沿京冀交界的拒马河流域规划一批特色文化风情小镇，共同推动拒马河生态文化旅游走廊建设。

二 改革开放以来房山区社会建设历程与成就

改革开放以来，房山区经历了恢复建制、新城建设、全面建设等三个阶段，社会建设成效显著。特别是在推进新城建设之后，房山区进一步明确了经济社会建设的方向，社会建制进一步完善，科教文卫体等社会建设领域得到进一步发展，旅游资源、历史文化资源得到充分挖掘，为打造首都新城与生态涵养区奠定了重要的基础。

（一）改革开放以来房山区社会建设基本历程

房山区社会建设的历程与重大事件的发生密切相关。改革开放以来的拨乱反正时期，房山区与北京市整体步伐一致，进入了恢复建设和重建体制机制的重要时期，特别是1986年房山县和燕山区合并为房山区后，房山区的经济社会得到了快速发展。在奥运会筹办时期，房山区重点推进卫星城和新城建设，将区域中心东移良乡，着力打造经济社会可持续发展的现代化首都郊区。在区委社会工委和区社会办成立后，房山区进入了社会建设的全面发展时期，社会建设各方面的工作体系进一步完善。

1. 第一阶段（1978~1989年）：撤县设区，恢复社会建制

1978年至1989年，全国处于拨乱反正的重点时期，房山县[①]与北京的整体步伐一致，科技、教育、文化、卫生等方面的社会建制逐步恢复。在此期间，房山县恢复教育系统领导体制、制定乡村卫生计划和制度，先后成立科学技术委员会、司法局、文物管理所、文化局、环境卫生管理局、文明城市建设协调委员会、文化文物局等职能部门。在科技方面，房山县先后做出一系列决定推进科技进步与发展。1985年，房山县政府决定在房山县实施以依靠科学技术、振兴地方经济为目的的“星火计划”，首批列入国家级、市级项目5个。1986年，在科技体制改革的推动下，房山县委、县政府做出《关于加强科技工作的决定》，包括成立房山县科技领导小组、建立科技管理体系、实施“星火计划”、建立科技发展基金等内容。在教育方面，房山县起步较早，成绩显著。1985年，根据《中共中央关于教育体制改革的决定》，房山县政府在窦店乡进行试点，实行县、乡两级管理，县、乡、村三级办学的新领导体制。1986年，房山县被国家教育委员会授予“全国基础教育先进县”称号。在精神文明建设方面，房山县注重循序渐进，加强引导。1980年，房山县委、县政府做出了开展创建文明县活动的决定。1982年，房山县下发《关于1982年社会主义精神文明建设的意见》，开展“全民文明礼貌月”活动，并提出在全县抓好“四建一加强”[②]工作。1983年，“五讲四美三热爱”活动领导小组成立，中共房山县委发出《关于开展创建文明单位活动的几点意见》，提出在全县开展创建“文明单位”和创建“文明村”活动。1985年，中共房山县委做出《关于建设文明县的决定》，提出建设文明县总的目标是，

---

① 1986年11月11日，经国务院批准撤销房山县和燕山区，设立房山区。

② 建农村俱乐部、建党员联系户、建五好家庭、建村规民约，加强思想政治建设工作。

通过全县人民共同奋斗，建成一个物质生活较富裕、精神生活较丰富、思想觉悟较高、社会风气较好、环境面貌优美的新房山。

在房山撤县设区之后，房山的经济社会得到了进一步发展。1986 年 11 月 11 日，经国务院批准撤销房山县和燕山区[①]，设立房山区，实现统一规划工矿区和农业区、统一安排各项事业、统一治理污染、统一合理分配水资源的目的，更好地为房山的厂矿生产建设和群众生活服务。1988 年，房山区根据党的十三大关于政治体制改革的精神和北京市委六届三次全会的工作部署，本着党政分开、划清职能、精简统一、理顺关系、提高效能的原则，制定了房山区政治体制改革第一步实施方案。另外，房山的石花洞旅游资源得到了科学规划，于 1988 年出台《石花洞总体规划》。规划中介绍了石花洞的历史、自然概况和开发建设中存在的问题，根据对石花洞旅游资源的评价，提出发展前景和规划宗旨。两年内近期规划的目标是提高洞内景物的观赏效果，美化洞外环境，完善配套服务设施，分洞内、洞外和经营管理规划项目。

2. 第二阶段（1990~2007年）：推进卫星城和新城建设，社会领域发展迅速

1990 年，房山区一届人大五次会议审议通过《北京市房山区 1989 年至 2000 年经济社会综合发展规划》，根据发展战略的需要，提出了全区政治、经济、文化中心逐步东移良乡的设想。1993 年，良乡、房山（含燕山）被确定为北京市卫星城之一，首都规划建设委员会代表市政府正式批准《良乡卫星城总体规划方案》。1998 年，区委、区政府在良乡卫星城新落成的区政府办公楼广场举行区政府东迁挂牌仪式。2000 年，北京市规划委员会批复房山区人民政府申报的市规划院所做《良乡卫星城总体规划》。批复良乡卫星城的城市规划区范围是：北起房山区与丰台区交界处，东至小清河东侧的长阳镇张家场村，南抵官道乡小营村，西接阎村镇马家坟村，包括良乡镇及长阳

① 1981 年 10 月，经国务院批准，石油化工区办事处改为燕山区，下辖东风、迎风、栗园、向阳 4 个街道办事处。

镇、官道乡、阎村镇部分用地在内的52个行政村，总面积78平方千米。随后，区委、区政府制定《关于加快良乡卫星城开发建设的意见》，要求高标准制定完善良乡卫星城发展规划。2005年，制定《房山新城规划》。2007年，北京市政府批复《房山新城规划（2005—2020年）》，提出房山新城的建设要优化、整合、完善良乡和燕房两个城市组团的空间格局，积极完善城市功能，提高建设品质。同年，房山新城规划建设管理委员会成立，取代原有的良乡卫星城建设管理委员会，全面打造房山新城。

在房山区中心东移良乡、重点推进卫星城和新城建设的过程中，房山区的经济社会发展方向发生了战略转变。1999年，房山区编制《房山区1999—2010年经济社会发展规划》，提出了房山总的发展目标：实现企业整体素质的全面提高和产业结构的优化升级，打造特色产业链和高新技术产业群，建好城市发达经济带和优势经济走廊，使房山成为经济社会可持续发展的现代化首都郊区，完成从资源大区向经济强区的战略转变。

同时，在此阶段，房山区的社会建制进一步完善，科教文卫体等社会建设领域得到进一步发展。房山区先后成立排调办（社会矛盾调处中心）、老龄工作委员会、教育委员会、生态环境建设办公室、水务局、安全生产监督管理局、人民政府食品安全监督协调办公室、行政投诉中心、阳光社区矫正服务中心、知识产权局等，并制定了《关于推进我区教育现代化实施进程的意见》《房山区生态环境综合治理规划（2006—2010）》《房山区“十一五”时期体育发展规划》。1990年，房山区被市局列为远郊区县医院分级管理评审试点达标单位。1991年，房山区政府建立人民教育基金筹集制度，并大力动员社会各界捐资助学，集资办学。房山区开展了“学习（窦店、韩村河）两面旗帜，弘扬房山精神”大讨论动员大会、“讲文明、树新风”宣传活动、“优化区域发展环境，塑造房山整体形象”宣传教育活动、“新世纪、新房山、新发展”教育活动等，提出了创建首都文明区的目标。另外，房山区的旅游资源、历史文化资源得到了充分挖掘，琉璃河西周燕都遗址博物馆落成，举办了首届旅游文化节，举行了首届全国高台蹦极邀请赛暨房山区十渡山水节，举行《没有共产党就没有新中国》词曲创作地纪念雕塑揭幕仪式，万佛堂和孔水洞石刻及塔名列入国家重点文物保护单位，石花洞被评为“国家AAAA级旅游景区”。

3. 第三阶段（2008年至今）：“一委一办”成立，全面推进社会建设

2008年，中共房山区委社会工作委员会、房山区社会建设工作办公室筹备办公室成立，并于2009年正式成立“一委一办”。2010年，成立房山区社会建设工作领导小组。自区委社会工委和区社会办成立以来，房山区社会建设进入了全面发展的新阶段。

在社会治理方面，以社会服务管理创新为重点，完善社会治理机制，推进网格化社会服务管理体系建设。2010年，房山区召开社会服务管理创新推进大会，提出要围绕提升社会服务管理水平，不断创新工作机制和方式方法。2011年，房山区以区委办、区政府办名义印发《关于加强和创新社会管理全面推进社会建设的实施意见》，系统阐述加强和创新社会管理、全面推进社会建设的主要任务。2012年，房山区制定出台《房山区社会建设工作考评办法（试行）》，并开始协调推进网格化服务管理体系建设。2013年，房山区召开网格化试点街道工作会和培训会，进一步推进房山区网格化服务管理体系试点单位建设工作，着力建设以社区服务站为依托的社区（村）、街道（乡镇）、区三级信息平台。2014年，房山区在推进网格化社会服务管理体系建设的同时，召开了全面深化改革领导小组社会事业与社会治理体制改革专项小组第一次领导小组会，确定房山区专项小组成员、机构设置、工作职责、会议制度、主要任务及分工等。2015年，房山区开展网格化区级平台上线试运行活动。2016年，房山区以“三网”融合、系统建设、队伍建设、体系运转等为重点推进网格化服务管理体系建设，先后召开一系列会议进行安排和部署。

在社区治理方面，房山区在“城管进社区”的基础上，逐步完善社区治理体系，加快创建社区规范化建设示范点。2010年底，房山区城管大队已先

期成立社区工作办公室，并制定“城管进社区”工作实施方案，城管队员定期到社区挂牌现场办公，并负责所联系社区的日常巡查、投诉受理和环境维护工作，建立统一挂牌、统一设置诉求建议箱等工作制度，建立社区、物业负责人等基础信息台账。从2011年起，房山区开始对全区社区规范化建设情况进行例行检查。2016年，房山区发布《关于开展“社区规范化建设示范点”创建活动的实施方案》，明确创建标准，在社区服务站建设、社区工作职能、社区运行机制、社区志愿服务、社区工作者管理、社区基础设施配置、社区经费投入等7个方面制定27项主要指标近100项具体指标，年底试点社区全部通过检查。

在社会服务方面，房山区以“一刻钟社区服务圈”为重点，逐步涵盖文化、体育等领域。2012年6月，房山区社会办与北京京东世纪信息技术有限公司、北京凯利门房地产经纪有限公司共同签订《“房山区一刻钟社区服务圈——社区京东”合作协议》，探索建立商业便民房山模式。2015年11月，召开“房山区贯彻北京市深化社会治理体制改革意见，进一步加强社区服务体系建设”研讨会。2016年，按照“一刻钟社区服务圈”建设工作内容及标准落实情况，继续完善配套设施，整合社会资源，印制了“一刻钟社区服务圈”便民手册。同时，房山区还开展了“关爱心理健康，牵手美好生活”援助服务、“体育文化进社区”、“鼎天鬲地•受命北疆3060进社区”、“歌赞祖国敬英雄•传送祝福献重阳”专题文化会演等一系列活动，不断丰富社会服务内容，满足居民服务需求。

在社工队伍建设方面，房山区注重加强职业培训和制度规范，推进社工队伍职业化、规范化建设。从2009年开始，房山区每年举行一系列社区工作者培训活动，不断提升社区工作者的工作能力。同时，房山区出台一系列规范性文件，注重加强社工队伍的规范化建设。2010年出台了《进一步规范社区工作者待遇实施细则》，2016年通过《关于进一步规范社会（区）工作者工资待遇的实施办法》《房山区社会工作者管理制度》，社区工作者工作制度不断完善。

在社会组织发展方面，房山区以“枢纽型”社会组织为重点，加强对社会组织的培育和支持，促进社会组织发展。2012年，房山区启动政府购买社会组织服务项目，涉及服务社区、促进就业、支教助学、扶老助残等领域，并举行社会组织公益行风采展示活动。2015年，为进一步总结全区“枢纽型”社会组织工作成果、促进社会组织行业交流、推动全区社会组织健康发展，房山区举办“枢纽型”社会组织认定暨社会组织建设工作会。2016年，房山区委社会工委对房山区“枢纽型”社会组织进行了日常走访，促进社会组织与街道、乡镇社区建立合作关系，开展了一系列社会组织能力提升培训。

在社会领域党建方面，房山区以提升“两新”组织党建能力和队伍能力为重点，不断加强社会领域党建工作。2010年，房山区委社会工委、区社会办对下属的19家“两新”组织157名入党积极分子进行培训。2011年，房山区召开了社会领域创先争优工作大会、社会领域第一次党员代表大会、社会领域庆祝建党92周年暨党建工作座谈会、2013年房山区社会领域党建工作会等一系列工作会，并举办了2013年度社会领域党组织入党积极分子（党员发展对象）和党务工作者培训班、社会领域十八届三中全会专题报告会等。2014年，房山区以党的群众路线教育实践活动为重点，召开了一系列会议。2015年，房山区以党建队伍能力提升为重点，举办了社区党组织书记培训班，进一步提高社区党组织书记思想政治素质和工作业务能力，不断提升社区基层党建工作水平。2016年，房山区从思想教育和能力培训两方面入手，组织“两新”组织新发展党员、大学生社工党总支全体党员和全体机关干部参观中国人民抗日战争纪念馆，举办了房山区2016年非公企业党建工作者培训班。

在志愿服务方面，房山区积极开展一系列志愿服务活动。2012年，房山区委社会工委组织大学生社工志愿者联合会成员70余人前往受灾的周口店镇黄山店村和拴马庄村开展灾后志愿服务工作。2013年，房山区委社会工委、区社会办与团区委联合组织开展主题为“让志愿走进生活•汇快乐在你身边”

的志愿服务月活动。2016 年，房山区先后组织志愿者参加 2016 春季北京国际长走大会暨第二十二届房山旅游文化节志愿活动、2016“一带一路”国际葡萄酒大赛志愿活动，举行“志愿家庭”行动计划启动仪式、“迎七一 · 促和谐”服务交流座谈会、“传承长征精神 · 重温红色记忆”纪念红军长征胜利 80 周年知识运动会暨 2016 年社工志愿服务队团队建设活动，社工艺术团“与爱同行 · 魔法课堂”项目、房山建设培训学校“幸福维修进社区”项目分别获得社会组织公益服务品牌银奖、铜奖。

（二）改革开放以来房山区社会建设取得的成就

改革开放以来，房山区从远郊区县跻身到首都发展新城，社会建设成效显著，初步形成了具有房山特色的社会建设格局。在社会治理方面，初步构建了以“网格化 +”为特色的社会治理体系。在社会事业方面，以民生为重点，教育、医疗、文化、体育等各个服务领域得到快速发展。在居民生活水平方面，居民收入水平稳步提升，社会保障体系不断完善。

1. 构建起以“网格化+”为特色的社会治理体系

从远郊区县到发展新城，随着功能的承接，房山区人口聚集趋势明显（见图 1），人口的聚集增加了社会治理的复杂度和难度。房山区结合区域发展实际，重点从“网格化 +”入手，加强精细化治理，着力构建“小政府、大社会”治理格局。尤其是近年来，深入贯彻落实上级要求，不断扩大社会治理工作的覆盖面，在网格化建设、社区服务、社工队伍、社会组织、社会领域党建等方面均取得了一定成效。强化资源整合，推动“网格化 +”行动计划，稳步推进“三网”融合，打造“天上有云，地上有格，相通相连，有人管事”的房山区特色。加强推进西潞区域性社区综合服务中心建设，利用“互联网 + 社区实体服务”模式，建立多元供给的社区服务体系。加大社会组织的孵化力度，培育专业机构，推进心理咨询服务站建设，调动社会资源开展志愿服务。

扩充社工人才队伍，落实并规范工资待遇，着力完善社工培养机制。成

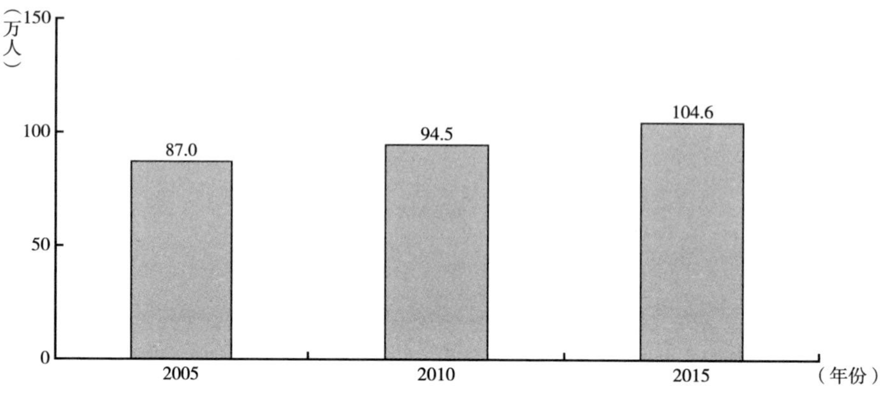

图 1 历年房山区常住人口变化

资料来源：北京市房山区统计局，《房山区 2006~2016 年统计年鉴》，房山区统计信息网，2017 年 11 月 1 日。

立房山区加强“两新”组织党的建设办公室，对建立更加科学有效的党建管理体制和工作机制进行了大胆改进和完善。以西潞街道为试点，调整优化社区基层党组织的设置，进一步整合党建工作资源。

2. 以民生为重点的社会事业全面进步

改革开放以来，房山区不断推进社会事业发展，在教育、医疗、文化等各个方面均取得了长足进步（见表 1）。特别是近年来，注重以民生工程为引领，以系列民生项目推动社会事业发展。同时，随着一系列民生工程的落实，房山区的教育、医疗、文化资源也日益聚集，水平不断提升。在教育领域，引入北京工商大学附属中学及附属小学，北京理工大学附中房山校区、万紫学校、周口店镇娄子水完全小学、五侯中心小学等项目建设有序推进，黄城根小学分校、北京十二中分校等正式开学，全区教育质量稳居郊区前列。在医疗领域，房山区良乡医院外科综合楼开工建设，房山区疾病预防控制中心及卫生监督所建设主体工程及室内外装修已全部完工，有效改善了良乡医院就诊环境。在公共服务领域，体育中心已经建成使用，房山区文化活动中心已竣工，房山区电影文化活动中心项目已获批，房山区社会福利中心正在进行主体施工，西潞、良乡大学城、石楼消防站及应急储备库、长沟、窦店人民法庭建设等工程有序推进。

表 1　历年房山区社会事业建设情况比较

指　标 \ 年　份	2005	2010	2015
专利申请受理量（件）	—	441	1449
基础教育学校数（所）	273	164	164
基础教育在校生数（人）	86675	40794	88823
公共图书馆个数（个）	2	2	2
文化馆（站）个数（个）	2	—	—
博物馆个数（个）	—	—	5
区级以上文物保护单位（处）	72	68	91
卫生机构数（个）	64	1008	954
每千常住人口医院床位数（张）	5.3	6.4	6.0
每千常住人口拥有职业医师（人）	1.7	2.2	3.0
每千常住人口拥有注册护士（人）	—	—	3.6
区级体育场馆数量（个）	14	25	25

注：基础教育学校数与在校生数均为普通中学、职业中学与小学的数量总和。

资料来源：北京市房山区统计局，《房山区 2006~2016 年统计年鉴》，房山区统计信息网，2017 年 11 月 1 日。

3. 居民生活水平和社会保障水平快速提升

改革开放以来，房山区的经济社会得到了快速发展，社会保障水平不断提升，居民生活状况得到显著改善。一方面，社会保障基本实现人群全覆盖，社会救助水平显著提高。“五险”参保工作稳步推进，养老、失业、工伤、生育和医疗保险参保人数均超额完成市级扩面征缴指标任务，各类社会保障覆盖面进一步扩大。困难群众大病医疗救助制度不断完善，多层次养老服务体系初步形成。全面开展精准扶贫，建立了分类扶持机制，探索形成了“互联

网金融 + 基层党组织 + 精准扶贫”模式。另一方面，居民收入持续增长，人民生活品质不断提高。城乡居民收入水平不断提升，城镇居民人均可支配收入从 2005 年的 15175.0 元增加到 2015 年的 36317.0 元，农村居民人均纯收入从 2005 年的 7205.2 元增加到 2015 年的 19161.0 元，城乡居民消费支出平稳增长，城镇居民人均消费性支出从 2005 年的 11648.0 元增加到 2015 年的 22742.0 元，农村居民人均生活消费支出从 2005 年的 5203.9 元增加到 2015 年的 14294.0 元（见表 2）。

表 2 历年房山区居民生活情况比较

指标 \ 年份	2005	2010	2015
城镇居民人均可支配收入（元）	15175.0	23769.0	36317.0
城镇居民人均消费性支出（元）	11648.0	15870.0	22742.0
城镇居民恩格尔系数（%）	30.8	—	
城镇居民人均居住面积（平方米）	25.0	29.3	40.1
农村居民人均纯收入（元）	7205.2	12492.3	19161.0
农村居民人均生活消费支出（元）	5203.9	8914.8	14294.0
农村居民恩格尔系数（%）	32.4	—	
农村居民人均居住面积（平方米）	34.27	42.8	38.7
公路里程（公里）	1979	2693.3	2907.6
人均公共绿地面积（平方米）	—	8.7	15.5

注：2015 年人均公共绿地面积为人均公园绿地面积。

资料来源：北京市房山区统计局，《房山区 2006~2016 年统计年鉴》，房山区统计信息网，2017 年 11 月 1 日。

三 从重点事件看改革开放以来房山区社会建设的特点

房山区地处首都西南部，社会建设与城区相比起步较晚，萌芽于县改区之后，发展于卫星城和新城建设时期，成熟于区委社会工委和区社会办成立之后。县改区之后，房山区的发展跟上了北京市的步伐，社会建设体制逐步完善。卫星城和新城建设时期，房山区出台了一系列发展规划，为社会建设的发展提供了重要指引，促进了社会建设的快速发展。区委社会工委和区社会办成立之后，房山区社会建设体系更加完善，社会建设逐步向制度化、规范化方向发展。

（一）县改区促进了房山区社会建设体制的完善

1986 年，房山县和燕山区合并为房山区，为房山区社会体制改革吹响了号角。一方面，房山区制定了政治体制改革第一步实施方案，优化了政府部门结构。撤销了区委、区政府的重叠对口部门，由 9 个部门减少到 6 个；调整区政府有关职能部门，理顺职能部门之间的关系，区政府委、办、局调整后有 17 个；调整了区政府所属单位党的工作机构，逐步撤销 35 个委、局的党委或党组，分别建立机关党总支或党支部，隶属区直机关党委。另一方面，房山区的重点职能部门相继成立，先后成立了环境卫生管理局、文明城市建设协调委员会、文化文物局等职能部门，工作体系进一步完善。

（二）卫星城和新城建设促进了社会建设的快速发展

从 1990 年房山区提出全区政治、经济、文化中心逐步东移良乡以来，房山区的社会建设实现了快速发展。1993 年，良乡、房山被确定为北京市卫星城之一，《良乡卫星城总体规划方案》得到批准，2000 年《良乡卫星城总体规划》得到批复，2007 年《房山新城规划（2005—2020 年）》得到批复。该规划从生态发展、区域发展、产业发展、人居发展四个方面为房山区的新城发展指明了方向，也为推进“一点三区”建设奠定了重要基础。

（三）统筹领导部门的成立促进了社会建设的制度化发展

2009 年，房山区委社会工委、区社会办正式成立。这标志着房山区社会建设进入了部门统筹领导的发展新阶段，社会建设的内容更加丰富，社会建设将进一步向制度化方向发展。2010 年，房山区成立区社会建设工作领导小组，由区委书记担任小组组长，进一步完善了社会建设工作机制。2011 年，房山区召开社会服务管理创新试点工作会议，会议印发《房山区社会服务管理创新试点工作指导意见》，推进社会服务管理创新试点工作有序开展。2012 年，房山区制定出台《房山区社会建设工作考评办法（试行）》，加强对社会建设相关单位的考评和管理，提升社会建设成效。2014 年，房山区召开全面深化改革领导小组社会事业与社会治理体制改革专项小组第一次领导小组会，完善了社会事业与社会治理体制改革专项小组的制度体系。2016 年，房山区通过《关于进一步规范社会（区）工作者工资待遇的实施办法》，进一步完善社工工作体系。

四 关于房山区社会建设未来发展重点的思考

《北京城市总体规划（2016 年—2035 年）》明确了房山区的重要目标和任务。对于房山区来说，社会建设要结合区域特色，围绕《总规》提出的目标与任务，从加强生态建设、优化民生服务、全面深化改革等方面着手，不断提升区域可持续发展能力，加快推进“一点三区”建设。

（一）以环境治理为工作重点，提升生态建设水平

房山区作为生态涵养区的重要组成，其在生态建设方面要进一步加大治理力度，改善城乡环境，筑牢生态屏障，以国家生态保护与建设示范区建设为重要着力点，打造西南部重点生态保育及区域生态治理协作区。

首先，持续加大污染治理力度。持续推进削减燃煤工作，基本实现平原地区无煤化。全力推动完成新城集中供热中心清洁能源改造、涿州至房山供热主干管网、农村平原地区无煤化、燃煤锅炉清洁能源改造等工程。严格控制机动车污染，加大老旧机动车淘汰力度，推动公交、环卫等行业提高新能源车使用比例。全面治理扬尘污染，重点开展“三尘”及“三

烧”治理行动。

其次，持续改善城乡环境。以顺利通过国家卫生区复审为契机，实施拱辰、西潞等重点区域环境提升工程；对十渡景区、窦店发展区、青龙湖北部发展区、良乡镇府前、基金小镇和互联网金融安全示范产业园等进行环境整治和综合提升。以市级美丽乡村创建为契机，打造一批美丽乡村。改善区内水环境，完成长阳、窦店、琉璃河等黑臭水体治理工程和截污项目，积极推动大石河水环境综合治理工程。保持打击违法建设高压态势，确保新增违法用地、违法建设“动态清零”。

最后，持续筑牢生态屏障。落实国家生态保护与建设示范区实施方案，从生态保护、休闲宜居、城乡统筹等方面稳步推进试点区建设。加快琉璃河湿地公园、青龙湖森林公园建设进度，启动霞云岭国家森林公园、琉璃河大遗址公园项目。完成蒲洼、南郊、霞云岭等生态小流域治理工程，进一步推进太行山绿化、京津风沙源治理等重点工程。继续实施矿山生态修复工程，推进景观农业、美丽农田建设，打造绿色房山生态品牌。

（二）以民生保障为工作重点，提升人民群众幸福感

党的十九大报告明确提出，要提高保障和改善民生水平。因此，在推进社会建设的过程中，房山区要抓住民生和保障两大重点，加快推进社会治理创新，使人民获得感、幸福感、安全感更加充实、更有保障、更可持续。

首先，抓好就业和社会保障工作。把促进就业作为民生工作第一要务，继续完善创业就业政策体系，加强三级公共就业服务网络建设，不断增强社会公益性组织促进就业的功能，有条不紊地推进临聘人员管理体制改革。建设区级养老服务指导中心，构建“区、街、居”三级养老服务网络，打造“医养结合”模式，鼓励社会投资参与，积极探索 PPP[①] 模式。继续推进社会

① PPP，即政府和社会资本合作。

保险标准化先行城市建设，稳妥推进机关事业单位养老保险制度改革和城乡居民医疗保险制度整合工作，妥善处置好转居安置人员社保工作，不断提高各项社会保险待遇水平。

其次，扎实推进公共事业发展。持续完善公共服务教育体系，积极推进窦店、石楼、河北等幼儿园及中小学风雨操场建设工程。深化卫生服务体系建设，加快武警医院长阳分院、良乡医院外科综合楼等工程建设，推进房山区中医院良乡院区项目。积极推进区电影文化活动中心和乡镇文体中心建设，加快区社会福利中心、窦店法庭、长沟法庭、石楼消防站等社会事业项目建设进度。

最后，创新社会治理和维稳工作。严格落实安全生产责任制，完善隐患排查治理体系，推进全区“安全生产动态监管平台”建设和应用。强化食品药品安全监督，防止重大食品药品安全事故发生。提升统筹协调和应急处置水平，提高市民防灾减灾能力。完善社会矛盾多元调解体系，健全人民调解、行政调解、司法调解相结合的矛盾调解机制。加强社会治安综合治理，提高反恐防恐能力，严厉打击各类违法犯罪活动，坚决维护和谐稳定的良好局面。

（三）以全面深化改革为重点，优化区域发展环境

党的十九大报告明确了全面深化改革与推进国家治理体系和治理能力现代化的关系，即后者是前者的目标之一。对于房山区来说，全面深化改革的两大重点在政务服务与公共服务。

一方面，要深化“放管服”改革，提升政务服务水平。全面推进“双随机、一公开”[①]工作，进一步规范监管行为，提高行业监管和依法行政水平。继续做好市级取消和下放行政审批事项的衔接落实工作。继续推进权责清单的编制公开工作，规范部门权力运行行为，推动法治政府建设。深入推进商

① “双随机、一公开”，即在监管过程中随机抽取检查对象，随机选派执法检查人员，抽查情况和查处结果及时向社会公开。

事制度改革，提高工作效率。着力推进投资项目审批制度改革，落实市级在交通基础设施、污水处理设施和棚户区改造等重点领域与重点项目“一会三函”[①]等审批流程优化工作。

另一方面，推进公共服务领域改革试点，提升公共服务能力。以公交、园林、水务、燃气等公共服务领域改革为重点，深入对接社会资本，通过市场化手段加强和优化公共服务。积极探索教育教学改革，创新人才培养教育模式。做好深化医药卫生体制改革工作，加快公立医院综合改革、分级诊疗和三项医疗服务价格放开进度。加大政府购买服务力度，拓宽政府购买服务渠道，为人民群众提供高质量、高效率的公共服务。

① “一会”是指区政府召开会议集体审议决策；“三函”是指前期工作函、设计方案审查意见、施工意见登记书三份文件。

生态涵养区

第十三章　门头沟区社会建设回顾与展望

改革开放以来，门头沟区作为首都生态涵养发展带的重要组成部分，社会建设工作稳步推进，经历了三个阶段，从理顺体制机制，重组重要职能部门，到出台多个规划与政策，部署全区社会建设工作，再到成立社会建设与管理工作领导小组，推进社会保障工作。发展理念与发展模式不断创新，公共服务体系不断完善，社会治理创新不断推进，和谐社会建设取得明显成效。下一步，门头沟区要按照党的十九大报告与《北京城市总体规划（2016 年—2035 年）》的要求，重点从提升社会治理水平、激发社会组织活力、加强社区治理体系建设、构建门头沟区社会建设和社会治理评估体系、积极推动社会工作者专业化职业化发展等方面着手，加快推进全区社会建设。

一　门头沟区是首都生态涵养发展带的重要组成部分

《北京城市总体规划（2016 年—2035 年）》（以下简称《总规》）提出了构建“一核一主一副、两轴多点一区”城市空间结构。其中，“一区”是指“生态涵养区”，包括门头沟区、平谷区、怀柔区、密云区、延庆区，以及昌平区和房山区的山区，是北京的生态屏障和水源保护地，是环境友好型产业基地，是保证北京可持续发展的支撑区域，是北京市民休闲游憩的理想空间，同时也是京津冀协同发展格局中西北部生态涵养区的重要组成部分（见图 1）。

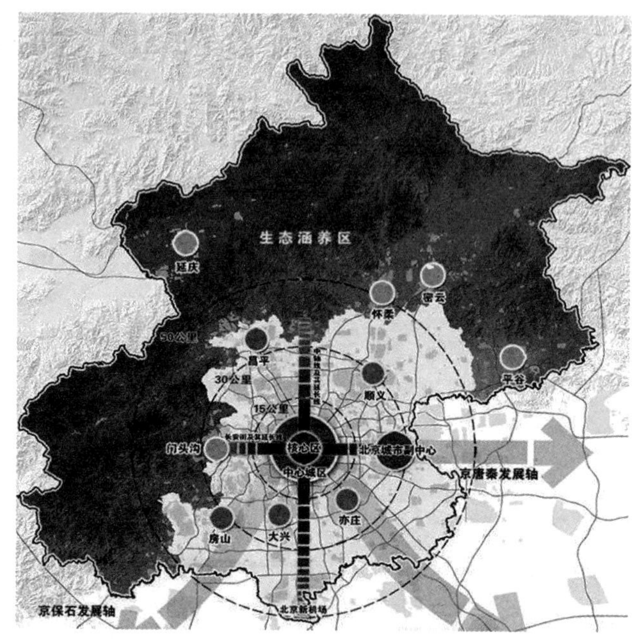

图 1 北京城市空间结构

《总规》明确指出，生态涵养区是首都重要的生态屏障和水源保护地，也是城乡一体化发展的敏感区域，应将保障首都生态安全作为主要任务，坚持绿色发展，建设宜居宜业宜游的生态发展示范区、展现北京历史文化和美丽自然山水的典范区。

《总规》明确了门头沟区的功能定位，即首都西部重点生态保育及区域生态治理协作区、首都西部综合服务区、京西特色历史文化旅游休闲区。门头沟区将推动生态涵养、旅游文化、科技创新“三大功能”的有机融合，加快建设宜居宜业宜游的现代化生态新区，为北京建设国际一流的和谐宜居之都做出更大贡献。

（一）建设成为首都西部重点生态保育及区域生态治理协作区

《总规》提出，门头沟区、平谷区、怀柔区、密云区、延庆区，以及昌平区和房山区的山区，是北京的生态屏障、水源保护地和“大氧吧”，是保障首都可持续发展的关键区域，要充分体现“绿水青山就是金山银山”，将保障首都的生态安全作为主要任务。而《北京城市总体规划（2004年—2020年）》对门头沟区的定位是引导发展文化娱乐、商业服务、旅游服务等功能。相比之下，新版《总规》更加强调城市建设对自然环境的尊重，顺应山形水势，强化建筑体量控制，严控浅山区建设行为，形成城景合一、山水互动的特色风貌。

（二）全力建设首都西部综合服务区

沟域经济是门头沟区在落实区域功能定位、推进山区产业结构调整过程中探索提出的一种经济发展模式。长期以来，门头沟区传统的山区经济发展模式只有两种。一是资源开采型，就是“靠山吃山，靠水吃水，富眼前，毁自然”，留下无穷后患，是不可持续的发展方式。二是封闭自然型，就是“日出而作，日落而息，靠天吃饭，靠地温饱”，产业纵向无延伸、横向无融合，是无法致富的发展方式。

曾经因挖煤、发展黑色经济而起的门头沟，正在实现产业结构“腾笼换鸟”式的华丽蝶变。近年来，门头沟区结合首都战略定位和区域功能定位，将沟域经济发展纳入山区整体开发规划，切实改善民生、培育新的经济增长点、优化区域产业结构、带动生态环境统筹建设，在沟域中大力发展生态旅游、特色林果、高新技术、文化创意和高端服务产业，有效加快山区发展方式的转变。在推进沟域经济建设中，门头沟区坚持生态优先、高端低碳，突出特色、富农惠农，政府主导、市场运作等原则，采取政策集成、资金聚焦等措施，积极引进社会资本参与沟域开发，每年有计划地打造一条重点特色沟域。

早在2011年，门头沟区便出台《首都西部综合服务区规划》（以下简称《规划》），将按照生态涵养发展区和首都西部综合服务区的功能定位，加快建设新城区，规划发展浅山区，保护涵养深山区，重点发展旅游文化休闲产业，为整个城市提供差异化的服务。按照《规划》的未来发展方向，商务服务、高新技术等新型生态友好型产业将陆续入驻长安街西延长线周边及石龙开发区。

（三）着力打造京西特色历史文化旅游休闲区

门头沟将挖掘京西特色的历史文化底蕴，通过文化、旅游、金融等产业的有机融合，塑造以永定河文化为底蕴，以京西自然山水为底色，且现代化新城与生态小镇、传统村落交相辉映的特色风貌，着力打造京西特色历史文化旅游休闲区（见图 2）。

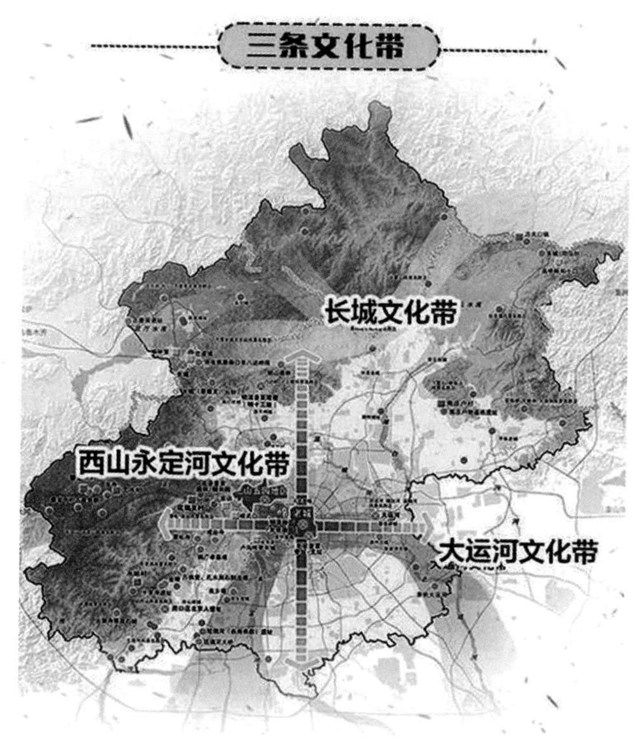

图 2 北京三条文化带示意

一方面，发挥区域旅游资源和文化资源优势，打造潭柘寺、妙峰山等一批高端旅游文化项目，打造永定河文化节等一批京西文化品牌，推进旅游文化资源品牌化建设。另一方面，探索引入社会资本对景区、农村资源进行改造，推进旅游文化资源标准化建设。同时，注重历史文化的保护与传承，加大文物保护修缮力度，积极推广优秀传统文化。

二　改革开放以来门头沟区社会建设历程与成就

改革开放以来，门头沟区作为生态涵养功能区，社会建设稳步推进。随着改革开放的不断深入，我国经济社会发生了深刻变化，门头沟区管理部门也走过了从恢复、发展到成熟的历程。随后，门头沟区出台一系列重要的规划及文件，为社会建设发展提供遵循。2008 年后，门头沟区成立社会建设与管理工作领导小组，推进社会建设工作。全区社会建设水平不断提高，社会治理体系逐步完善，居民生活水平不断提升。

（一）改革开放以来门头沟区社会建设基本历程

1. 第一阶段（1978~1990年）：理顺体制机制，重组重要职能部门

中共十一届三中全会前后的拨乱反正，是中华人民共和国历史进程中实现由乱到治的一个重大转折阶段。拨乱反正在十一届三中全会之后全面展开。1983 版《北京城市总体规划》是改革开放后北京市编制与实施的第一版城市总体规划，也是城市规划建设在经过一个较长混乱时期后“拨乱反正的纲领性文件”。门头沟区在恢复社会建制和稳定社会秩序的过程中，先后成立了恢复环境保护办公室、人民检察院、农业区划委员会、司法局、政协、街道工作办公室、文化局、卫生管理局等职能部门，各个领域工作逐步恢复并有序运行。

1978 年 4 月，成立门头沟区环境保护办公室，主要职责是开展以水、气污染治理和“三废”综合利用以及永定河水源保护等工作。1978 年 8 月，恢复门头沟区人民检察院。1979 年 3 月，门头沟区革委会成立农业区划委员会，并设办公室，在区划委员会的领导下开展工作。1981 年 1 月，成立门头沟区

司法局，主管法制宣传、人民调解、律师和公正事务等。1981 年 3 月，区政协正式成立。1981 年 3 月，门头沟区人民政府街道工作办公室成立。1981 年 6 月，门头沟区法律顾问处正式挂牌开展律师业务。1981 年，门头沟区成立区文化局。1982 年 2 月，成立环境卫生管理局，负责管理城镇地区环境卫生，领导三个清洁队的工作，第一清洁队负责道路清扫，第二清洁队负责垃圾清运，第三清洁队负责公厕保洁和维修。1984 年，建立由 34 名市容监察员组成的市容监察大队。1984 年，门头沟区成立“五讲四美三热爱”活动委员会，下设办公室，为副处级单位。1985 年 1 月，为进一步加大环境保护工作力度，将原门头沟区环境保护办公室变更为门头沟区环境保护局，并配备专职领导，工作人员由 9 名增至 17 名。1985 年 8 月，北京市工商联门头沟办事处正式成立，系北京市工商业联合会的派出机构。1986 年，成立区绿化办公室，统筹协调和管理城镇的绿化工作。1986 年，区图书馆新馆建成，建筑面积 3373 平方米，藏书 8.5 万册。1987 年，门头沟区规划局成立。1990 年 7 月，门头沟区成立“维护妇女儿童合法权益协调小组”。

2. 第二阶段（1991~2007年）：以规划为引领，推进全区社会建设工作

从 20 世纪 90 年代起，门头沟区坚持以规划为引领，全面推进社会建设工作。1991 年 1 月，门头沟区委召开五届九次全体（扩大）会议，认真贯彻党的十三届七中全会精神，全面总结了本区“七五”期间的工作，确定了“八五”期间全区经济和社会发展的指导思想、奋斗目标与主要任务。1996 年 6 月，门头沟区委、区政府印发《关于全面实施科教兴区战略，加速科学进步和经济社会发展的决定》，制定了鼓励科技进步的一系列优惠政策。1998 年，门头沟区建立和完善基本养老保险社会统筹与个人账户相结合的制度。1999 年，区委、区政府下发《关于推进门头沟区社区建设的意见》，将社区建设纳入全区经济与社会发展的总体规划。2002 年 10 月，门头沟区实施农村最低生活保障制度，制定《门头沟区农村居民最低生活保障制度实施细则》。同年，实施《门头沟区城市特困人员医疗救助暂行办法》。2003 年，《门头沟区域规

划及门城卫星城总体规划》编制完成。该版规划对门头沟区的区域定位“是北京市的生态旅游区和旅游、度假、休闲疗养区，也是首都西部山区绿化保护带的重要组成部分”；将门城卫星城的性质确定为“集旅游、休闲、居住、综合服务、高新技术环保型产业为一体的现代化生态山城”。2004 年 3 月，区政府召开全区公共卫生建设工作会议，提出了加强“一个机制、四个体系”建设的目标。2005 年 4 月，区政府委托北京市城市规划设计研究院编制《门头沟新城规划》。本次规划目的是围绕建设现代化新山区这个总目标，形成现代化生态山城建设框架，社会主义新农村建设取得明显进展，全面实施和谐门头沟建设。2007 年，分别制定《农村特困人员医疗救助实施意见》《关于深化社区建设创建和谐社区实施方案》。同年，召开门头沟区社区卫生工作会议，制定《门头沟区关于加快发展社区卫生服务的实施方案》，并完善基础设施，拓展服务功能，推进社区改革，建立运行机制。

3. 第三阶段（2008年至今）：完善领导组织体系，统筹推进社会建设工作

2008 年后，中国经济社会快速发展，人民生活继续改善，就业紧张局面有所缓解，国家对教育、医疗、社会保障的财政投入大幅度增加，社会秩序总体稳定。门头沟区结合区域社会建设基本现状，先后成立了社会建设与管理工作领导小组、北京市门头沟区社会建设工作领导小组、区委社会工委委员会、社会建设工作办公室，以完善的工作机制推进社会建设工作。同时，门头沟区注重结合地区需要，重点在推进社会保障、加强社区用房规范化建设、提升全区社会建设社会化水平等方面开展工作。

完善社会建设与管理工作领导机制，统筹推进社会建设工作。2009 年 2 月，根据市委、市政府、市编办有关精神，经区委、区政府研究决定，成立北京市门头沟区社会建设工作领导小组、中共北京市门头沟区委社会工委委员会、北京市门头沟区社会建设工作办公室，撤销区社区建设工作领导小组及其办公室和区委街道工委。4 月，全区四街九镇全部成立了社会工作党委，

建立起市、区、街镇三级联动的社会领域党建工作管理体系，成为全市首家实现街镇社会工作党委全覆盖的区县。2013 年 3 月，建立区委社会建设工作体系，成立了由常务副区长任组长、主管区领导任副组长、相关部门主要领导任成员的社会建设工作体系领导小组。领导小组下设办公室，办公室设在区委社会工委、区社会办。4 月，区社会建设工作领导小组办公室出台了《区级社会建设专项支持资金管理办法（试行）》和《关于加强社区建设专项资金使用和管理的通知》，对区级和社区社会建设专项资金的使用管理进行规范。7 月，门头沟区正式启动街道改革工作。

推进社会保障工作。2008 年，门头沟区继续推进社会保障工作，提高农民养老、医疗保障水平，结合实际提高城乡居民的最低生活保障标准。加强农业实用技术和职业技能培训，推动农村劳动力就业实现有序转移。自 2009 年起，区政府每年设立退离居委会老积极分子专项慰问资金，按照每人每年 500 元的标准执行，具体慰问工作由区社会办负责落实。2011 年，门头沟区专门为社区工作者设立每年 5 万元的继续教育专项经费，支持社工继续教育工作。

启动社区用房规范化建设工作。从 2009 年 6 月起，根据市社会建设工作领导小组办公室统一安排，分三批推进社区用房规范化建设工作。2010 年，对门头沟区条件成熟的 19 个社区进行规范化建设，建设方式以新建、改扩建、装修改造、购买等方式为主，投资 3340 余万元，改造后的办公和服务用房达到 350 平方米的要求。2013 年，第三批社区用房规范化建设项目启动，两个社区纳入市级项目，未纳入市级项目的 21 个未达标用房由区财政投入 6000 万元予以解决。

提升全区社会建设社会化水平。2010 年 7 月，门头沟区认定首批区级“枢纽型”社会组织，分别为区总工会、团区委、区妇联、区科协、区残联、区文联、区红十字会。2011 年 12 月，门头沟区首家专业社会工作事务所成立，区委社会工委、区社会办、区妇幼保健院在龙泉花园举行门头沟区康馨社会工作事务所揭牌仪式。2012 年 11 月，门头沟区首家商务楼宇党群工作站揭牌仪式在石龙经济开发区举行。2013 年 10 月，门头沟区探索以政府采购模式购买社会组织服务，为下一步推广政府购买社会组织服务模式打下基础。2013 年 11 月，门头沟区出台了《门头沟区社会组织“星火工程”实施方案》。通过“筑渠引流”、“集凤筑巢”和社会组织“两化”三项工程，着力统筹整合区级“枢纽型”社会组织服务，引进专业化社会组织，鼓励在街道、社区建立“阳光坊”“阳光驿站”“能人工作室”，为社会组织搭建平台、提供支持。

（二）改革开放以来门头沟区社会建设取得的成就

1. 公共服务和社会治理融合发展

发展理念与发展模式不断创新。门头沟不断深化公共服务和社会治理发展理念，积极探索公共服务和社会治理创新发展的新模式、新路径，取得了一系列显著成效。通过统筹规划、系统设计，形成了具有门头沟特色的社会建设体系框架，成立并逐步完善门头沟区社会建设工作领导小组，建立联席会议制度、项目推进机制、督查督办机制、考核评价机制以及资金保障机制。相继建立了社会建设工作体系和城市管理工作体系，配套建立了工作体系的对接会商机制、季度督办机制和街道例会机制，增强了社会建设和城市管理合力。统筹推进政务服务大厅、民生服务大厅以及“智慧门头沟”发展，打造了标准统一、有机衔接、综合高效的公共服务工作体系。创新社会服务管理模式，建立为民服务信息平台，为各类人群提供全天候、全方位、全程跟踪式服务，实现了政府公共服务、社区生活服务、社会志愿服务的有效衔接，探索建立了全民参与的新型网格化社会服务管理体系。创新 12 类人群服务管理模式，2012 年，12 类人群服务管理模式被评为“中国幸福城市社会治理创新调查活动”24 个最佳案例之一。深化街道管理体制改革，推动农村社区化管理，成立永定、龙泉两个地区办事处，推动城市管理、社会服务和社会治安“三网合一”。

社会治理创新不断推进。门头沟围绕加强和创新社会治理、完善网格化社会服务管理体系、增强街道统筹协调功能等，相继出台了一系列政策文件，完善了社会治理的政策体系，明晰了社会治理体系的改革重点和改革方向。成立“大工委”和地区管理委员会，在社区成立“大党委”，强化街道在辖区的主体地位，构建政府派出机构、驻区单位、各类社会组织等多元主体协商参与的区域化党建工作格局。社区党组织、社区居委会、社区服务站职能进一步优化，构建了社区党建、社区自治、社区服务“三位一体”的工作格局，形成了以社区党组织为领导核心、以社区居委会为主体、以社区服务站为依托、以业主委员会等社区社会组织为补充、驻社区单位和组织协同配合、社区居民广泛参与的现代社区治理结构和新型社区服务管理体系。制定《深化“六型”社区创建全面提升社区建设水平实施方案》，到 2015 年共创建市级“六型”社区 57 个。社会组织承接政府服务职能的领域不断扩大，公众参与的意识不断提升，党建工作在推动社会治理创新、凝聚社会治理合力方面的作用不断增强。

和谐社会建设取得明显成效。不断完善人民调解、行政调解、司法调解联动的工作机制，积极化解矛盾纠纷，实现全区信访矛盾“总量减少、增量也减少”。群众依法表达自身诉求，通过法律手段维护合法权益的意识不断增强。设置专职安全员，全面加强生产、交通、消防、食品药品等安全管理，建成防汛抗旱指挥平台、森林防火指挥平台和病虫害防治中心。强化流动人口服务管理，制定人口规模控制方案，将人口调控任务纳入镇街、部门考核，上下联动做好流动人口管控工作，取得了明显成效。深入开展“零刑事发案社区”、“无讼村落”、“平安校园”、打击非法盗采、安全生产、交通安全等平安创建活动，群众安全感等多项指标达到 10 年来最高水平。

2. 社会事业取得全面进步

改革开放以来，门头沟区的科教文卫体事业获得了快速发展（见表 1）。2016 年，申请专利 604 件，基础教育学校 39 所，村居文化室 228 个，图书馆馆藏总量达到 89.9 万册，重点文物保护单位 84 处，医疗卫生机构 252 个，实有床位 2863 张，全区卫生技术人员达到 3532 人，体育健身场地 10 个，组织区级比赛 48 次，参加市级以上比赛 26 项。人均拥有公共资源量呈现逐年上升趋势。

表 1　历年门头沟区社会事业建设情况比较

指标＼年份	2005	2010	2015
专利申请受理量（件）	—	—	300
基础教育学校数（所）	71	—	39
基础教育在校生数（人）	21818	22187	18814
公共图书馆个数（个）	—	—	1
文化馆（站）个数（个）	13	—	—
文物保护单位（处）	92	—	—
卫生机构数（个）	34	—	252
每千常住人口医院床位数（张）	8.83	9.14	11.5
每千常住人口拥有职业（助理）医师（人）	3.14	—	4.67
每千常住人口拥有注册护士（人）	3.05	—	5.78
体育场地数（块）	—	—	10

资料来源：北京市门头沟区统计局，《门头沟区 2006—2016 年统计年鉴》，门头沟区统计信息网，2017 年 11 月 1 日。

3. 社会民生实现持续改善

2016 年，城镇居民人均可支配收入 45872 元，比上年增长 8.3%；人均消费性支出 32977 元，比上年增长 9.9%，恩格尔系数为 24.6%。农村居民人均可支配收入 21861 元，比上年增长 8.4%；人均消费性支出 20271 元，比上年增长 6.8%，恩格尔系数为 22.1%。

在劳动和社会保障方面，截至 2016 年末，城镇登记失业率为 4.3%；年末实有城镇登记失业人员 3891 人，6305 名城镇登记失业人员实现就业。全区养老、失业、工伤、医疗和生育保险参保人数分别比上年增长 1.3%、1.3%、1.7%、6.8% 和 1.7%。城乡最低生活保障应保尽保，城镇、农村居民最低生活保障人数分别达到 5639 人、1810 人，农村五保人数为 328 人。

三　从重点事件看改革开放以来门头沟区社会建设的特点

改革开放以来，门头沟区在落实《总规》和市级部署的同时，发生了一系列重大事件，成立门头沟区规划局，推进乡镇建设工作，编制《门头沟区域规划及门城卫星城总体规划》，成立门头沟区社会建设与管理工作机构等。一系列重点事件的发生既反映了门头沟区社会建设内涵的不断丰富，也极大地推进了社会建设各项工作进程，对门头沟区的整体发展具有重要影响。

（一）落实《首都标准化战略纲要》，推动社会治理标准化

1. 工作机制持续完善

门头沟区积极贯彻落实《首都标准化战略纲要》，发布《门头沟区关于贯彻落实〈首都标准化战略纲要〉和〈北京市“十二五”时期标准化发展规划〉的实施意见》，成立由主管区长任组长的标准化工作领导小组，建立联席会议制度。设立门头沟区标准化工作专项资金，并列入区财政预算。积极发挥标准化领导小组的作用，每年召开由各镇、街、委办局参加的联席会议，部署标准化年度工作任务，开展标准化专题培训，探讨标准化工作方案，初步形成“区政府主导、标准化主管部门牵头、相关委办局共同推动、社会各界广泛参与”的公共服务与社会治理标准化工作的良好局面。

2. 标准实施取得成效

按照《首都标准化战略纲要》要求，各相关单位认真贯彻落实教育、旅游、社保、民政、市政市容等社会治理和公共服务重点领域的国家、行业、地方标准，取得了良好效果，在加强社会治理和公共服务相关单位规范自律、诚信经营、健康发展等方面发挥了重要作用，获得政府、行业和民众的广泛认可。

3. 监督检查得到强化

门头沟区加强标准化监督检查工作，建立健全商品条码行政执法专项检

查工作机制，规范商品条码的应用，加强监督检查工作，依法查处违反《商品条码管理办法》行为，有效规范了商品条码的应用。在元旦、春节期间，依据北京市地方标准《烟花爆竹安全、级别、类别和标识标注》（DB11/358-2013）进行检查，严查伪造级别、类别等违法行为。开展地理标志产品保护专项检查，根据京白梨地理标志产品季节性特点，每年 9~10 月对纳入京白梨地理标志产品保护范围的 4 个镇 10 个种植专业合作社开展检查，严查违规使用地理标志违法行为，保护门头沟特色农产品。

4. 区域性规范实现突破

作为北京市辖区，门头沟区标准化工作思路主要集中于国家、行业、地方标准的贯彻落实。2014 年，在科学分析、深入论证的基础上，门头沟锐意创新，稳步推进养老服务标准化建设，发布实施《门头沟区养老服务业管理规范》和《门头沟区养老照料中心管理规范》两项区域性规范，作为门头沟区公共服务与社会治理领域的首批区域性规范，这两项规范不仅细化了国家、地方标准的相关要求，提升了针对性，也为门头沟区在公共服务与社会治理领域建立协调完善的规范体系提供了示范。

（二）完善统筹领导体系，以社会领域全域党建统领社会建设

2009 年 2 月，门头沟成立区委社工委和区社会办。在“一委一办”成立之后，门头沟社会建设得到了快速发展。尤其是，门头沟区形成了以区域化党建为基础的社会领域全域党建模式，加快推动以党建统领的社会建设工作。一方面，完善区域化党建组织体系，形成以街道工委、社区党委为领导，以基层党组织为辅助，统筹街道、社区资源，以党建工作引领社会建设工作的组织体系；另一方面，创新区域化党建工作机制，通过定期例会、考评机制等制度创新，提高区域化党建成效，进而提升党建统领的社会建设工作成效。另外，注重创新区域化党建工作形式，不断丰富党建工作内容，充分发挥党建工作在社会建设工作中的统领带动作用。

（三）以规划为引领，推进区域绿色转型与社会治理进程

2003 年，中央与北京市相继部署了西部地区低端产业陆续退出的任务，包括石景山区、门头沟区、丰台区、房山区。2005 年，国务院和北京市先后成立了首钢搬迁调整工作协调领导小组。随后，为加强对首钢搬迁和西部地区发展的领导，北京市成立了首钢地区规划建设及产业调整工作领导小组，并出台了针对西部发展、首钢工业区改造的一系列专项规划和政策，为西部地区发展提供了良好的政策环境。

门头沟区抓住首钢搬迁与西部发展政策优势，积极落实北京市关于推进西部发展的政策与规划，在推进区域绿色转型发展和社会治理方面取得了重要成果。近年来，门头沟区 GDP 实现了稳步增长，民生事业得到持续改善，居民收入水平不断提升，生态环境逐步恢复。

四　关于门头沟区社会建设未来发展重点的思考

《北京城市总体规划（2016 年—2035 年）》明确了门头沟区的功能定位：门头沟区是首都生态涵养发展带的重要组成部分。从社会建设来看，门头沟区要以生态文明建设的功能定位为总体指导，重点从社会治理创新着手，以良好的社会秩序和社会环境，促进生态文明建设与社会建设的协调发展、融合发展。

（一）坚持以人为本，提升社会治理水平

提升社会治理水平，构建社会主义和谐社会的根本目的，是提高社会治理水平、提升居民幸福度。这既是科学发展观的核心，也是党坚持全心全意为人民服务的根本宗旨的体现。对于门头沟区来说，创新社会治理体系，提升社会治理水平，推进治理能力现代化，必须以人为核心，关注民生、保障民生。通过社会治理体系创新，切实解决与居民密切相关的生、老、病、死、

衣、食、住、行等多方面的问题。最终实现人与自然、人与社会的和谐发展，实现党与国家构建社会主义和谐社会的目标。

（二）进一步激发社会组织活力

1. 推动政府职能转变

按照中央、北京市的总体部署，积极推进政府职能转变，建设服务型政府并推进事业单位改革，不断创新事业单位体制机制。政府应将重心向制定大政方针、完善法律法规、加大财政投入、创新社会组织管理、统筹协调社会组织服务转移，把直接的服务放手给相应的服务机构，从繁杂的日常工作中解脱出来。

2. 有序推动社会组织政社分开

梳理全区各类社会组织，推动社会组织在机构、职能、管理等方面与政府机关分离，明确独立法人地位，转变管理方式，同时纳入政府购买服务范围，促进社会组织自我发展。

3. 加强社会组织人才队伍建设

将社会组织人才队伍建设纳入门头沟区年度重点工作，拓宽社会组织领军人物政治参与渠道。加强社会组织专业化、职业化骨干队伍建设，完善社会组织人才队伍的培训体系，研究探索社会组织人才队伍分级分类薪酬制度和考评制度，加强对优秀社会组织的宣传，提升社会组织建设的认同度。

（三）加强社区治理体系建设

1. 完善和修订《居民自治公约》

鼓励社区以解决社区内的难点、热点问题为导向，完善和修订《社区居民自治公约》。充分发挥党员的带头引领作用，动员居民积极参与《社区居民自治公约》的完善和修订工作。加大社区自治宣传力度，积极鼓励社区通过制作居民自治宣传手册、举办文艺演出等活动，向居民广泛宣传社区自治的目的和意义、社区自治的基本原则、社区居民自我服务的内容等知识，提高社区居民参与社会治理意识，实现社区居民自我教育、自我管理、自我服务、自我监督。

2. 继续深化“参与式”社区治理模式

创新社区自治模式，建立社区多元参与工作机制。拓宽社会成员参与社区建设的渠道，构筑由社区党组织、居委会、居民、业主委员会、物业服务企业、驻社区单位、社会组织等主体共同参与的多元参与机制，提高社区治理水平。

3. 坚持以问题为导向，积极破解社区管理难题

通过推行“社区自治 + 社区多元共治”模式，围绕社区难点、热点问题，重点解决社区停车难、环境差、无物业小区服务管理缺位、基础服务设施破损等问题。围绕社区公共事务和公益事业，重点解决社区互助服务和志愿服务等便民利民问题。围绕社区居民需求，重点解决居民文化和教育需求、居家养老需求、健康需求等方面的问题。

（四）构建门头沟区社会建设和社会治理的评估体系

为了维护社会和谐稳定，提升民生保障水平，推进民主治理，开展社会建设和社会治理状况评估已经是改革发展的趋势。一方面，可以引导社会治理创新和社会治理改革的正确方向。建立科学合理的考核评估指标，有利于政府明确在社会治理中的角色定位与职责边界，使政府管理向治理转型。另一方面，可以反映社会秩序、社会保障、民生改善等客观因素，找出社会建设和社会治理中存在的薄弱环节，政府可及时调整相关政策，从而改善社会发展和社会治理效果。

（五）积极推动社会工作者专业化、职业化发展

1. 完善岗位设置

促进社工专业化、职业化发展，专业社工要完善“条块结合、以块为主”的管理办法，遵循每 20 位服务对象配备 1 名社工的原则，如不满 20 人，则按照以一类服务对象为主，兼顾其他服务对象的标准，确定工作人员及工作

量。同时厘清服务对象，明确不同岗位社工的职责分工，把社工从烦琐的日常工作中解脱出来，使其在专业领域发挥作用。

2. 加强业务提升

鼓励社工参加学历进修、全国（助理）社工师和心理咨询师考试，通过此类考试的，给予一次性奖励。按照社工的学历、职称、工龄、工作绩效等合理设置工资标准。

3. 改进考核办法

专业社工的工作重点是提供服务对象思想教育、就业服务、家庭矛盾协调、困难救助等服务。考核社工工作时，一是注重对服务对象工作过程及结果的实绩考核，考评个案的质和量，并结合服务对象和群众的公认度进行综合考核；二是将社工个人的考核与各级责任部门相挂钩，既考核社工本人，也考核主管部门、乡镇（街道），比如将社工工作业绩发展与街道社会治安综合治理和社会治理绩效挂钩，以促进工作资源向社会工作倾斜。

第十四章　平谷区社会建设回顾与展望

改革开放以来，平谷区作为首都生态涵养区的重要组成部分，社会建设工作稳步推进，发展理念与发展模式不断创新，公共服务体系不断完善，社会治理创新不断推进，和谐社会建设取得明显成效。下一步，平谷区要按照党的十九大报告与《北京城市总体规划（2016 年—2035 年）》的要求，重点从创新社会治理、拓展区域绿色生态空间、强化社会工作队伍建设等方面着手，推进区域社会建设。

一　平谷区是生态涵养区的重要组成部分

《北京城市总体规划（2016 年—2035 年）》明确了平谷区的功能定位，应建设成为首都东部重点生态保育及区域生态治理协作区、服务首都的综合性物流口岸，特色休闲及绿色创新发展区，这为平谷区下一阶段的区域发展指明了基本方向。

（一）建设成为首都东部重点生态保育及区域生态治理协作区

新版总规对平谷的首要功能定位是“首都东部重点生态保育及区域生态治理协作区”。2016 年 12 月，平谷区在党代会上提出了生态立区的发展主线。[①]2017 年 11 月，平谷区召开第五届人民代表大会第三次会议。会议专题报告提出：新版总规对平谷的首要功能定位是“首都东部重点生态保育及区域生态治理协作区”。这要求平谷区必须进一步保持定力，把生态文明建设摆在更加突出的位置，抓牢抓好“生态立区”这条主线，发扬“钉钉子”精神，常抓不懈、久久为功，夯实生态发展基础，使生态成为平谷发展的“金字招牌”。

（二）全力建设服务首都的综合性物流口岸

一方面，平谷区有物流功能优势。平谷区内建有北京海关平谷办事处、公共保税库及配套设施，在区内可办理各种进出口业务。有可供成片开发的建设预留用地，与周边城市的距离适中，是承担首都海陆联运口岸物流功能的最佳地区之一。目前，平谷正在积极筹建京东国际“保税物流中心”，完善北京地区的口岸物流功能，满足现代企业的物流需求，拉动外向型经济持续、快速增长，推进全区工业化进程。

另一方面，平谷区有打造服务首都综合性物流口岸的契机。依托地方铁路的交通优势和马坊物流基地的规划优势，平谷主动对接中铁特货运输有限责任公司和轿铁物流上海有限公司，开展战略合作，先行先试，利用平谷地方铁路开通商品运输班列，谋划构建辐射全市乃至河北、天津地区的铁路物流新节点。此次商品运输班列的开通，也开启了平谷地方铁路服务首都乃至京津冀地区的新篇章。

（三）着力打造特色休闲及绿色经济创新发展示范区

大力推进绿色发展，倡导绿色生产和低碳生活，强化约束指标管理，加快建设环境友好型社会，打造绿色低碳生态家园。坚持绿色发展。推进生态产业化，依托平谷生态优势，积极探索生态资源产业化的新模式，大力发展

---

① 平谷区第五次党代会报告，《立足新定位谋划新未来　为高水平实现“两个率先”而努力奋斗》。

有机生态循环农业、生态林业、生态旅游等绿色产业，打造平谷绿色名片。积极参与碳汇交易，促进森林资源在提供生态服务的同时实现一定的经济价值。实现产业生态化，积极调整经济结构，加快改造提升传统产业，提高现代服务业产值和就业比重，培育壮大绿色产业体系。以节能增效和生态环保为抓手，强化技术改造，淘汰落后产能，推广应用低碳技术，实现产业升级和结构优化。实施最严格的环保准入标准、排放限值和能耗准入标准，做到“上建生态顶棚”“下设生态门槛”“中间念生态紧箍咒”，确保任何产业都不能破坏生态环境。在重点行业、重点区域开展循环经济试点，探索建立循环型的农业、工业、服务业体系。推进立体化“种养结合”的农业建设模式，优化种植业和养殖业的空间布局与时间安排，推广沼气利用、农林废弃物综合利用等农业生物质资源循环利用，重点建设西柏店生态村庄。全面推进工业企业生产循环化改造，逐步推进兴谷开发区、马坊工业园区、马坊物流园区循环化建设。

全面促进资源节约。加强对区域土地利用的统筹和管控，加强土地资源保护，调整建设用地结构，依法依规利用闲置土地，盘活存量建设用地，探索应用节地技术和模式，提高土地利用的集约化水平。加强用水需求管理，促进人口、经济与水资源相均衡。优化用水结构，提高水资源利用效率和再生水利用比例。严格限制新上高耗水项目，大力推广工业节水新技术、新工艺、新设备。实施农业高效节水灌溉和小型农田水利项目，降低农业用水量。做好节水宣传，增强人们节约用水意识，鼓励使用节水器具。到2020年，全区用水总量达到市级要求，单位地区生产总值水耗降幅15%以上。深入推进节能降耗，强化能源消费总量和能耗强度双控管理。以持续提高能效水平为核心，促进节能低碳技术研发应用，全面强化工业、建筑、交通、公共机构、居民生活等重点领域节能减排，推广节能建筑、绿色交通、低碳环保产品，加快构筑以低碳为特征的工业、建筑、交通体系。提高能源统计、计量和监测能力。加强生态文明教育，引导公众不断增强生态文明意识和责任意识，推行低碳生产生活方式，倡导文明、节约、绿色、低碳消费观念，鼓励绿色出行，培育壮大低碳产品的消费市场，推动节约型社会建设。

加快推广清洁能源。构建以电力、天然气为主，地热、太阳能等为补充的清洁能源体系。实施电网建设“2561”工程，构建智能化电网体系，保障供电安全。提升全区燃气气化率，东高村、夏各庄、南独乐河、金海湖、大华山已实现气化。全面实施“煤改电”“煤改气”工程，大幅压减燃煤总量，城区和乡镇中心区实现生活“零用煤”，生产全部实现“无煤化”，推动农村地区“新能源、新农村、新生活”试点建设。推广地热、太阳能等新能源应用，因地制宜地推动太阳能光伏电站建设。

二　改革开放以来平谷区社会建设历程与成就

改革开放以来，门头沟区作为生态涵养功能区，社会建设稳步推进。随着改革开放的不断深入，我国经济社会发生了深刻变化，平谷区管理部门也走过了从恢复、发展到成熟的历程。随后，召开多个专项工作会议，确定社会建设努力方向。2001 年，国务院批复北京市撤销平谷县设立平谷区。在此阶段，平谷区出台一系列城市建设规划，使社会建设有所遵循。2008 年后，平谷区成立区委社会工作委员会，推进社会保障工作。全区社会建设水平不断提高，社会治理体系逐步完善，居民生活水平不断提升。

（一）改革开放以来平谷区社会建设基本历程

1. 第一阶段（1978~1989年）：理顺体制机制，重建重要职能部门

1978 年，成立平谷县科学技术协会，农口各局按系统成立学会，农业局成立农学会。1980 年，设立平谷县革命委员会计划生育办公室、环境保护办公室，平谷医药卫生学会成立。1983 年，各公社分别召开人代会，建立乡人民政府，改变公社“政社合一”的体制，实现党政分开。1984 年，县政府文化科撤销，成立平谷县文化文物局，平谷县文化工作全部由县文化文物局统

一管理。同年，成立平谷县残疾人协会，县教育局成立中小学卫生保健所，开展系统、正规的卫生保健工作，成立“五讲四美三热爱”活动委员会办公室并与“平谷县爱国卫生运动委员会办公室”合署办公。1987年，平谷县规划管理局成立。1989年，实行计划生育双轨目标管理责任制，即县政府将生育指标逐项分解下达给21个乡镇政府，县计生委将工作指标逐项分解下达给各乡镇计生办，实现各乡村支部书记、村主任、计划生育干部层层实施的目标管理体系。同年，成立平谷县人才交流服务中心，与人事局科技干部管理科合署办公，成立县精神卫生保健所。

2. 第二阶段（1990~2000年）：以专项工作会议推进社会领域建设工作

1990年8月、10月两次召开全县规划管理工作会议，对县城、乡镇公路两侧及宅基地审批方面提出了12条要求，并提出城镇建设十年工作目标，加大了管理力度。1991年1月4日，县政府召开县城规划会议，初步拟定县城10年总体规划方案。6月8日，中共平谷县七届二次全委扩大会议召开，专题研究发展职业教育问题。12月6日，县委召开社会主义教育工作动员大会。1992年3月11日，县委召开党建工作会议。县委决定，从1992年起，建立和推行干部的诫勉制、聘任制、测评制、责任制、交流回避制、推荐制、挂职锻炼制、谈心谈话制、讲评制、培训制等10项制度。4月14日，县人大召开依法治村工作会议。7月17日，县委召开依法治县工作会议。1993年1月15日，县委、县政府召开1993年农村工作会。3月21日，召开全县体育工作会议。6月10日，县委、县政府召开环境保护工作会议。8月19日，县委、县政府召开房改工作会议。1994年8月4日，县委、县政府召开综合治理、加强村镇建设动员会。1996年5月10日，召开平谷县体育工作会议。县政府和各乡镇、县直单位签订了争创全国体育先进县责任书。1997年4月15日，召开平谷县体育工作会议。1998年4月15日，平谷县召开体育工作会议。1999年3月12日，县委、县政府召开全县农业工作会议。

3. 第三阶段（2001~2008年）：撤县设区，出台城市建设规划文件

2001 年 12 月 30 日，国务院批复北京市撤销平谷县设立平谷区。2002 年，平谷区制定《关于建立和实施农村居民最低生活保障意见》，从 7 月 1 日起对农村居民实行最低生活保障，保障标准为每人每年 1000 元。2003 年，区教委启动“教学和教学管理改革年”行动计划，明确改革要始终贯彻“五个坚持”的指导思想，提出了改革的“十个策略研究课题”，囊括了教学管理工作研究的各个方面，触及了教学及教学管理改革本质性和深层次的问题。2004 年，编制完成《平谷区域及新城总体规划》《平谷新城概念性整体城市设计》《平谷区城市环境建设规划》，以及物流园区起步区规划和控制性详细规划，峪口、马坊、马昌营、东高村等镇域总体规划。同年，出台《平谷区中学法制教育工作意见》。2006 年 1 月 11 日，平谷区第二届人民代表大会第三次会议通过《平谷区国民经济和社会发展第十一个五年规划纲要（草案）》。2007 年 1 月，《平谷新城规划（2005—2020 年）》获市政府批复。批复指出：平谷新城是北京近期规划的 11 个新城之一，是北京东部的都市型工业、现代制造业、物流及休闲度假基地；是北京东部发展带的重要节点，是京津发展走廊上的重要通道之一。2008 年，平谷区出台《关于加强就业再就业工作的扶持办法》。

4. 第四阶段（2009年至今）：成立“一委一办”，全面推进社会建设

2009 年 1 月 9 日，平谷区机构编制委员会办公室正式批复成立中共北京市平谷区委社会工作委员会和平谷区社会建设工作办公室。1 月 15 日，平谷区社会建设工作领导小组正式成立。4 月 2 日，举行平谷区社会建设工作会议暨平谷区委社会工委、区社会办揭牌仪式。7 月 15 日，区委副书记、区社会建设领导小组组长刘军主持召开平谷区社会建设工作领导小组第二次工作会议，研究讨论《平谷区加强社会建设工作的意见》《平谷区社区管理实施意见》《平谷区社会工作者管理办法》《平谷区关于社会领域党建工作的实施意见》《平谷区社会组织建设与管理的实施意见》《平谷区关于推进社区规范化建设试点工作的

实施方案》等规范性文件。8月24~26日，在区委党校举办社区工作者全员培训班，区委副书记刘军出席动员大会并讲话。10月28日，平谷区委社会工委召开社区党员任楼（单元）长工作会议，对在全区推行此项工作进行部署。10月29日，为进一步提高非公企业党组织负责人的理论水平和业务素质，建设一支高素质的党组织负责人队伍，平谷区委社会工委在区委党校举办为期一天的非公企业党组织负责人培训班。11月30日，区委副书记、平谷区社会建设领导小组组长刘军主持召开了平谷区社会建设领导小组第三次会议。根据社会建设领导小组会议讨论的意见，《关于明确平谷区社会建设领导小组成员单位的通知》《平谷区非公有制企业党建工作暨"五个好"党组织考评办法》等八个文件修改完善后以区社会建设领导小组文件名义发文执行。2010年4月21日，平谷区召开全区社会建设大会。5月27日，召开"五个好"社区党组织创建活动工作部署会。11月19日，平谷区区长办公会讨论通过《关于进一步规范社区工作者工资的实施意见》。2011年3月31日，社区工作专题会议召开，重点研究部署了2011年社区党建和信息化建设工作、社区规范化建设和"一刻钟社区服务圈"建设试点工作、推进社区基本公共服务工作、社区社会组织和志愿者队伍建设工作，并就抓好工作落实提出了具体的措施和要求。7月11日，区委书记邱水平在区委二层会议室召开专题会议，研究平谷区社会建设工作。9月28日，平谷区召开社区商业便民服务全覆盖工作推进会。2012年3月5日，平谷区委社会工委召开社会领域党组织负责人工作会议，对2012年党建工作重点进行了部署。6月12日，为全面落实北京市网格化社会服务管理体系建设推进大会精神，平谷区召开推进网格化社会服务管理体系建设工作会议。9月7日，区社会办组织召开规范型社区创建工作推进会。

（二）改革开放以来平谷区社会建设取得的成就

1. 社会发展更加和谐稳定

就业和社会保障体系逐步健全。"一产员工化""绿岗就业""一对一就业服务"等多项精细化就业促进措施效果明显，全区城镇登记失业率控制在3%

以内。建成以区级养老机构、镇级养老照料中心为主体，以社会养老机构为补充，以社区养老设施、村级养老餐桌为特色的养老设施服务体系。五项社会保险征缴额持续增长，新农合参保率保持在 99% 以上。

公共服务水平迈上新台阶。区医院、中医院硬件环境大幅改善，医疗技术水平不断提高，分别成功获批郊区首家三级医院、三甲中医医院。顺利推进学前教育三年行动计划和中小学三年行动计划，引进北京师范大学附中、东交民巷小学等优质教育资源，北京实验学校挂牌招生，教育条件明显改善。大力实施文化惠民工程，群众文化活动丰富多彩。成功举办全民健身体育节等活动，体育人口比重达到全市标准。

城市管理和服务能力不断提升。网格化社会服务管理体系实现街道全覆盖，"一刻钟服务圈""六型"社区建设稳步推进，食品药品监管网络不断完善，治安、交通和生产安全管理体系逐步健全。

2. 社会事业取得全面进步

平谷区的教育、科技、文化、卫生、体育等各领域社会事业取得全面进步（见表 1）。在教育事业方面，学校发展更加规范。在科学技术方面，专利数量逐年上升，高新技术企业数量也快速增长。在文化事业方面，图书馆藏书量稳步增长，文化队伍发展迅速。在卫生事业方面，卫生机构、卫生技术人员均实现快速增长。在体育事业方面，体育场馆、体育设施发展迅速，并在各类比赛中取得了较好成绩。

表 1　历年平谷区社会事业建设情况比较

指标＼年份	2005	2010	2015
专利申请受理量（件）	—	—	—
基础教育学校数（所）	127	69	63
基础教育在校生数（人）	55400	32900	28200
公共图书馆个数（个）	1	1	1

续表

指标 \ 年份	2005	2010	2015
文化馆（站）个数（个）	—	—	1
博物馆个数（个）	—	—	—
文物保护单位（处）	—	—	35
卫生机构数（个）	85	115	437
每千常住人口医院床位数（张）	—	—	—
每千常住人口拥有职业（助理）医师（人）	6.03	9.52	—
每千常住人口拥有注册护士（人）	—	—	—
体育场地数（块）	233	245	364

资料来源：北京市平谷区统计局，《平谷区2006~2016年统计年鉴》，平谷区统计信息网，2017年11月1日。

3. 社会民生实现持续改善

人民生活方面，截至2016年，全年全区居民人均可支配收入达到30768元，比上年增长8.5%。其中，城镇居民人均可支配收入38080元，增长8.4%；农村居民人均可支配收入21866元，增长8.5%。全年全区居民人均生活消费支出20578元，增长8.4%。其中，城镇居民人均生活消费支出24539元，增长9%；农村居民人均生活消费支出15755元，增长7.2%。

就业方面，截至2016年，全区年末实有城镇登记失业人数2607人，比上年末增加17人。城镇登记失业率为2.8%，与上年持平。城镇登记失业人员就业人数7651人，增加469人。

社会保障方面，截至2016年，养老、工伤、医疗、失业和生育保险扩面指标完成率分别为110.1%、109.9%、107.9%、105.6%和107.7%。城乡居民养老保险续保率为98%。企业退休人员基本养老金最低标准为1714元，同比增加105元。职工最低工资标准为1890元，增加170元。

2016年末，全区共有各类收养性单位33家。年末在院人数1338人，同比增加26人。享受城乡居民最低生活保障人数6534人，减少1699人。

三 从重点事件看改革开放以来平谷区社会建设的特点

改革开放以来，平谷区实现了飞速发展。从平谷区社会建设的历程来看，撤县立区、国家森林城市建设、2020 年世界休闲大会等重点事件对于平谷区社会建设具有重要的推动作用，为平谷区推进国际一流的和谐宜居之都建设奠定了重要的基础。

（一）撤县立区，优化了社会保障和服务体系

2002 年，平谷撤县立区是国务院和北京市委、市政府根据首都城市发展规划做出的一项重要决策。撤县立区是平谷经济社会发展到一定阶段的必然结果，标志着平谷区的发展达到了区级规划水平，同时也为平谷区的进一步发展提供了必要的条件。撤县立区之后，平谷区的社会建设得到快速发展，社会保障体系和公共服务体系不断完善，社会保障水平和公共服务水平得到明显提升。

（二）启动国家森林城市建设，推进了绿色富民进程

平谷区委、区政府紧紧围绕建设国际一流和谐之都的目标，抓住举办“世界休闲大会”的契机，启动开展了国家森林城市创建活动。一方面，平谷区在城区、山区、平原等各个区域推进绿化建设，全区绿化面积持续增加，绿化覆盖率不断上升。另一方面，平谷区充分发挥生态资源优势，引导农民发展生态经济，培育龙头企业，推进生产基地、旅游基地建设，实现了变森林为“绿色银行”的发展新路径。

（三）备战2020世界休闲大会，加快了生态平谷建设步伐

世界休闲大会于 1988 年创办，每 2 ～ 3 年举办一次。平谷是北京的后花园，位于京津冀重要节点位置，森林覆盖率达 66.3%，拥有 22 万亩桃园，在生

态环境、旅游资源、区位优势等方面具备承办世界休闲大会的先决条件。举办 2020 世界休闲大会、世界休闲产业博览会和北京休闲大会等系列活动，有助于平谷区集聚政策、资金、人才等资源，打造休闲旅游主导产业，带动生态、基础设施、文化、公共服务等的整体提升，提高国内外知名度，实现更高质量的发展。

2013 年，北京开始准备申办工作；2015 年 1 月，国务院批准北京市政府关于申办 2020 北京 · 平谷世界休闲大会的请示。同年，完成《申办报告》编制工作，并且得到世界休闲组织的高度评价。最终，平谷赢得了 2020 年的举办权。

本次大会主题为“休闲提升生活品质”。围绕大会，平谷区将大力发展休闲产业，制定“山水、农业、运动、文化、养生、音乐”六大休闲主题。到 2020 年，将形成“1+4+N”办会模式（1，金海湖镇为主会场；4，以北山、乐谷、农业、文化为特色的四个分会场；N，系列活动衬托）。

四 关于平谷区社会建设未来发展重点的思考

目前，平谷区社会建设水平与城区存在较大差距。为了抓住京津冀协同发展的重大机遇，承接行政副中心的高端要素转移，以及承担部分城市功能以及国际交往、会议会展等职能，打造生态文明先行示范区，下一阶段，平谷区需要在创新社会治理体系、健全社区治理体系、强化社会工作队伍建设等方面重点开展工作。

（一）创新多元参与、法治保障的社会治理体系

完善党委领导、政府负责、社会协同、公众参与、法治保障的社会治理体制，是党的十九大报告提出的明确要求，也是平谷区推进社会治理体系创新的基本方向。首先，完善网格化社会治理模式，推进社会治理精细化，为多元参与、部门协同搭建共治平台。其次，完善“枢纽型”社会组织工作体

系，加大政府购买服务力度，积极引导社会力量参与社会治理。再次，健全维护群众权益的长效机制，拓宽群众诉求表达渠道，完善社会矛盾调解机制。最后，以“平安平谷”建设为重点，完善社会治安防控体系，健全突发事件的预防预警和应急处理体系，构建城乡一体化和区域联动的“大安全”管理机制。

（二）健全完善社区治理体系

社区是社会治理的基本单元，也是协商民主实践的基本单元。因此，社区治理体系的构建既要体现社会治理，也要实践协商民主。对于平谷区来说，这也是需要把握的两大重点。从社会治理层面来看，需要重点厘清政府治理与社区治理的边界。政府需主要承担社区的行政事务和对社区工作的指导任务，可以通过设立社区综合服务站、派遣社区专干等强化对社区行政事务的管理，通过设立社区综合管理办公室、社区事项管理审批等形式加强对社区工作的指导。社区主要负责自治事务，通过社区居民委员会等加强社区自治。从协商民主实践来看，将协商民主与社区自治相结合也是当前社区治理的一大发展趋势。平谷区可以借鉴各地实践经验，构建以社区党委为领导机构、以社区成员代表大会为决策机构、以社区居委会为执行机构、以社区议事会为议事机构的参与型协商治理模式，实现协商民主与社区自治的有效融合。

（三）强化社会工作队伍建设

各级领导要重视社会工作人员的发展，把培养发展社会工作人员纳入社会领域年度工作任务。要研讨培养发展社会工作人员的方式方法，让想干事的人有机会，能干事的人有平台，会干事的人有地位。

一方面，完善人才工作机制。建立社会工作人才的准入制度。从学历、能力等方面制定用人标准，上岗人员需取得社会工作者职业资格证书并通过一系列专业培训，逐步建立持证上岗制度。对刚接触社会工作行业的工作人员，必须进行相关培训，了解工作任务后再上岗。对正在工作的社会工作人员，需要严格按照相关规定，参加继续教育活动，建立培训档案，并将其作为评职称、考核晋升的必要条件。建立科学合理的绩效考核机制。参照当前事业单位绩效工资改革，对全区社会工作人员进行普查，并分类、定级、定岗、定编，明确各级岗位职责和任务分工，建立绩效考核体系。不断加大财政投入，保障社会工作人员的福利待遇，参照平谷区事业单位工作人员、居民平均工资等标准，建立相应的薪酬体系，并逐年提高待遇水平。

另一方面，完善社会工作人才的使用机制。如何正确使用社会工作人才是我国社会工作的重点和难点问题。要以按需定岗为原则，由相关的机关事业单位、社区和民间组织研究讨论如何设定社会工作人才的岗位。根据所需岗位要求，设计不同的等级、数量，明确岗位职责与任职条件。

第十五章　怀柔区社会建设回顾和展望

怀柔区作为首都北部的生态涵养区，是保障首都实现可持续发展的关键地区，其社会建设工作在服务和保障首都功能及推动地区发展方面发挥着不可替代的作用。自改革开放以来，怀柔区社会建设实现了跨越式发展，在促进城乡一体化、提高公共服务水平、改善地区民生等工作方面不断取得进步。

2017 年发布的《北京城市总体规划（2016 年—2035 年）》，进一步明确了首都各区在新时期的战略定位，怀柔区作为北京重要的郊区，发展潜力巨大，要在首都大力推进发展转型的关键时期把握历史机遇，全面加强社会建设，不断强化和完善城市功能，为服务和保障首都功能积极做贡献。

一　怀柔区在首都发展中的战略定位

怀柔区在首都发展中的功能定位为生态涵养区，是首都重要的生态屏障，在地理位置上又处于京津冀的衔接地带，是推动首都可持续发展和京津冀协同发展的重要支撑力量，未来怀柔区将继续以生态建设为核心，全面推动地区社会建设各项事业的发展。

（一）怀柔区是首都北部的生态涵养区

怀柔区总面积为2122.8平方公里，区内山、林、水资源丰富，全境山区面积占比高达89%，海拔在1000米以上的山有24座，区内4级以上河流有17条，大小水库22座，年水资源总量占全北京市水资源总量的1/5，区地表水质量达到国家二级标准，拥有全国绿化模范城市、国家级生态示范区、国家级可持续发展综合实验区等荣誉称号，是保障首都可持续发展的关键地区。怀柔区自身优越的生态环境条件赋予其首都生态涵养区的城市功能定位，是首都生态安全和首都饮用水源的重要保障区，作为首都北部的绿色长城，怀柔区今后一个时期的发展要紧紧围绕首都建设国际一流和谐宜居之都的目标，坚持绿色发展和可持续发展，以生态建设和生态保护为引领带动地区发展转型，努力建设首都宜居宜业宜游的生态发展示范区。

（二）怀柔区要建成服务国家对外交往的生态发展示范区

怀柔区优越的自然生态条件和便利的交通条件为其打造国家对外交往功能的高端承载区提供了极佳的环境基础，以会议会展、旅游文化、影视和科技方向为主，怀柔区充分结合区域先天自然生态优势，努力建设服务国家对外交往的生态发展示范区。自1995年举办世界妇女大会以来，怀柔区致力于建设“国际会都”的目标逐渐清晰。以雁栖湖国家生态发展示范区为例，近年来怀柔区在怀柔雁栖湖国际会议会展中心先后举办了APEC会议和北京国际电影节等国际性高端会议。通过建设建强怀柔区作为首都国际交往的窗口功能，不断带动地区旅游业和服务业的发展，带动了地区道路、网络等配套基础公共服务设施的改造升级和完善，推动了城市整体环境品质的不断提升。

（三）怀柔区要建成绿色创新引领的高端科技文化发展区

怀柔区作为北京远郊区之一，其城市化发展水平与首都功能核心区和主城区之间还存在着很大的差距，随着怀柔区进入经济和社会发展转型的深度变革期，走绿色高端发展道路已经成为实现地区可持续发展的必然选择。怀柔区应充分借助和利用北京疏解非首都功能的契机，坚持绿色创新发展理念，一方面，淘汰和转移一部分不符合首都标准的企业，为地区产业调整和优化提供广阔的空间，促进“高精尖”产业和符合区域定位的绿色生态产业的发展；另一方面，有选择性地吸纳一部分从首都中心城区和核心区疏解出来的优质产业和企业，如接收一些先进的科研院所资源，为把怀柔区建设成为高端科技文化发展区提供可靠的智力支持。

二　改革开放以来怀柔区社会建设历程与成就

改革开放以来怀柔区社会建设实现了跨越式发展，在体制机制建设、城乡一体化建设、现代化社会服务管理体系建设和社会动员体系建设等方面取得了重要成果，以下通过对怀柔区社会建设历程和成果进行分阶段整理及汇总，以更好地把握其发展脉络和发展特点。

（一）改革开放以来怀柔区社会建设基本历程

怀柔区社会建设从 1978 年开始经过 40 年的长期发展，当前已经进入一个发展的全新时期，根据实践内容和工作重点的不同可以将其大致分为四个前后紧密相关且递次发展的阶段。

1. 第一阶段（1978~1990年）：确立和完善地区社会建制，促进社会建设事业迅速发展

在改革开放初期的十几年，怀柔还未设区，在行政名称上仍是怀柔县，该时期是其各项社会建制逐步建立和完善的阶段。随着各类机构和各项制度的确立，怀柔县的社会建设事业快速发展，为下一阶段社会建设工作奠定了基础框架。以 1978 年为实践起点，怀柔县对原有的行政机构设置进行了改革和调整，使其不断适应改革开放的新政策要求，服务于经济建设，改公社制

为乡制，实行党政分开，正式设立人大常委会和政协，巩固了人民主体地位，相继建立了文化局、环境保护局，突出了怀柔县对地区法治建设、文物保护和生态保护的高度重视，成立了综合整治办、居民办事处、信访办公室、退休基金统筹办公室、卫生防护中心等，这些机构的成立有力地支持了地区科教文卫事业的发展，在开展“五讲四美三热爱”活动和普法宣传教育工作方面取得了积极成效。此外，怀柔县作为北京北部偏远的郊区，城镇化水平在该时期还比较低，辖区的工作重心则主要放在农村，通过召开农村工作会议，大力发展农村经济，加大农村建设力度，加强对农村重点地区和山区的建设与治理工作，提高县区人民的整体生活水平。该时期，怀柔县通过逐步确立和完善地区社会建制，有效地维护了社会秩序，保障了社会安全，促进了地区社会建设各项事业的迅速发展。

2. 第二阶段（1991~2000年）：实施区域行政体制改革，积极推动政府职能转变

该阶段，怀柔县在前一阶段发展的基础上，大力实施地区行政体制改革，积极推动政府职能转变，通过调整和优化区域行政体制，提高政府行政工作效率和为民服务能力，更好地保障社会服务管理工作的落实，进一步推进地区城市化发展进程。怀柔县通过对全县党政机构进行改革，实现机构精简，促进政府职能转变，并对部分乡镇行政区划进行调整，以更好地适应和服务于当时经济社会的发展需求，破解行政体制弊端对经济发展形成的制约和障碍。该时期，怀柔县还成立了社会治安综合治理委员会，并将居民办事处划归于县市政管理委员会，在加强基层管理和促进居民自治方面取得了很大的进步。深入开展科教文卫体工作，有效提升地区居民的生活质量，提高了人民群众的凝聚力。该时期，怀柔县举办了两届全民运动会和两届全民健身体育节，提高了地区民众的身体素质，强化了地区民众的健康意识。怀柔县还十分重视未成年人的思想道德教育工作，通过积极开展“三结合”教育工作，大力实施素质教育。此外，怀柔县还成功举办了世界妇女大会 NGO 论坛，社会动员能力得到了极大提升，同时这标志着怀柔县迈上国际化发展的第一步。

在社会保障方面，怀柔县立足区域发展短板，通过成立囊括县、乡、村三级的社会保障协调小组，开展地区扶贫工作，通过出台针对优抚对象的医疗减免办法、统筹城镇企业职工和退休人员大病医疗保险、建立工伤保险制度、建立农村最低生活保障制度、调整城镇居民最低生活保障相关待遇标准，保障城镇和农村弱势群体的基本生活水平。生态和环境保护始终是怀柔县社会建设的重点内容。该时期，怀柔县在区域绿化和美化方面积极走在前列，被评为全国园林生态建设先进县。怀柔县通过开展环境优美月活动，成立了县城市管理义务监督大队，并充分吸收和调动地区青少年志愿者的力量，既增强了地区群众的环境保护意识，又调动了社会参与的积极性。

3. 第三阶段（2001~2007年）：推进社会建设全面深入发展，提高城市建设的整体能力和水平

进入21世纪，怀柔区持续深化行政机构改革，精简和优化机构设置，经国务院批准，2002年怀柔正式撤县设区，全区下辖12个镇和2个满族乡，不断推动城镇和农村社会建设的共同发展，通过设立龙山、泉河街道办事处，管辖怀柔城区的21个居（家）委会，进一步细化和优化了基层管理体制，厘清各部门之间的权责关系。在社会服务管理方面，怀柔区设立了综合行政服务中心、社会管理服务中心、社会矛盾调处中心，全面推行“全程办事代理制”，搭建起五级社会调处网络，切实帮助群众解决困难和问题，开展“创建平安区”活动，建立志愿者服务站工作体系，加强社会动员能力建设，推动社会服务管理创新。在农村工作方面，编制了《怀柔区推进农村城市化发展纲要》，为农村城市化工作提供了规划蓝图，怀柔区还积极推进农村管理信息化改革，努力搭建起覆盖全区的农村管理信息化工作基本框架，加快建设农村社会服务管理体系，推动区域城乡一体化发展。在科教文卫体方面，该阶段怀柔区成立了非物质文化遗产普查领导小组，重视和加强了对辖区非物质文化遗产的统计、管理和保护工作，首届中国影视文化节在怀柔举办，开启了怀柔建设“国际影城”的新征程。怀柔区继续推进社会健康事业发展，先后举办了三届全民健身节，并通过举办运动会的形式将社会健康工作推进到

企业、社区和农村。第十四届亚运会圣火采集仪式在怀柔举办，为其营造了浓厚的体育文化氛围。怀柔区十分重视地区的计划生育和人口管理工作，实行生育保险制度，推行医疗保险制度改革和社会救助工作体系建设，区卫生局卫生监督所和北京市急救中心怀柔分中心也先后成立，使地区医疗卫生水平得到大幅度提高。该时期，怀柔区发布了《怀柔区国家生态示范区建设规划》，地区生态建设和环境保护工作又迈向了一个更高的台阶，怀柔区被确定为国家生态示范试点区，并被评为“全国绿化模范城市”。

4. 第四阶段（2008年至今）：创新社会服务管理体系，大力提升城市现代化管理水平

怀柔区不断推动社会服务管理体系创新，大力提升城市现代化管理水平。在组织领导方面，2008 年怀柔区成立了社会工作委员会和社会建设办公室，并组建了社会建设工作领导小组，为深化改革时期的怀柔区社会治理和社会建设工作提供顶层设计与科学指导，通过召开社会建设大会，进一步明确该阶段社会建设的重点任务。怀柔区深入推进社会服务管理的创新实践，构建了网格化社会服务管理体系，完善了政府综合便民服务平台协调处置机制，创新了农村社会管理服务体系，探索了“融合式”村级社会服务管理新模式，促进了村级社会管理服务中心的规范化建设。怀柔区坚持党建引领社会创新，积极开展社会领域党建工作，加强社区党建和社会组织党建，启动“在职党员进社区”试点工作，充分做好社区党组织和社区居民委员会换届选举工作，推动党建工作在基层的全覆盖。在社会动员方面，怀柔区利用 2014 年筹办 APEC 会议的契机，初步搭建起全区社会动员工作体系，建立社会动员全响应、局部响应、专业响应的三种响应机制，并积极借助现代化网络信息管理体系和平台，组建社会志愿者队伍，开通区社会建设网，提供更加多元化的社会动员渠道。怀柔区还十分重视开展社会建设领域的学习和研究工作，通过创办《社会建设》报和举办专题培训班的形式，积极围绕社会治理和社会建设领域存在的问题，如社会动员体系、志愿者服务体系、社区组织管理体系等开展专题知识讲座，不断提升怀柔区社会建设的科学化水平。

（二）改革开放以来怀柔区社会建设取得的成就

改革开放以来，怀柔区在社会建设领域深入探索，大胆创新，不断积累宝贵的实践经验和建设成果，在体制机制建设、城乡一体化建设、社会服务管理体系建设、社会动员体系建设等多个方面取得了许多重要成果。

1．体制机制不断健全，社会建设的科学化水平不断提高

怀柔区通过不断推进行政机构改革，建立健全各项社会建设体制和机制，统筹推进地区社会建设事业的全面发展，使地区社会建设的科学化水平不断提高。在怀柔县行政体制改革成果的基础上，2002 年改县设区，怀柔区的正式成立，标志着怀柔社会建设进入一个全新的发展时期，将与首都发展格局和建设目标更加紧密贴合，服务和保障首都发展的功能得到进一步强化。

怀柔区以党政机构改革为推手，加快完善社会建设的各项体制机制，充分发挥党政机关对社会建设工作的统筹指导作用。一方面，怀柔区对不适合地区发展的行政机构设置和工作机制进行调整与优化，大量精简机构，不断提高政府机构的工作效率，以建设服务型政府为目标不断完善各项工作机制，提高为民服务水平。另一方面，怀柔区以党建工作为引领不断激发基层建设活力，不断加强基层党组织建设，推动基层党建工作机制创新，并根据地区发展形势，广泛深入开展社会领域党建工作，推动党在城市社区、农村和社会组织的全覆盖，构建起“项目化运作、星级化管理、联席会推进”的社会领域党建工作机制，初步形成了区域化党建新格局。

2008 年，怀柔区委社工委和社会建设办公室成立，并组建了社会建设工作领导小组，进一步完善了社会建设组织领导架构，为步入全面深化改革时期的怀柔社会建设工作提供更加科学统一的规划和指导，尤其是随着首都功能和城市总体规划的重新调整，怀柔区作为服务和保障首都可持续发展的生态涵养区，在社会建设方面要更加注重顶层设计，从首都整体发展格局出发，加强对区域发展情况的考察和研究，建立能够体现怀柔区特色的社会建设运作机制，针对城区和农村地区发展需求的不同特点，建立相应的工作体系，

积极推动社会建设体制机制创新，有力地促进城市建设和农村建设的协调共生发展。

2. 构建城乡一体化发展格局，推动城乡建设实现跨越式发展

怀柔区位于首都北部的郊区地带，被誉为北京北部的绿色长城和重要的生态屏障，优越的自然条件赋予其生态涵养区的功能定位，但同时决定了其在城市化发展水平方面与主城区之间的差距。怀柔区农业人口所占比重仍然高于非农业人口，第二产业是其经济发展的重要支柱，城乡一体化发展面临着许多问题。怀柔区在社会建设领域的深入实践和探索，为构建城乡一体化的发展格局做出了重要贡献，实现了区域城乡建设的跨越式发展。

一方面，体现在城乡居民之间的收入差距不断缩小，政府管理职能和公共服务供给能力有所强化，城乡基本公共服务均等化水平不断提高。在统筹推进城乡发展工作中，最关键的是补齐农村地区的发展短板，怀柔区通过加快推进新农村建设，广泛开展便民服务工程和项目，全面形成了较为完善的城乡居民终身教育体系、较为完备的文化体育管理与服务体系、具备较高医疗水平与医疗能力的公共卫生服务体系以及保障居民生活和就业的社会保障体系、城乡救助和社会福利体系等。“十二五”期末，全区城镇化率达到80%以上，城乡逐渐实现协调发展，城乡居民生活质量和居住环境不断改善。

另一方面，体现在怀柔区城乡发展格局的不断调整和优化。怀柔区通过持续推进地区行政机构改革，对部分乡镇进行行政区划调整，进一步加强城乡的统筹规划和发展，加快推进农村城市化发展步伐。怀柔区在地区发展规范方面获得了城市规划管理先进单位的荣誉称号。怀柔区从地区发展实际出发，在老城区改造、新城区和新农村建设领域分阶段有侧重地推进城乡社区规范统一发展，以新城为中心、重点镇为引领，辐射带动周边地区发展，以打造地区特色小镇为推手，实现城乡之间的优势互补。为强化农村建设，怀柔区不断探索城乡统筹发展的新途径，通过搭建区、街道（镇乡）、社区

（村）三级社会服务管理体系和设立村级社会管理服务中心，打造了具有怀柔特色的农村社会建设新模式，不断激发农村地区经济和社会发展活力，从而提高区域城镇化整体水平，构建和谐的城乡社会关系。相关数据如图1、表1、表2所示。

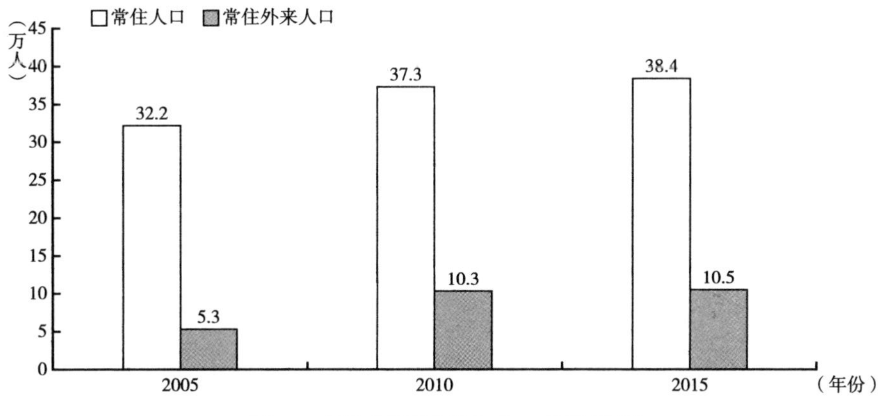

图1 历年怀柔区常住人口统计数据

资料来源：北京市怀柔区统计局，《怀柔区2006~2016年统计年鉴》，怀柔区统计信息网，2017年12月20日。

表1 历年怀柔区社会事业建设情况比较

指标 \ 年份	2005	2010	2015
专利申请受理量（件）	—	—	—
基础教育学校数（所）	—	53	51
基础教育在校生数（人）	—	34609	31031
公共图书馆藏书数量（万册）	21	47.7	67.5
文化馆（站）个数（个）	—	—	—
体育场馆个数（个）	320	2	—
文物保护单位（处）	17	17	—
卫生机构数（个）	439	175	481
卫生机构床位数（张）	1212	1377	1683

续表

指标 \ 年份	2005	2010	2015
卫生技术人员数（人）	1802	2719	3291
每千常住人口拥有注册护士（人）	—	—	—
参加市级以上体育竞赛获奖牌数（块）	141	82	100

资料来源：北京市怀柔区统计局，《怀柔区 2006~2016 年统计年鉴》，怀柔区统计信息网，2017 年 12 月 20 日。

表 2 历年怀柔区居民生活情况比较

指标 \ 年份	2005	2010	2015
居民人均可支配收入（元）	15660.7（城镇） 7201.4（农村）	26647（城镇） 12991（农村）	28595
居民人均消费性支出（元）	10549.3（城镇） 4502.4（农村）	16259（城镇） 14315（农村）	19569
居民家庭恩格尔系数（%）	29.9（城镇） 30.1（农村）	32.5（城镇） 28.9（农村）	26.2①
居民人均居住面积（平方米）	—	33.5（城镇） 42.3（农村）	38.73
全区公路总长度（公里）	1183.5	1553.83	—
人均公园绿地面积（平方米）	—	16.23	25.78

注：① 2015 年居民家庭恩格尔系数为 2014 年数据。

资料来源：北京市怀柔区统计局，《怀柔区 2006~2016 年统计年鉴》，怀柔区统计信息网，2017 年 12 月 20 日。

3. 构建网格化社会服务管理体系，城市管理效能得到显著提高

怀柔区深入贯彻和实施《关于全面加强北京市城市服务管理网格化体系建设的意见》，积极构建网格化社会服务管理体系，依托网格化工作体系，充分整合地区各类社会主体力量及资源，实现区域社会服务管理的全覆盖，利用网络化手段拓展和创新社会服务管理工作的工作平台及实现路径，有效

地提升了城市服务管理效能，不断推动城市服务管理朝着科学化和精细化方向发展。

通过构建网格化社会服务管理体系，怀柔区社会治理能力和水平得到显著提升，社会秩序更加稳定，社会关系更加和谐。网络化信息服务管理平台的搭建推动了资源和信息的共享，有助于对地区社会治理的重难点问题进行前期预判和科学研究，制定合理有效的协调解决方案，在人口管理、交通停车、生态环境保护、紧急救助等问题领域发挥了重要功能。通过织密基层社会服务管理网络，进一步优化基层社会管理体制，强化基层公共服务管理效能，推动基层政权各职能部门之间协调联动，使地区治安综合治理能力和公共服务水平大幅度提高。

怀柔区积极推进“网格化 +”城市服务管理体系建设，逐步搭建和完善了区、街道（镇乡）、社区（村）三级社会服务管理网络，基本实现了社会服务网、城市管理网、社会治安网“三网”的融合发展，使全区社会服务管理工作更加科学化、精细化和智能化。怀柔区为加快基层网格工作体系在地区的全覆盖，大力推进信息化基础设施建设工作，不断建立健全信息资源共享机制，高效扎实推进城市服务管理工作。截止到 2015 年，怀柔区 58 个社区已经实现了基本公共服务全覆盖，全区共建成 18 个市级“一刻钟社区服务圈”，服务范围进一步扩大，服务供给效率进一步提高，有利于推进平安和谐怀柔建设。

4. 搭建社会动员工作体系，有效地整合了地区建设资源

怀柔区通过建立和完善社会动员工作体系，不断推动社会协同发展和社会治理创新，积极动员和引导驻区企事业单位、社会组织、志愿者团体和群众有序参与地区社会建设和社会治理，多元化社会动员工作体系的构建有利于充分调动地区各类社会主体的参与积极性，有效整合了地区建设资源，激发了社会各类群体的创造活力，鼓励和促进了地区自治能力的发展，使社会多元主体在实践参与过程中不断协调相互之间的利益关系，逐步培养家园共同体意识，积极实行由党建统筹、政府主导、社会共同参与的社会建设模式，

基本形成了地区共建共治共享的良好局面。

怀柔区通过深入开展社会动员试点工作，探索适合怀柔区建设发展特点的社会动员工作模式，初步形成了集社区自治、社区服务、社会动员于一体的工作格局，为各类社会主体搭建多元化的参与平台，分类开展工作。通过政策优惠等手段鼓励企业更多地履行社会责任，重点做好社会组织的引导和管理工作，大力发展地区社会组织力量，成立区社会组织培育孵化基地，建立“枢纽型”社会组织级别认定体系，促进社会组织的规范化建设和发展，不断强化城市的社会服务功能。重视社会工作人才队伍建设和培养，在各镇乡成立了社会事务管理科室，在全区成立了社会工作者联合会和志愿者联合会，积极引进社会工作事务所等专业力量，并针对社区工作者、社会领域党组织负责人、社会组织负责人、农村社会管理人才等不同类别社会工作者开展专题培训，组建一支素质高、能力强的社会工作人才队伍。

怀柔区社会动员能力建设紧紧围绕地区功能定位和地区存在的实际问题，不仅高效地促进了地区重点难点问题的解决，而且在实践中创新了工作方式，如在筹办 APEC 会议等大型活动的实践中，创建了重大活动全响应、一般活动局部响应、特殊活动专业响应的社会动员三种响应机制，保障了重大活动期间社会的综治维稳工作，通过建立健全政府购买社会组织服务的长效工作机制，引导社会组织在社会建设及各类社会公益事业中发挥积极作用，有效弥补政府在社会公共服务供给方面存在的不足。

三　从重点事件看改革开放以来怀柔区社会建设的特点

改革开放以来的怀柔区社会建设实践获得了许多成功的经验和成果，随着时代的发展其社会建设工作的任务和重点也呈现阶段性变化趋势，从其中一些重点事件或亮点工作中探究其社会建设特点，更好地把握规律，可为下一阶段开展工作提供更多有益参考。

（一）通过“撤县设区”加快推进地区行政机构改革

行政体制改革是怀柔提高行政管理能力和建设服务型政府的重要举措，怀柔区通过不断深化行政体制改革，调整和优化部分行政区划，进一步推动政府管理重心下移，加强地区综合治理和源头治理，以不断适应经济发展形势的要求。怀柔区的设立使地区在行政管理体制方面实现与首都的协调一致，在城市建设方面与首都城市总体规划相契合，使地区社会建设得到科学统筹和规划。怀柔区通过大量精简机构，有效地降低了政府的行政成本，使政府的工作效率不断提高，促进了政府形象的进一步改善，实施政社分开，进一步厘清政府、市场和社会之间的关系，更好地引导各类社会主体参与社会建设，优化社会治理结构，激发基层社会建设活力，实现政府治理、社会治理和居民自治之间的良性互动。在行政监督方面，逐步建立起科学有效的权力制约和监督机制，不断加强并完善人大和政协的监督体系，同时重视发挥政府内部、人民群众和社会舆论力量的监督作用，建立健全基层民主协商议事制度，以内外监督相结合的方式，不断提高政府行政透明度，持续推进政府职能转变，加快服务型政府建设步伐。进一步完善各部门工作体系，通过调整和优化各行政职能部门之间的权责关系，整合地区执法力量，实现各部门之间的协调联动，提高了地区联合执法能力，有力地维护了社会公平正义，促进了平安和谐怀柔的建设。

（二）以社会服务管理村级融合模式促进城乡统筹发展

怀柔区创建性地提出了“融合式”村级社会服务管理模式，进一步明确了农村社会服务管理工作格局和农村社区化建设的标准，积极推动地区社会建设的统一规范化发展，农村社会服务管理能力的提升有效地弥补了区域发展短板，促进城乡一体化发展格局的形成，有力地提高了区域城镇化整体水平。社会服务管理村级融合模式是怀柔区推动农村社区发展和管理的创新实践，通过在老旧小区和新城区开展相关试点工作，搭建了统一的融合式社会管理服务工作平台，加强了农村基层民主自治建设，为进一步完善农村社会化服务体系，怀柔区通过深入实施“联乡帮村”帮扶机制，通过设立乡镇社区服务中心，逐步构建起区、乡镇、村三级联动互补的基本公共服务网络，积极鼓励和支持驻村企事业单位、社会组织等参与农村社区建设，加快推进了公共服务在农村社区的广泛覆盖，有利于实现城乡基本公共服务均等化发展，使城市服务管理职能不断强化。

（三）以生态建设为核心带动地区社会建设事业可持续发展

怀柔区优越的自然生态环境和山水资源是地区建设和发展的宝贵财富，坚持生态优先原则，实现城市建设与生态环境的协调发展是怀柔区开展各项工作的重要前提。随着首都城市发展战略格局的重新调整，怀柔区作为首都生态涵养区的功能定位得到进一步明确。怀柔区作为展示首都绿色发展的国际化窗口，要继续发挥首都北部生态屏障的功能，立足首都整体发展格局，科学制定地区发展规划，统筹城乡建设格局，以生态建设为核心带动地区社会建设的可持续发展，走内涵集约式的城市发展道路。良好的自然生态环境是怀柔区努力建设国际会都和国际影都的重要资本，怀柔区在规划地区建设和发展方面，实施“以城带乡”的空间发展战略（见图 2）。一方面，以“怀柔科学城”、雁栖湖国际会都、中国（怀柔）影视产业示范区建设为引领，不断带动周边地区基础设施的完善和社会服务水平的提高，进一步提升区域整体发展品质。另一方面，进一步优化提升城区空间发展布局，完善新城、重点镇、特色镇组成的三级城镇体系建设。充分发挥南部新城区的核心带动作用，以平原地区的发展带动和辐射北部山区的发展。

（四）以APEC会议为契机不断提升地区社会动员能力

2014 年在怀柔区雁栖湖国际会议中心召开的 APEC 会议对怀柔区社会建设具有重要的促进意义，此次会议促进了地区社会动员体系的完善和社会动员能力的提高。怀柔区牢牢把握住地区承办 APEC 会议的契机，进一步

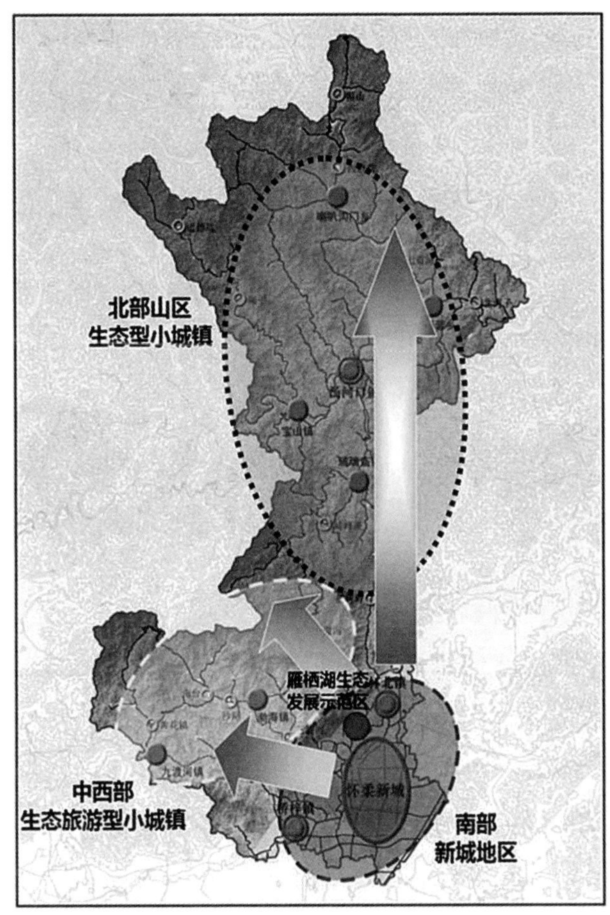

图 2　“十三五”时期怀柔区城镇体系结构

提升地区公共服务水平和地区发展品质，为充分保障会议的圆满举行，维护会议期间的社会秩序，怀柔区在实践中大胆创新，建立了重大活动全响应、一般活动局部响应、特殊活动专业响应的社会动员三种响应机制，通过积极开展社会动员宣传工作，对社会组织力量、志愿者力量、社区居民力量进行整合，发挥社会多元主体参与社会建设和社会治理方面的积极作用，如成立了市民劝导队，既有效地补充了政府公共服务资源的不足，又带动了地区整体文明水平的提高。APEC 会议不仅是对过去怀柔区社会建设成果的一次检验，同时也为怀柔区下一阶段社会建设工作的开展提供了方向。

四 关于怀柔区社会建设未来发展重点的思考

随着改革的进一步深入推进，社会多元主体利益关系更加复杂多变，社会建设工作面临的形势和问题也发生了变化，站在首都发展转型的新起点上，怀柔区未来社会建设工作任务和重点要更加突出首都功能与区域特点，始终把握首都生态涵养区的功能定位，以“科技、文化、生态”三轮驱动走可持续发展道路。

（一）深入推进街道社区改革，不断夯实城市管理的基层基础

街道社区改革是推动城市建设能力和水平提升的必要举措，影响着社会建设工作在基层的实施效果，下一阶段，怀柔区要统筹街道和社区改革，持续推动政府管理重心下移，不断提高基层社区自治能力，不断分实城市管理的基层基础。在街道改革方面，要坚持街道党工委的领导核心地位，不断巩固街道办事处在辖区管理中的综合协调作用，通过推进街道政务服务中心标准化建设和街道综合执法体制建设，采取“条块结合、以块为主”的管理方式，进一步理顺街道与各职能部门的关系，最终要有利于更好地发挥街道统筹辖区发展的功能，强化街道的综合执法能力和对社区建设的指导作用。在社区改革方面，要以建立健全社区治理体系和社区服务体系为目标，力争到2020年，基本实现社区十大服务体系的全覆盖[①]，针对不同类型城乡社区开展分类治理，逐步实现城乡社区体制的协同发

① 社区服务“十大覆盖工程”，主要包括社区就业服务体系、社会保障服务体系、养老助残服务体系、卫生计生服务体系、文化教育体育服务体系、流动人口服务体系、安全服务体系、环境美化服务体系、便民服务体系和志愿服务体系在社区层面的全覆盖。

展，努力完善“三位一体”[①]的社区治理结构，建立健全社区居委会工作体系，创建多种形式的社区事务参与机制，不断完善社区民主监督机制，加快实现社区规范化建设，积极鼓励和培育社区社会组织的发展，采取项目制管理的方式向社会组织购买服务，形成以社区为平台、社会组织为载体、社会工作专业人才队伍为支撑的社区服务管理新机制和共驻共建社会新局面。

（二）扎实推进“三网”融合发展，进一步提高城市管理的现代化水平

网格化体系的建设是推动城市服务管理工作创新的重要举措，是以现代信息技术应用为支撑，以行政区域划分网格为基础，以落实责任为核心，实现资源的高效整合和工作流程的优化再造，增强城市综合治理能力，逐步实现城市管理运行的精细化、精准化、科学化、人性化和智能化。怀柔区认真贯彻和落实《关于全面加强北京市城市服务管理网格化体系建设的意见》，坚持以人为本、服务优先的原则，加快构建覆盖全区的现代化城市服务管理网络，扎实推进“网格化 +”城市服务管理行动计划，结合怀柔自身发展定位，不断促进社会服务管理方式创新，加快推进“三网”融合发展，通过构建覆盖区、街道（镇乡）、社区（村）三级的网格化平台，加强各职能部门的协调联动，建立和完善社会治安防控体系、社会应急联动机制、虚拟社会治理体系，不断提高治理“城市病”的综合能力，为构建平安、和谐、智慧怀柔提供良好的公共秩序和安全环境。

（三）进一步完善社会动员响应机制，形成多元共治的社会治理格局

怀柔区不断建立和完善区域社会动员响应机制，提升地区社会动员能力，激发社会创造活力，形成多元共治共享的社会治理格局。在 2014 年 APEC 会

① 社区“三位一体”治理机制是以社区党组织为核心、以社区自治组织为基础、以社区服务站为依托、以社区社会组织为补充，驻区单位密切配合、社区居民广泛参与，通过区域化党建、多元性自治、开放式服务，实现社区党建、社区自治、社区服务三者有机统一的社区服务治理的组织形式与运行机制。

议期间怀柔区的社会动员能力得到充分展现，在区、街道（镇乡）、社区（农村）三级社会动员体系基础上创建了重大活动全响应机制、一般活动局部响应机制和特殊活动专业响应机制，使怀柔作为国际会都的区域特色功能得到不断强化。一方面，通过建立和完善由党委统一领导、各方分工负责、公众积极参与的社会动员工作体系，围绕区域功能定位，大力引导城乡企事业单位、社会组织、志愿者团体和社区居民等多元社会主体参与社会建设和社会治理，创新社会治理方式，丰富社会服务内容，打造具有怀柔特色的社会服务品牌。另一方面，不断培育和壮大地区社会组织力量，通过不断完善“枢纽型”工作体系，推动“枢纽型”社会组织的分类认定和科学管理工作有效落实，促进“枢纽型”社会组织规范化建设，充分发挥其对基层社会组织的指导作用，以改革和完善社会组织登记制度，调整和优化社会组织审批流程，进一步规范社会组织培育孵化基地建设，形成“一基地、多中心”的社会组织培育孵化工作网络。

（四）加强组织领导机制建设，统筹社会建设事业的全面发展

当前是怀柔区全力推进区域发展转型，全面推进“怀柔科学城、国际交往新区、影视产业示范区和生态宜居新典范”建设的关键阶段。新形势下，怀柔区社会建设工作也面临着新的问题和挑战。因此，要实现怀柔区社会建设任务和目标，保障各项具体政策的贯彻和落实，必须不断加强相关的组织领导机制建设，统筹地区社会建设事业的全面发展。具体来说，就是要始终坚持党委领导、政府主导原则，充分发挥区社会建设工作领导小组职能，加强对地区规划建设的宏观指导和监督管理，重视地区社会建设与规划和首都总体规划之间的协调衔接，把地区社会治理工作作为各级党委和政府的第一责任来抓，围绕地区重点问题治理领域开展调研工作，制定科学合理的方针对策，同时要及时总结和推广地区在社会建设实践中取得的成功经验，为统筹推进怀柔社会建设事业的全面发展，提供坚强可靠的组织领导力量和智力保障。

第十六章　密云区社会建设回顾与展望

密云地处北京东北部，生态资源丰富，是密云水库所在地，也是首都生态涵养区的重要组成部分。改革开放以来，密云区经历了恢复建制、规划引领、体系建设、网格化建设等四个阶段，社会建设成效显著。特别是在社会建设统筹部门成立之后，密云区在完善社会建设整体架构的同时，积极创新社会治理工作体系，其中“北京密云县网格化社会管理服务标准试点”被列入国家级服务业标准化试点项目。同时，密云区注重发挥自身优势，以水源保护地建设为重点不断推进生态文明建设，获得了“生态示范区试点县”“国家生态县”“水生态文明城市建设试点”“国家生态文明先行示范区”等称号。下一步，密云区要按照党的十九大报告与《北京城市总体规划（2016 年—2035 年）》的要求，结合区域特点，以“保水强区”为主题，以国家生态文明先行示范区建设为重点，从完善公共服务体系、提升民生保障能力、创新社会治理体系、科学调控人口规模等四个方面着手，全面提升区域社会建设水平，加快生态涵养区建设。

一　密云区是生态涵养区的重要组成部分

《北京城市总体规划（2016 年—2035 年）》（以下简称《总规》）明确密云区的基本定位。对于密云区来说，贯彻落实《总规》，要立足首都最重要的水源保护地功能定位，加快建设国家生态文明先行示范区、特色文化旅游休闲及创新发展示范区。

（一）首都最重要的水源保护地

密云区东、北、西三面群山环绕，作为密云水库的所在区，是首都重要的饮用水源地，也是首都最重要的水源保护地。因此，密云区要严格保护密云水库周边环境，加强密云水库周边环境监管，实现水库周边无缝隙管理。提升水环境质量，推进跨界河流断面整治，确保水质达标。全面完成库滨带生态修复、围网建设工程及潮河、白河绿色生态廊道工程，提升潮河、白河等河湖水系生态功能。以保护水源和修复生态为目标，持续推进农业面源污染控制和生态清洁小流域治理工程。实施密云水库一级、二级保护区农村污水处理工程，实现一级、二级保护区污水处理村覆盖率、处理率、再生水回用率均达到100%。全力做好南水北调的服务保障工作，实施密云水库155米高程范围内退耕禁种、“库中岛”清退和生态修复工程。

（二）国家生态文明先行示范区

2014年，密云县被确定为首批国家生态文明先行示范区建设地区。这是对密云的肯定，也是推动密云生态文明建设的新机遇、新挑战。密云将立足首都饮用水源地的功能定位，坚持生态优先，加大生态系统和环境保护力度。加大环境整治力度，提高污水处理能力，持续改善空气质量，提升垃圾处理水平。大力发展循环经济，全面推进节能减排，倡导绿色低碳理念，推进循环低碳发展。提升区域生态服务功能，构建绿色生态景观网络，建设坚实的生态屏障。按照“统一规划、联合管理、改革创新、协同互助”的原则，强化重点环节共建共治，加强生态环境保护和治理。完善生态管理制度，创新现代城市水源涵养新机制。同时，密云区“十三五”规划明确提出，要按照“绿色发展、创新发展、协调发展、开放发展、共享发展”原则，将区域划分为四大功能区，以功能区建设引领国家生态文明先行示范区建设（见图1）。

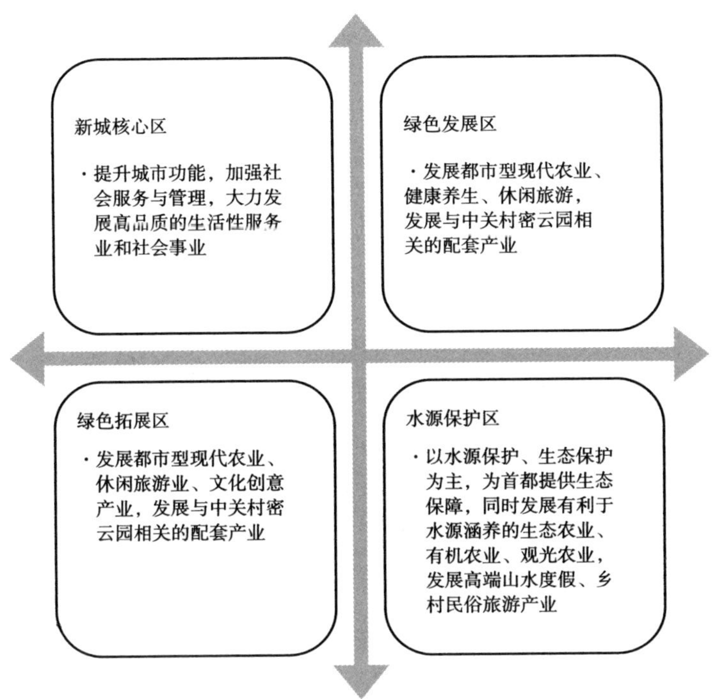

图1　密云区四个功能区

资料来源：北京市密云区人民政府，《北京市密云区国民经济和社会发展第十三个五年规划纲要》，2015年。

（三）特色文化旅游休闲及创新发展示范区

密云区要打造特色文化旅游休闲及创新发展示范区，实际上就是要构建绿色高端产业新体系。要以高端引领、创新驱动、绿色发展为理念，着力强化创新对经济发展的引领和支撑作用，构建“一园（两区）、三带、多点”产业布局（见图2），形成布局优化、特色鲜明、功能完备、辐射增强的产业发展新格局。

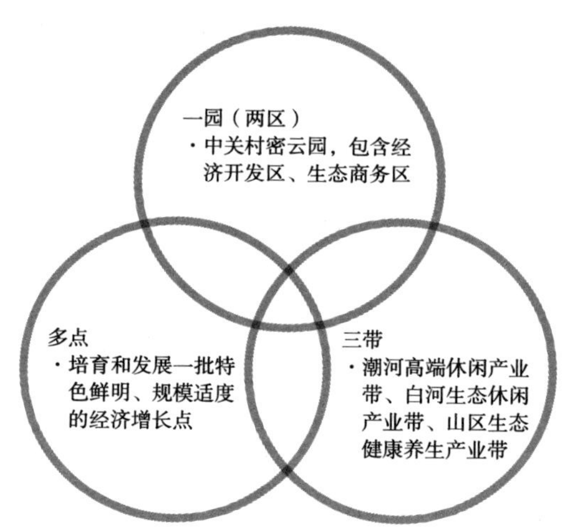

图2 密云区“一园（两区）、三带、多点”产业布局

一方面，加强绿色国际休闲之都建设。立足密云优美的生态环境、明显的区位优势和丰富的旅游资源，坚持以“绿色”为特征、以“国际”为水准、以重大项目为支撑，大力推进高端休闲旅游、健康养生及现代服务业发展，将密云建设成为生态品质优良、功能设施完备的绿色国际休闲之都。重点从强化古北水镇龙头作用，提升一批旅游产品档次，培育一批新的骨干景区，打造一批特色文化景区，积极发展健康养生产业，全面提升乡村旅游品质等方面着手。

另一方面，加强首都绿色发展示范区建设。依托中关村密云园的发展定位，以环境保护为前提，以经济开发区和生态商务区为重要载体，积极发展高端智能装备制造、新一代信息技术、生物医药医疗、节能环保、中高端服务业和总部经济等环境友好型产业，构建绿色发展新体系，发展成为首都绿色发展示范区。

二 改革开放以来密云区社会建设历程与成就

改革开放以来，密云区经历了恢复建制、规划引领、体系建设、网格化建设等四个阶段，社会建设成效显著。特别是在县委社会工委和县社会办成立之后，密云区在完善社会建设整体架构的同时，积极创新社会治理工作体系，打造社会治理特色，其中“北京密云县网格化社会管理服务标准试点”被列入国家级服务业标准化试点项目。同时，密云区注重发挥自身优势，以水源保护地建设为重点不断推进生态文明建设，获得了“生态示范区试点县”“国家生态县”“水生态文明城市建设试点”“国家生态文明先行示范区”等一系列称号。

（一）改革开放以来密云区社会建设基本历程

密云区社会建设的历程与重大事件的发生密切相关。改革开放以来的拨乱反正时期，密云县抓住恢复社会建设机制的重要契机，加快行政区划调整，为推进区域的快速发展奠定了基础。在奥运筹办时期，密云县以规划为引领，在远区县中率先探索社会建设的发展新机制。在县委社会工委和县社会办成立后，密云县进入了系统构建社会治理体系的关键时期，社会治理架构不断完善。县改区[①]后，密云区紧抓网格化工作重点，加快推进社会建设和社会治理模式创新。

1. 第一阶段（1978~1995年）：恢复社会建制，调整行政区划格局

1978 年至 1989 年，全国处于拨乱反正的重点时期，密云县与北京的整体步伐一致，逐步恢复社会建制，社会领域工作机制逐步恢复。1983 年，中共密云县委做出《关于政社分设，建立乡政府的安排》，将原有的 25 个公社（镇）改建为 22 个乡、1 个区、2 个镇；乡（镇）实行党、政、企分设，设乡镇党委、政府和农工商总公司；将原生产大队改建为行政村，设村党支部、村民委员会。1986 年，密云县基本建立起乡、村两级农村服务组织，其中乡级服务组织 114 个 380 人，村级服务组织 601 个 3189 人。1987 年，中共密云县委制定了《关于健全党内生活、增强农村基层党组织活动的具体措施》，对

---

① 2015 年 11 月，经国务院批准，撤销密云县，设立密云区。按照相关要求，撤县设区后，其行政区域与之前相同。

建立健全“三会一课”（支部大会、支委会、党小组会和党课）制度做出了具体规定。

在此时期，密云县重点对乡镇行政区划进行了调整，以更好地推进乡镇建设。1987 年，中共密云县委常委会议决定：城关乡和城关镇合并，重新组建城关镇党委和镇政府等组织机构；建立中共檀营乡总支部，党务关系隶属县委组织部；建立游乐场党总支部，党务关系隶属县政府机关党委；县棉纺织厂、冶金矿山公司党务关系隶属县委工交部；县政府民族科改为民族事务委员会。1993 年，密云县调整了部分乡镇行政区划。撤销穆家峪乡、十里堡乡、冯家峪乡，设立穆家峪镇、十里堡镇、冯家峪镇；撤销上甸子乡（杨庄子村、龙洋村划归古北口镇，上甸子、下甸子、大开岭、小开岭、下河、郝家台、界牌峪、田庄划归高岭乡），合并后设立高岭镇；撤销卸甲山乡、西田各庄乡，合并设立西田各庄镇；撤销四合堂乡，并入石城乡；撤销半城子乡，并入不老屯镇；撤销东庄禾乡，将其北部的司马台划归古北口镇，其余的涝洼、马厂、东庄禾、沙峪、车道峪、令公、南沟、石岩井 8 个村划归太师屯镇。撤并后，高岭镇、石城乡、不老屯镇、太师屯镇分别在撤销乡的乡政府所在地设办事处。全县原 6 镇 18 乡调整为 11 镇 8 乡。

2. 第二阶段（1996~2008年）：以规划为引领，初步探索社会建设工作新机制

1996 年，《密云县国民经济和社会发展“九五”计划和 2010 年远景目标纲要》（以下简称《纲要》）正式通过。《纲要》明确了这一时期密云县的发展目标，进一步强化为首都服务的功能，大力发展适合密云特点的经济；建成环湖果品基地、环城工贸基地、环线旅游基地；确定农业、工业、建筑业、旅游业为四大支柱产业，经济效益有较大提高；城镇基础设施完善，管理水平提高，乡村面貌有较大改观；人口素质进一步提高，社会秩序和社会风气明显好转。2004 年，密云县被国家环保总局批准为第六批生态示范区试点县。2007 年，密云县通过创建国家生态县工作考核预验收。

在文化方面，开展一系列活动迎接香港回归，开展庆祝中华人民共和国

成立50周年和澳门回归活动，建成第一家村级文化活动中心。在教育方面，召开农民素质教育工程会议。在基层民主建设方面，出台《关于进一步加强农村民主制度建设的通知》。在社会领域党建方面，通过《关于进一步加强非公有制经济党组织建设工作的意见》，发出一系列社会领域党建相关工作意见，召开基层党建工作交流会。在城市管理方面，出台《环境综合整治工作方案》《密云县城市管理体制改革实施方案》，召开综合治理、社会矛盾调处工作现场会，召开社区创建工作现场会，成立城市管理和社区建设办公室。在志愿服务方面，成立密云县志愿者协会。

3. 第三阶段（2009~2014年）：“一委一办”成立，系统推进社会治理体系建设

2009年，密云县社会工委、县社会办正式成立，开启了社会建设全面推进的新阶段。2010年，制定出台了《关于加强社会建设的实施意见》《密云县社区管理办法（试行）》《密云县社区工作者管理办法（试行）》《关于进一步加强“两新”组织管理和党建工作的意见》等密云社会建设“1+3”文件，初步形成了密云社会建设政策体系，明确了当前和今后一个时期社会建设的总体思路、工作目标和主要任务，为社会服务管理体制机制改革提供政策保障。同年，密云县社会建设工作领导小组成立，密云县社会建设信息中心成立，出台规范社区工作者待遇相关文件，开展“一刻钟社区服务圈”建设试点。2011年，密云县社会建设网正式开通，出台《关于推进农村社会网格化管理工作的意见》，举办志愿者骨干培训班、2011年社区工作者培训班，召开社会建设信息工作会、“一刻钟社区服务圈”现场推进会、深化“非公有制企业党建推进工程”部署会、加快推进网格化社会服务管理工作会等一系列会议。2012年，印发《密云县“十二五”时期社会建设规划纲要》，认定第一批县级“枢纽型”社会组织，召开网格化社会服务管理体系建设工作会、志愿服务工作总结推进大会等一系列会议，印发《密云县社区工作者考核办法》《密云县社区工作者行为守则》《密云县社区工作者首问责任制》《密云县社区工作者离职、调动管理办法》《密云县社区工作者培训管理办法（试行）》《密云

县社区工作者廉洁自律有关规定》《密云县社区工作者考勤管理及休假制度》等系列管理文件，启动志愿者实名注册工作，社区网站全面开通运行，开展“三进四帮扶”① 活动，启动“2012 北京 · 密云社会组织公益行系列活动”。2013 年，“北京密云县网格化社会管理服务标准试点”被列入国家级服务业标准化试点项目，召开2013年社会建设工作领导小组暨综治委第一次全体会议、镇街“枢纽型”社会组织工作推进会、网格化及志愿服务工作总结表彰会等，发布《密云县建设网格化社会服务管理标准体系工作方案》，举办 2013 年社区工作者培训、职能部门进网格工作培训、社会管理与民生建设专题培训班等活动。2014 年，召开社会建设暨社会管理工作会议、网格化试点村建设工作会、群众路线教育实践活动动员部署会，发布《北京市密云县网格化社会服务管理标准》，启动网格化标准培训工作，启动“三社联动”② 试点，注册启用“密云志愿者”微信公众平台，开展社会组织公益行——“科普之春”系列活动，举办 2014 年政府专项资金购买社会组织服务培训会、2014 年招录社区工作者入职培训、2014 年社会工作者职业水平考试考前强化班、2014 年社会领域志愿服务培训会、2014 年社区工作者心理干预能力培训、2014 年社会组织治理创新培训。

4. 第四阶段（2015年至今）：撤县设区，以网格化为重点推进社会建设

2015 年，根据《北京市人民政府关于撤销密云县、延庆县设立密云区、延庆区的通知》，密云县改为密云区。密云县委社会工委、县社会办更名为中共北京市密云区委社会工作委员会、北京市密云区社会建设工作办公室。此后，密云区重点加强与北京市社会建设工作的对接，进一步完善工作机制，加快推进网格化建设。2015 年，召开社会建设暨社会安综合治理工作会、政府购买社会组织服务工作部署会，举办社区工作者“首问应知”技能知识竞赛，举办 2015 年优秀社区工作者培训班，“生活一点通”（测成版）APP 上线

① “进农村、进社区、进企业，产业帮扶、就业帮扶、政策帮扶、党员帮扶”。

② 三社联动：即社区、社团、社工联动。

运行。2016年，成立城市管理综合执法中心，召开社会建设暨社会治安综合治理工作会、非公经济组织和社会组织党建工作联席会第一次会议、第三次社会领域党建工作联席会，在全区范围内选取7个镇级网格化指挥中心、12个村级网格化社会服务管理站作为网格化标准化示范点，下发《关于集中推进非公有制企业和社会组织党的组织和工作覆盖的实施方案》《密云区进一步规范社区工作者的实施方案》，开展社区工作者健步走活动、2016年科普之夏系列活动，举办社区工作者职业资格水平考试考前辅导培训班、2016年新入职社区工作者培训班。

（二）改革开放以来密云区社会建设取得的成就

改革开放以来，密云区在推进社会建设工作的同时，结合区域发展特点，从社会治理体系建设、社会服务事业发展、社会保障体系建设、生态文明建设等方面着手，构建以生态文明建设为引领的社会建设工作格局，实现了县改区的跨越式发展。

1. 以中心工作为突破口的社会治理工作体系进一步完善

改革开放以来，密云区人口规模随着经济社会的发展不断扩大（见图3），社会治理情况日益复杂。“一委一办”成立以来，密云区紧紧围绕全区中心工作，以深化社会治理改革为动力，全力推进社会领域党建工作，加强网格化标准建设、统筹推进城乡社区建设、广泛开展社会动员工作，全区社会建设和服务管理工作取得新成效。一是积极推进社会领域党建工作。多措并举抓好非公经济组织和社会组织党建“两个覆盖”。2016年，密云区非公经济组织党组织覆盖率达到95.1%，社会组织党组织覆盖率达到82.5%，无党员的非公经济组织和社会组织全部派驻了党建工作指导员，实现了党的工作全覆盖。涌现了“金诚信”将支部建在项目上、亨通斯博党员积分管理等先进党建工作典型。二是推动网格化工作深化融合。严格贯彻落实网格化标准，在7个镇12个村积极推进镇、村两级网格化标准化示范点建设，将优质服务和精细管理送到群众身边。在全市农村率先实行立体分类网格化管理，实现从城市管理向农村管理的延伸，全市首家网格化社会服务管理标准化试点通过国家评估验收。三是统筹推进城乡社区建设。高标准创建了市级社区规范化建设示范点、市级“一刻钟社区服务圈”示范点、市级老旧小区自我服务管理试点和市级农村社会服务管理创新试点，城乡服务管理水平显著提升。四是加快推进社工队伍专业化和职业化进程。2016 年，全区获得职业资格证书的社区工作者比例达到 34%。五是广泛开展社会动员。依托“社会组织公益行”、志愿服务行等系列活动，带动区级“枢纽型”社会组织和社会团体积极参与社会化服务。2016 年，累计开展各类活动 3000 余场，受益群众 9 万余人次。另外，密云区注重加大流动人口管控力度，有效控制人口规模，加强社会综合治理和矛盾排查调解工作，群众安全感、满意度始终保持在全市前列。

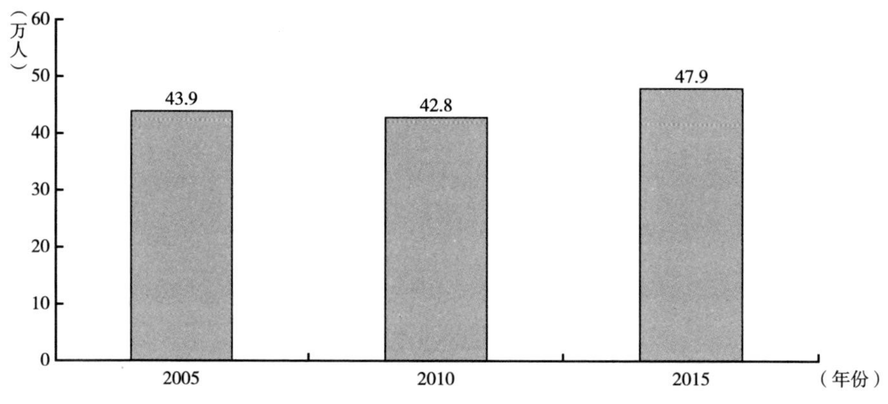

图 3 历年密云区常住人口变化

资料来源：北京市密云区统计局，《密云区 2006~2016 年国民经济与社会发展统计公报》，北京市密云区网站，2017 年 11 月 1 日。

2. 以民生为导向的社会服务事业稳步发展

改革开放以来，特别是从密云发布“九五”计划开始，密云区以规划为引领，以民生为导向，各项社会事业稳步推进，服务能力不断提升。教育优质均衡发展，9 年义务教育完成率达到 100%，高考本科上线率连续五年位居全市郊区前列。三级医疗服务体系建设更加完善，新建县医院投入使用，扎实推进与北大医院的合作共建，形成区域医疗中心，镇街社区卫生服务中心和村卫生室的建设与管理更加规范，城乡居民就医条件明显改善。科技支撑能力不断加强，市级以上科技研发机构数量在全市生态涵养区排名第一，科技创新成果推广力度进一步加大。文体服务水平进一步提高，三级公共文化设施网络基本建立，全民健身活动深入开展（见表 1）。

表 1　历年密云区社会事业建设情况比较

指　标＼年　份	2005	2010	2015
专利申请受理量（件）	—	138	676
基础教育学校数（所）	80	68	63
基础教育在校生数（人）	—	42359	36200
公共图书馆个数（个）	1	1	1
文化馆（站）个数（个）	—	21	21
文物保护单位（处）	232	—	—
每千常住人口医院床位数（张）	2.8	3.0	3.5
每千常住人口拥有职业（助理）医师（人）	2.3	3.0	3.3
每千常住人口拥有注册护士（人）	1.5	—	2.5
体育场馆数量（个）	—	33	29

资料来源：北京市密云区统计局，《密云区 2006~2016 年国民经济与社会发展统计公报》，北京市密云区网站，2017 年 11 月 1 日。

3. 社会保障水平与居民生活水平同步提升

改革开放以来，密云区从与居民关系最密切的问题入手，不断提升社会保障水平，居民参保水平和就业水平明显提升，居民收入水平稳步提升。特别是农民增收、农民健康、农民安居“三大工程”取得的成果显著。一方面，以就业和社会保险为核心的社会保障体系日益完善。近年来，城镇登记失业率持续稳定在 2% 左右，城市职工社会保险覆盖率 97%，城乡居民养老保险参保率 98%，新农合参保率接近 100%，均居全市郊区前列。另一方面，城乡居民收入增长与经济发展基本同步，人民生活品质不断提高。城乡居民收入水平不断提升，城镇居民人均可支配收入从 2005 年的 15106 元增加到 2015 年的 33878 元；农村居民人均纯收入从 2005 年的 7202 元增加到 2015 年的 19183 元（见表 2）。

表 2 历年密云区居民生活情况比较

指标＼年份	2005	2010	2015
城镇居民人均可支配收入（元）	15106.0	23438.0	33878.0
城镇居民人均消费性支出（元）	—	—	22741.0
城镇居民恩格尔系数（%）	31.6	30.3	23.8
城镇居民人均居住面积（平方米）	—	—	34.1
农村居民人均纯收入（元）	7202.0	11858.0	19183.0
农村居民人均生活消费支出（元）	—	—	13973.0
农村居民恩格尔系数（%）	36.2	31.8	24.6
农村居民人均居住面积（平方米）	—	—	32.8
绿化覆盖率（%）	58.8	43.0	54.0

资料来源：北京市密云区统计局，《密云区 2006~2016 年国民经济与社会发展统计公报》，北京市密云区网站，2017 年 11 月 1 日。

4. 以水源保护地建设为重点的生态文明建设成效显著

密云区作为密云水库所在地，积极加强密云水库周边环境治理，确保水源安全得到有效保障。特别是“十二五”以来采取了一系列措施，着力推进“绿色国际休闲之都”建设。实施一批生态清洁小流域综合治理工程，地表水质明显改善，密云水库及上游水体质量保持国家Ⅱ类标准以上。南水北调密云段工程完工，顺利实现江水入库。生态屏障更加坚固，2016 年累计完成平原造林 5.09 万亩，京津风沙源造林 3.06 万亩，全县林木绿化率达到 72.17%，森林覆盖率达到 63.67%。综合运用行政、法律、经济、宣传等手段，盗采盗运矿产资源行为得到有效遏制。生活环境显著改善，2016 年城镇生活污水处理率达到 92%，生活垃圾无害化处理率达到 100%。严格落实绿色生产，超额完成市政府下达的万元 GDP 能耗下降指标。认真落实清洁空气行动计划，空气质量保持全市最高水平。生态建设全国领先，被确定为全国首批“水生态文明城市建设试点”“国家主体功能区建设试点”“国家生态文明先行示范区”。

三　从重点事件看改革开放以来密云区社会建设的特点

密云区地处北京市东北部，是远郊区县中社会建设起步较早的地区。“九五”计划制定之后，密云区便开始了以规划为引领的社会建设的试水与摸索。“一委一办”成立以后，密云区以“一委一办”为统筹领导，着力构建社会建设整体框架，完善社会治理工作体系。县改区后，密云区以此为新起点、新动力，着力推进以网格化建设为重点的社会治理创新，社会建设成效显著。

（一）水源保护地建设引领密云区生态文明建设快速发展

密云区作为密云水库所在地，肩负保护首都水源的重要任务。特别是随着首都经济社会的发展，首都人口规模日益庞大，水资源进一步成为政府和社会各界关注的重点。密云区以水源保护为重点，积极推进生态保护和生态文明建设，2004 年被国家环保总局批准为第六批生态示范区试点县，2007 年通过创建国家生态县工作考核预验收。“十二五”时期，密云区明确提出了“绿色国际休闲之都”的发展定位，开启了生态文明建设新征程，获得了全国首批“水生态文明城市建设试点”“国家生态文明先行示范区”等称号。“十三五”时期，密云区围绕“保水强区”的工作主体，将生态建设、经济建设、社会建设、党的建设等四大建设同步推进，加快构建国家生态文明先行示范区。

（二）规划为引领的导向促进密云区社会建设有序发展

1996年，《密云县国民经济和社会发展“九五”计划和2010年远景目标纲要》正式通过，标志着密云县开启了以规划为引领的经济社会建设发展新导向。从“九五”到“十三五”，密云区出台了一系列规划纲要，特别是“十二五”时期密云区出台了社会建设专项规划，明确了社会建设的总体目标，促进了密云区社会建设的快速发展。该专项规划围绕社会保障、社会服务、社会管理、社会稳定、社会环境五个方面，提出了全面推进社会建设的26项主要任务，明确到“十二五”期末，要基本构建起与“绿色国际休闲之都”相适应，凸显北京特征、郊区特色、密云特点的城乡一体化社会建设新格局，打造首都社会和谐典范、京郊社会服务管理创新示范区，努力使社会建设走在全市郊区前列。

（三）“一委一办”的成立促进密云区社会建设内容的系统化

2009年，密云县委社会工委、县社会办正式成立，这标志着密云区社会建设进入了部门统筹领导的发展新阶段。从2010年制定出台密云社会建设“1+3”文件，到出台《密云县“十二五”时期社会建设规划纲要》《北京市密云县网格化社会服务管理标准》等，密云县社会建设的领域进一步拓宽，内容更加系统化。这与“一委一办”的成立密不可分，也说明了统筹领导部门在社会建设中的重要领导作用。因此，构建完善的工作机制对于社会建设来说意义重大。

（四）县改区为密云区社会建设注入新动力

2015年，经国务院批准，撤销密云县，设立密云区。密云县改区标志着密云城镇化发展进入了新阶段，为拓展城市空间、加快城市基础设施建设、提升城市化管理水平提供了新动力。密云区紧抓县改区发展机遇，从生态文明建设和社会治理创新两个方面着手，加快推进地区社会建设新发展。一方面，以首都水源保护地建设为重点，加快推进国家生态文明先行示范区建设，发挥好首都绿色生态屏障和生态涵养区的重要作用。另一方面，以网格化建设为重点，加快推进社会治理创新，“北京密云县网格化社会管理服务标准试点”被列入国家级服务业标准化试点项目，成为密云区社会治理创新的一大品牌。

四 关于密云区社会建设未来发展重点的思考

《北京城市总体规划（2016 年—2035 年）》明确了密云区的重要目标和任务。对于密云区来说，社会建设要结合区域特点，以“保水强区”为主题，以国家生态文明先行示范区建设为重点，从完善公共服务体系、提升民生保障能力、创新社会治理体系、科学调控人口规模等四个方面着手，全方位提升区域社会建设水平，不断增强群众的获得感、幸福感，加快推进国际一流的和谐宜居之都建设。

（一）以重点工程为引领，完善公共服务体系

统筹各级各类教育资源，促进教育均衡优质发展。进一步深化教育领域综合改革，扎实推进“学校布局优化、教育基础设施设备建设、干部教师队伍建设、教育信息化建设和校园文化建设”五大重点工程，切实办好人民群众满意的教育。加大投入力度，优化整合区域资源，提高学前教育管理水平和办学质量。完善城乡教师岗位交流机制，全面促进城乡义务教育优质均衡发展。进一步健全职业教育与普通教育相互融通、学历教育与非学历教育协调发展、职前教育与职后教育有效衔接的终身教育体系。扎实开展社区教育和学习型组织创建工作，整体提升市民素质。鼓励社会力量兴办有特色、高水平的教育，实现各级各类教育持续健康发展。积极引进首都高等院校与相

关科研院所设立分部或研究机构，加快产学研一体化进程，有效推动科技成果转化。

深化医药卫生体制改革，提高人民群众健康水平。以区医院为龙头，强化各级各类医疗卫生机构的分工协作，加快构建“大病小病分开、急病慢病分治”的分级有序的医疗卫生服务体系。依托与北京大学第一医院共建的契机，提高区医院医疗技术水平和服务能力，带动全区医疗卫生服务事业健康发展。推进中医院整体搬迁工作，建成中医特色鲜明的区域医疗中心。按照育龄妇女人口变化趋势，适度调整妇幼保健院资源配置，建立合理的分级诊疗机制。优化社会办医政策环境，鼓励本地医疗机构与中心城区优质医疗资源开展合作。加强急救网络建设，提高突发公共卫生事件应急反应和医疗救治能力。加强乡村医生队伍建设，鼓励退休医生驻村服务。

健全文化服务网络，提升文化产品供给能力。持续加强区、镇、村三级文化服务设施建设。启动密云博物馆新址建设。发挥区级文化设施“三馆一中心”①的作用，实现镇级综合文化中心全覆盖。健全有线电视、宽带网络、广播、无线通信等公共文化传播体系。保护和利用好古遗址、古村落等历史文化，古长城、古城堡等关隘文化，民间故理、风物传说等民俗文化，九曲黄河阵灯会、五音大鼓、蝴蝶会等非物质文化遗产，弘扬传统文化。制作反映密云革命历史的影视作品，弘扬红色文化。组织开展多层次、多形式的基层文化活动，活跃基层文化生活。加强文化工作者队伍建设，发展文化志愿者，培育民族民间文化传承人和文体活动积极分子。深化文化体制改革，加强文化市场监管，确保文化市场安全有序健康发展。加大文物保护和修缮力度。

健全休闲体育设施，提高全民健身水平。进一步完善区、镇、村三级公共体育服务体系。加快密云体育中心建设，加快实现行政村（社区）体育健身设施全覆盖。深入推进全民健身活动，积极倡导绿色、科学、健康的健身方式。鼓励社会资本投资体育产业，推进体育与休闲旅游、健康养生的融合

① “三馆一中心”：即文化馆、图书馆、博物馆和文化活动中心。

发展，提升体育产业化水平。

扩大养老服务供给，推进社会养老服务体系建设。全力推进“以居家养老为基础、社区服务为依托、机构养老为补充”的社会养老服务体系建设。积极建设社区养老服务网点，整合紧急呼叫、医疗服务、便民服务等社区服务功能。明确各级各类养老机构服务范围和主要职能，政府投资的养老机构重点承担对困难老年群体的兜底性养老保障。

（二）以民需民生为导向，提升社会保障能力

完善社保体系，加强社保服务能力建设。进一步完善社保征管体系，增强征缴能力、稽核能力、监管能力和服务能力。规范新农合基金管理，确保基金运行安全，提高支付方式便利化程度，试点开展“共保联办”。持续优化政府救助与商业保险深度结合的保险体系，充分发挥保险的民生保障作用。

发展社会福利事业，提高社会福利水平。健全区、镇、村三级适度普惠型的社会福利体系，提升改造养老服务设施，建成残疾人托养中心、儿童福利院和社会救助站，逐步将低收入人口、残疾人口、老年人口、困境儿童等群体纳入保障范围。鼓励社会力量参与社会福利事业，制定并落实对社会资本投入的扶持政策。全面保护妇女儿童权益，持续推进双拥共建，落实优抚、军人转业复员政策。大力发展慈善事业，健全社会捐助网络，营造全社会共同参与的良好氛围。

健全社会救助制度，增强救助保障能力。构建以最低生活保障为基础，以医疗、住房、教育、司法等专项救助为辅助，与临时救助、社会互助相衔接的社会救助体系。完善居民经济情况核对机制，完善救灾救助应急预案，健全减灾备灾和应急避险设施，健全支出型困难家庭救助办法，确保困难群众基本生活。

不断改善城乡居民住房条件。继续加快老旧小区和“城中村”改造，建设筹集各类保障性住房，改善城市居民居住环境。坚持统筹规划、分步实施的原则，通过 PPP 等投融资方式引进社会资本，逐步推进新城地区棚户区改

造。调整山区村庄规划，推进撤村并居工作。持续推进泥石流易发区和生产生活环境恶劣地区的搬迁改造工程。探索解决水库一级保护区和密云新城周边地区农村宅基地问题。

强化低收入村低收入户帮扶工作，提高城乡居民生活水平。完善区、镇、村三级公共就业服务体系，依托重大项目带动，为城乡居民创造更多更好的就业平台。有针对性地开展创业培训和就业技能培训，为城乡劳动力创业和就业创造有利条件，确保“零就业家庭”动态为零。大力提升农业产业化水平，提高农民经营能力和组织化程度，促进农民增收致富。推进农村土地承包经营权。集体经营性建设用地使用权、农民宅基地使用权有序流转，增加农民财产性收入。认真贯彻落实中央《关于打赢脱贫攻坚战的决定》精神，通过产业扶持、转移就业、异地搬迁、教育支持、医疗救助等措施，大力做好低收入村低收入户帮扶工作，带动有劳动能力的低收入家庭实现增收致富，对完全或部分丧失劳动能力的人口实行社保政策兜底脱贫。

（三）以网格化、多元化为重点，创新社会治理体系

创新社会治理模式。建立健全党委领导、政府负责，以基层群众自治为基础，以社会组织为补充，以治安建设为保障，以网格化社会服务管理平台为重要载体的社会治理体系。大力推广道德评议会、创安协会、商管协会等基层干部群众在实践中探索建立的新型社会治理模式。积极支持志愿服务组织开展多层次的专业培训，鼓励志愿服务队伍深入社区和农村开展个性化常态化的服务活动，促进志愿服务由城市向农村扩展。积极组织群众制定村规民约、市民公约等行为规范，加强自我管理，实现良性自治。

加强安全体系建设。积极开展安全生产隐患排查治理工作，严格落实安全生产事故整改和查处制度。构建覆盖全区的食品药品安全监控网络，增强监管能力，加大查处力度，全面保障食品药品安全。加大网络管理力度，确保网络信息安全。完善消防体系，加强设施能力和救援队伍建设，增强农村地区防火减灾能力。提高应对极端天气、地质灾害、突发公共安全事件的应

急处置能力，建立重大灾害应急联动工作机制。大力加强防恐反恐工作，全面提升发现、打击、防范和处置恐怖活动的能力，维护人民群众生命财产安全。

强化规范社区建设。在城市社区推进党组织引领和谐社区建设，引导居民和社区社会组织、物业公司、业主委员会、驻区单位积极参与社区治理，保障居民对社区治理和服务的知情权、参与权、决策权、监督权。在农村积极推进行政村村庄的社区化工作，发挥和谐创安自治协会、村务监督委员会作用，引导动员各级各类社会组织和志愿服务组织，形成“多方介入联动服务”机制。继续推进平安社区建设，建立网格化巡逻防范机制，积极开展治安重点区域的排查整治工作，完善社区矛盾纠纷排查调处机制，充分提高社区基础防范能力。

（四）以控量提质为目标，科学调控人口规模

科学调控人口总量。按照生态涵养区的功能定位，合理确定人口规模。坚持疏堵结合、因地制宜、分类施策的原则，综合运用经济、法律、行政等手段加强人口规模调控。大力发展高端产业，严格控制低端业态发展，从产业源头上调控流动人口规模，强化人口调控工作责任制，强化镇街和相关部门主体责任，将控制人口规模工作纳入镇街年度绩效考评体系。持续加强重点镇建设，优化就业与居住环境，提升公共服务水平，有序引导人口空间合理布局。

优化人口结构，提高人口素质。积极引进并发展高端产业，有效吸纳高层次、高素质人才，完善高端人才服务保障机制，以产业结构提升全面推动人口结构优化。加大教育培训力度，切实提升现有常住人口的文化水平与职业技能水平，全面提高区内人口文化素质。改善人口年龄结构，继续推行优生优育，积极应对户籍人口老龄化趋势。建立公民科学素质考核工作机制，全面提升公民科学素养。

完善人口服务管理机制。以户籍制度改革和建立统一居住证制度为契机，着力减少人户分离现象。做好全面实施一对夫妇可生育两个孩子政策的解读

宣传与落实工作，及时调整生育登记服务制度，加强出生人口监测工作。加强城乡结合部、建筑建材市场等外来人口聚集区综合整治。建立住宅出租规范化管理制度，加强流动人口管理协管员队伍建设，做好人口管理数据动态监测工作，提高流动人口登记率和办证率。

第十七章　延庆区社会建设回顾与展望

延庆地处北京西北部，生态资源丰富，是首都生态涵养区的重要组成部分。改革开放以来，延庆区经历了恢复建制、筹办奥运、统筹架构、接轨全市等四个阶段，社会建设成效显著。特别是2008年以来，延庆区社会建设的整体架构与工作体系不断完善，实现了与市级工作体系的接轨，并充分发挥自身优势，不断推进生态文明建设，获得了“国家生态示范区”“国家园林县城”“全国绿化模范县”等称号。下一步，延庆区要按照党的十九大报告与《北京城市总体规划（2016年—2035年）》的要求，结合区域特色，围绕生态文明示范区建设的发展主线，对接北京市社会建设标准与要求，从提升就业质量、加强社会保障、发展社会事业、创新社会治理等四个方面着手，全方位提升区域社会建设水平。

一　延庆区是生态涵养区的重要组成部分

《北京城市总体规划（2016年—2035年）》（以下简称《总规》）明确了延庆区的基本定位。对于延庆区来说，贯彻落实《总规》，要立足生态涵养区功能定位，加快建设国际一流的生态文明示范区，并以绿色为引领，加快推进国际文化体育旅游休闲名区和京西北科技创新特色发展区建设。

（一）打造国际一流的生态文明示范区

延庆地处北京西北部，生态资源丰富。建设国际一流的生态文明示范区是延庆探索内涵集约式发展的重要目标，是首都城市战略定位和国际一流的和谐宜居之都建设在延庆的贯彻落实和具体化，是在建设绿色北京示范区基础上战略目标的全面升级，更是建设美丽延庆长远目标的战略支撑。建设国际一流的生态文明示范区，延庆要坚定生态发展信念，推动创新发展、协调发展、绿色发展、开放发展、共享发展，使延庆在生态环境保护、生态经济发展、生态城市建设、生态文化践行、生态成果惠民、生态文明制度体系构建六个方面走在全市和全国前列、达到国际先进水平，形成具有示范意义、可复制可推广的生态文明建设模式，成为向世界集中展示首都和中国生态文明建设成就的重要窗口。

（二）打造国际文化体育旅游休闲名区

延庆区要抓住2020年冬奥会契机，对全区产业布局进行重新调整和优化，继续推进特色鲜明、链条完善、规模集聚的产业功能组团建设，着力构建“一城、一川、三区、四带”的产业整体发展格局（见图1），促进经济功能、产业布局与城市定位相协调。其中，“四带”的重点则与打造国际文化体育旅游休闲名区的目标密切相关。一是依托冬奥延庆赛区、龙庆峡、古崖居、松山、玉渡山、温泉酒店、世葡园、酒庄酒堡、葡萄种植园等资源，重点发展赛事运动、冰雪休闲、冰灯体验、户外登山、葡萄酒品鉴、展示交易等产业，建设北部体育休闲旅游和葡萄及葡萄酒庄产业带。二是依托八达岭长城、水关长城、古长城、森林音乐谷、国家森林公园等资源，重点发展长城观光、文化体验、低空旅游、商务休闲、健康养生等产业，打造南部长城文化休闲旅游产业带。三是依托中国延庆世界地质公园、大庄科冶铁文化遗址及重点沟域等资源，重点发展地质观光、生态休闲、遗迹游览、户外运动等产业，打造东部地质文化休闲旅游产业带。四是依托妫河串联的延庆新城、世博园、妫河建筑创意产业园、滨河森林公园等，重点发展园林园艺、创意设计、有机农业、滨水休闲、商务服务等产业，打造中部妫河文化休闲旅游产业带。

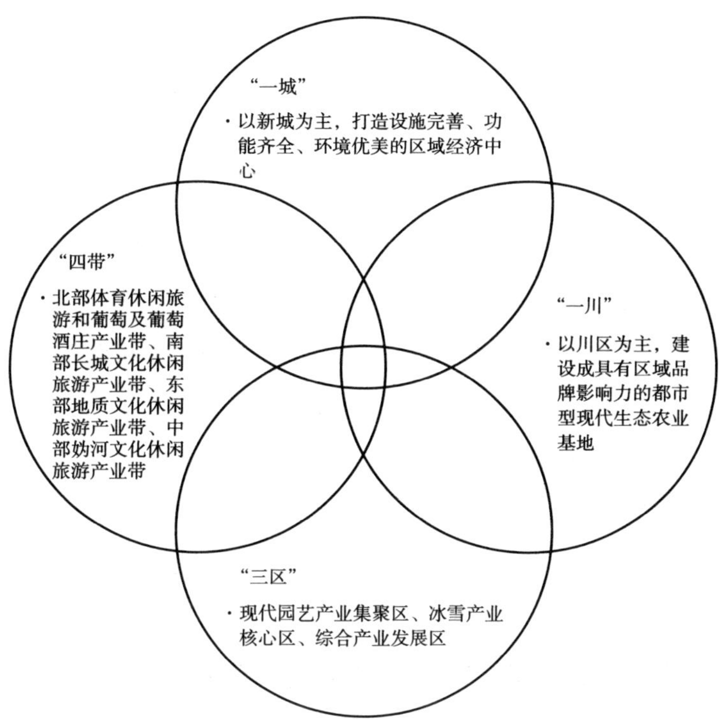

图 1　延庆区“一城、一川、三区、四带”的产业整体发展格局

资料来源：北京市延庆区人民政府，《北京市延庆区国民经济和社会发展第十三个五年规划纲要》，北京市延庆区人民政府网站，2016 年 6 月 30 日。

（三）打造京西北科技创新特色发展区

延庆区打造京西北科技创新特色发展区，要从总体布局和园区建设两个方面着手，在整体推进的同时着力打造自身特色。一方面，抓住非首都功能疏解的“牛鼻子”，主动承接符合延庆功能定位、具有比较优势的特色新兴产业。积极引进创新能力强、资源能耗少、发展前景好的中小微科创企业，扶持其成长壮大，形成新的发展支撑点。大力发展信息技术产业，吸引一批软件和信息服务企业进驻延庆。支持重点产业领域的智能信息网络和大数据应用平台建设，推动信息技术与新能源、节能环保产业及现代服务业相融合。发展智能装备产业，引进具有自主知识产权、核心竞争力、市场前景的工业无人机项目，支持减速器、伺服电机等关键零部件的研发和应用。依托空域优势，积极推动无人机资源向延庆区集聚，带动通航产业发展。另一方面，进一步发展中关村延庆园，努力把中关村延庆园打造成带动延庆经济社会发展的第三引擎，打造具有延庆特色的科技创新区。不断优化完善中关村延庆园产业、空间和生态等相关规划，进一步明确延庆园功能定位和产业发展方向，优化空间布局，提升生态化与产业发展互动的能力。加大统筹协调力度，完善工作推进机制，有序推进中关村延庆园土地一级开发进程，形成重大项目落地的有力支撑。加快实施中关村延庆园基础设施建设工程，推进园区路网改造和优化升级，加强园区水、电、气等公共基础设施建设及光网、无线宽带等新一代智能信息基础设施建设，提升园区产业发展的基本保障能力。加强园区生活性配套服务设施建设，为企业入驻提供良好保障。

二　改革开放以来延庆区社会建设历程与成就

改革开放以来，延庆区经历了恢复建制、筹办奥运、统筹架构、接轨全市等四个阶段，社会建设成效显著。特别是在县委社会工委和县社会办成立之后，延庆区社会建设的整体架构与工作体系不断完善，实现了与市级工作体系的接轨。同时，延庆区注重发挥自身优势，不断推进生态文明建设，获得了“国家生态示范区”“国家园林县城”“全国绿化模范县”等一系列称号。

（一）改革开放以来延庆区社会建设基本历程

延庆区社会建设的历程与重大事件的发生密切相关。改革开放以来的拨乱反正时期，延庆与北京市整体步伐一致，进入了恢复建设和重建体制机制的重要时期。在奥运筹办时期，延庆县重点推进文体事业发展，逐步推进社会建设。在县委社会工委和县社会办成立后，延庆县进入了社会建设的整体统筹发展时期，社会建设工作架构不断完善。县改区①后，延庆区以对接北京市社会建设工作为重点，不断优化社会建设工作体系。

1. 第一阶段（1978~1989年）：恢复社会建制

1978 年至 1989 年，全国处于拨乱反正的重点时期，延庆县与北京的整体步伐一致，逐步恢复社会建制，社会建设各个领域的工作逐步恢复。1980 年，延庆县恢复档案馆，建立档案科，实行一套机构、两块牌子，为县委和县革委会直属机构，并于 1986 年改为档案局。1983 年，延庆县全部撤销人民公社，改设 25 个乡、1 个镇（延庆镇）。1989 年，延庆县计划生育协会成立，并召开了第一次理事会，推选出常务理事 12 人。在此期间，社会领域相关工作也逐步开展。1986 年，延庆县针对全县农村的实际情况，提出落实“六抓六治六变”（狠抓思想教育，治旧变新；抓科学文化，治愚变智；抓环境卫生，治脏变净；抓社会秩序，治乱变安；抓服务质量，治差变优；抓发展生产，治穷变富）的具体要求和措施。

2. 第二阶段（1990~2008年）：以奥运会为契机，重点推进文体事业发展

1990 年，北京市举行了第十一届亚运会。此后，北京市进入了备战 2008 年奥运会的关键时期。对于延庆来说，社会建设尤其是文体事业得到了空前发展。

延庆县注重利用地理优势和长城等历史文化优势，举行系列文体活动，如“长城烽魂”亚运之光火炬传递活动、第六届远东及南太平洋地区残疾人运动会采集火种和火炬传递活动、八达岭长城仿古艺术节、“康西杯”优马大赛、八达岭长城国际登山节、“名胜之首，友谊长虹”展览、消夏避暑节等。

---

① 2015 年 11 月，经国务院批准，撤销延庆县，设立延庆区。按照相关要求，撤县设区后，其行政区域与之前相同。

特别是奥运前夕，延庆县开展了一系列奥运相关主题文体活动，如“我运动，我健康，全民齐健身”千人健步走活动、迎奥运社区文明歌谣评选活动等。同时，延庆县也逐步将文化建设延伸到社区，开展了群众性消夏文艺演出、群众大型歌咏比赛、社区文化节、社区青年文化节、社区新秧歌大赛、“社区文明之星”评选等活动。

在备战奥运的过程中，延庆县的志愿服务发展迅速。2003 年与 2004 年分别举行了千名社区服务志愿者誓师大会。2006 年，召开社区治安巡逻志愿者分会第一次代表大会。2008 年，举行“迎奥运社区居民万人签名宣誓”大型宣传活动。同时，社区志愿服务组织也得到了初步发展，2004 年康安社区治安巡逻队成立，2005 年颖泽洲社区“巾帼爱心扶助队”成立。

在此过程中，延庆县社会建设各领域工作也快速推进。在环境治理方面，1999 年延庆县荣获郊区环境综合整治先进单位，妫川广场荣获郊区环境整治优秀工程，妫水街获郊区县城达标大街。延庆县夏都公园工程建设被市政府评为环境整治“精品工程”，东外大街改造工程被评为“示范大街”，龙庆峡景区被评为环境建设“示范景区”，中心市场被评为环境建设“示范市场”，旧县镇被评为拆建“先进单位”，八达岭镇、康庄镇、小丰营村、东桑园村、南菜园二区等 10 个单位被评为优秀单位。在生态建设方面，2000 年地球日——中国活动周暨国家级生态示范区揭牌仪式在延庆县妫川广场举行，延庆成为北京唯一一个进入“国家生态示范区”行列的区县；2006 年获得首批“国家园林县城”和“全国绿化模范县”称号。在医疗服务方面，2003 年试点新型农村合作医疗制度，2004 年县城 16 个社区建立了传染性疾长期防控四级网络。在社工队伍建设方面，2004 年举办社区专职工作者培训班，2005 年举办第二批社区专职工作者上岗培训班。在人口服务方面，2006 年首家流动人口服务驿站成立，2007 年人口文化园揭牌。在社区服务方面，2005 年延庆县启动“四进社区”工程，即“早餐进社区、净菜进社区、便民超市进社区、再生资源回收进社区”。在社区治理方面，2005 年全面启动了区管理信息系统。

3. 第三阶段（2009~2014年）：县委社会工委和县社会办成立，完善社会建设整体构架

2009 年，根据北京市委、市政府批准的《延庆县人民政府机构改革方案》和《延庆县人民政府关于县政府机构设置的通知》（延政发〔2009〕48 号），延庆县设立中共延庆县委社会工作委员会与延庆县社会建设工作办公室合署办公。此后，延庆县社会建设进入全面发展阶段，社会建设内容进一步丰富，涵盖了社会管理、社会服务、社区治理、社会领域党建、社工队伍建设、社会组织发展等内容，延庆县在各领域均开展了一系列活动，并出台了相关文件。2010 年，延庆县开展社区规范化建设试点。2011 年，延庆县启动购买社会组织服务项目，召开社会建设大会，召开一系列社会领域党建工作会，举办社区专职工作者岗位培训班，开展“一刻钟便民生活圈”试点，制定《延庆县加强社会建设实施意见》。2012 年，延庆县开通社会建设网，召开社会建设大会，召开社会领域创先争优活动交流推进会，举办社区专职工作者执业培训班，召开“一刻钟社区服务圈”试点建设工作会议，推进安全社区建设和学习型社区建设。2013 年，延庆县召开社会建设和社会管理创新工作汇报会，召开网格化社会服务管理工作会，举办社区专职工作者职业培训班，举办社区“两委”干部培训班，开展非公有制企业“五个好”示范点建设工作，召开非公有制企业党建工作座谈会，启动社会组织公益社区行系列活动，启动周末社区大讲堂，制定《关于推进网格化社会服务管理工作意见》《关于推进网格化社会服务管理实施方案》《延庆县关于进一步推进“一刻钟社区服务圈”建设工作的通知》《县直单位与社区结对共建工作实施意见》。2014 年，延庆县召开社会领域党建工作推进会，召开“枢纽型”社会组织认定工作部署会，举办社工心理服务专业能力培训班，网格化县—乡镇（街道）—村（社区）三级平台建设完成，创建网格化社会服务管理示范站，召开政府购买社会组织服务项目工作部署会，开展 2014 年社会组织公益行活动，搭建县级社会组织孵化基地，举办社会

组织治理创新系列培训班，出台《延庆县社会领域信息化工作考核管理办法》。

在此阶段，生态文明建设实现了初步发展，为生态文明示范区建设奠定了重要基础。2011 年，延庆县成立了 96 支生态文明志愿服务队，在全县倡导低碳生活、健康生活、绿色生活理念，普及低碳生活常识，推进低碳生活方式转变，营造“低碳减排、绿色生活”的浓厚氛围，推动全县生态文明战略的进一步开展，促进社会和谐。2012 年群众性生态文明创建（社区组）工作会召开，2013 年生态文明创建总结会召开。

4. 第四阶段（2015年至今）：撤县设区，推进社会建设与全市工作的全面对接

2015 年 11 月，经国务院批准，撤销延庆县，设立延庆区。此后，延庆区重点加强与北京市社会建设工作的对接，加快推进全区社会建设。2015 年，延庆区举办社区“两委”和“两新”组织党组织负责人培训班，推进社区用房规范化建设、“六型”社区创建、“枢纽型”社会组织规范化建设，规范社区志愿服务，制定了《延庆县推进六型社区建设工作方案》《六型社区创建工作督导检查制度》《六型社区建设工作对接支持制度》《关于推进延庆县“枢纽型”社会组织规范化建设的实施方案》。2016 年，延庆区组织多次社工培训、成立社会建设工会、推进社区规范化建设示范点创建工作、推进社区信息化建设工作、建成区级社会组织孵化中心、开展 2016 年社会组织公益行系列活动、推进志愿服务组织工作、创建老旧小区自我服务管理试点等，制定《延庆区三网融合工作方案》《延庆区住宅小区环境秩序专项整治行动工作方案》《延庆区关于进一步规范社区工作者工资待遇的实施办法》《延庆区住宅小区绿化养护管理手册》《关于推进延庆区“枢纽型”社会组织规范化建设的实施方案》《延庆区关于进一步加强区域化党建工作的意见》《关于在全区非公有制企业和社会组织党员开展“学党章党规、学系列讲话、做合格党员”学习教育的实施方案》《延庆区网格化社会服务管理系统使用手册》《延庆区网格化社会服务管理工作手册》。

（二）改革开放以来延庆区社会建设取得的成就

改革开放以来，延庆区注重抓住社会建设的关键环节，不断推进与北京市社会建设的接轨，社会建设格局不断优化。以网格化等重点工作为抓手，不断完善社会治理体系。以民生实事为重要抓手，持续完善社会服务体系。以就业保障等为重要抓手，持续完善社会保障体系，提升居民生活水平。以生态文明建设为区域特色，加快打造生态文明建设品牌。

1. 以重点工作为抓手的社会治理体系不断完善

改革开放以来，延庆区经济社会实现了快速发展，人口不断聚集（见图2），社会治理难度不断加大。为更好地与北京市社会建设接轨，延庆区以促进发展为主题，以探索创新为动力，以提升服务水平为根本，有效提升了社会服务水平和社会治理能力，社会治理体系不断完善。以网格化体系建设为引领，扎实推进“三网”融合工作，促进社会治理精准化、协同化。以推进物业改革为抓手，完善小区绿化、公共设施和物业服务，积极探索解决居民关心的重点难点问题，促进全区物业服务水平整体提高，建设宜居社区。以落实政府折子工程为重点，扎实做好社区用房规范化建设，完成社区建设各项工作任务，夯实社区服务基础，提高基层服务能力。以培育扶持社会组织为导向，加强对社会力量的服务和管理，推动“枢纽型”社会组织规范化建设，培育和扶持各类社会组织发展，激发社会组织活力。以职业化、专业化发展为导向，全面加强社区工作者队伍建设，强化业务培训，积极拓展专业社工服务社区的实践渠道，提高社会工作职业化、专业化水平。以创新社会动员和志愿服务活动方式为重点，加强制度建设，加强对志愿服务活动的引导培育，打造志愿服务品牌，促进社会领域志愿服务不断发展。以区域化党建工作为引领，发挥党组织在社会领域的引导作用，有效推进“两新”组织党建工作，全面强化社会领域党建工作，为社会建设提供政治保障。

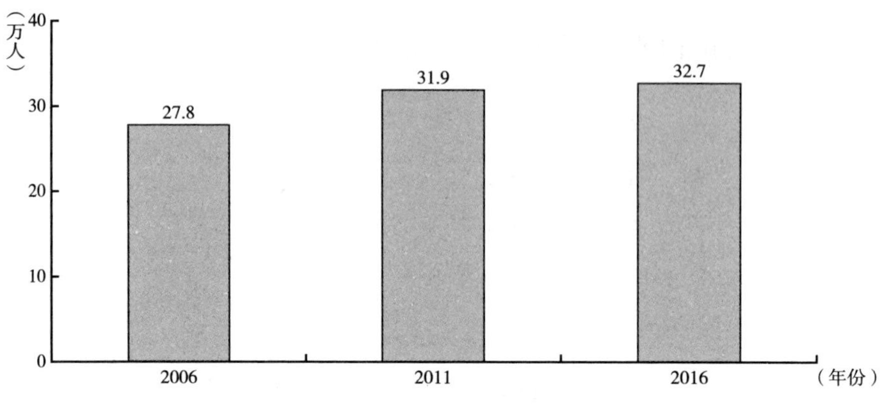

图 2 历年延庆区常住人口变化

资料来源：北京市延庆区统计局，《延庆区 2006~2016 年国民经济与社会发展统计公报》，北京市延庆区网站，2017 年 11 月 1 日。

2. 以民生实事为抓手的社会服务体系更加完善

延庆区以民生为导向，全力保障和改善民生，集中力量办成一系列民生实事。教育、卫生、科技、文化、体育、民政等公共服务设施不断完善（见表 1），与中心城区优质公共服务资源的对接进一步加强，公共服务能力和质量得到明显提升。高考本科上线率、录取率连续多年超过全市平均水平，县医院改扩建一期工程竣工并投入使用，北京中医医院延庆分院正式挂牌，群众文化组织员队伍建设管理模式成为文化部推广项目。新农合为农民报销的医药费不断增加，惠及的困难家庭范围不断扩大。

表 1 历年延庆区社会事业建设情况比较

指标 \ 年份	2006	2011	2016
专利申请受理量（件）	—	—	76
基础教育学校数（所）	—	67	50
基础教育在校生数（人）	35141	27527	22652

续表

指标　　　　年份	2006	2011	2016
公共图书馆个数（个）	—	1	1
文化馆（站）个数（个）	—	1	1
区级以上文物保护单位（处）	—	146	127
每千常住人口医院床位数（张）	—	3.3	3.1
每千常住人口拥有职业（助理）医师（人）	—	2.7	3.2
每千常住人口拥有注册护士（人）	—	2.2	2.8
体育场馆数量（个）	—	2	4

资料来源：北京市延庆区统计局，《延庆区 2006~2016 年国民经济与社会发展统计公报》，北京市延庆区网站，2017 年 11 月 1 日。

3. 居民生活水平和社会保障水平不断提升

改革开放以来，延庆区的经济社会得到了快速发展，社会保障体系逐步完善，居民生活水平不断提升。一方面，社会保险和社会救助等社会保障体系更加完善。延庆区设立了救助后再救助模式的社会爱心专项基金，城乡居民生活品质明显提高。就业保障水平不断提升，城镇登记失业率控制在 4% 以内。另一方面，城乡居民收入增长与经济发展基本同步，人民生活品质不断提高。城乡居民收入水平不断提升，城镇居民人均可支配收入从 2006 年的 16702.6 元增加到 2016 年的 38442.0 元，农村居民人均纯收入从 2006 年的 7619.1 元增加到 2016 年的 19588.0 元。其中，低收入村户增收成效显著，低收入农户人均收入增速连续五年超过全区农户平均增速。城乡居民消费支出平稳增长，城镇居民人均消费性支出从 2006 年的 10505.5 元增加到 2016 年的 24809.0 元，农村居民人均生活消费支出从 2006 年的 4668.9 元增加到 2016 年的 14500.0 元（见表 2）。

表 2 历年延庆区居民生活情况比较

指标＼年份	2006	2011	2016
城镇居民人均可支配收入（元）	16702.6	26080.0	38442.0
城镇居民人均消费性支出（元）	10505.5	14756.0	24809.0
城镇居民恩格尔系数（%）	29.9	33.6	23.0
城镇居民人均居住面积（平方米）	22.9	34.0	35.1
农村居民人均纯收入（元）	7619.1	12761.0	19588.0
农村居民人均生活消费支出（元）	4668.9	8135.0	14500.0
农村居民恩格尔系数（%）	33.3	35.1	28.1
农村居民人均居住面积（平方米）	29.0	33.3	38.6
公路里程（公里）	—	—	1906.9
绿化覆盖率（%）	49.6	63.8	64.4

资料来源：北京市延庆区统计局，《延庆区 2006~2016 年国民经济与社会发展统计公报》，北京市延庆区网站，2017 年 11 月 1 日。

4. 生态文明建设全面加强

从 2000 年成为“国家生态示范区”开始，延庆区坚持“绿水青山就是金山银山”的理念，持续加强生态环境建设，成为全国首批生态文明先行示范区。2016 年，延庆区全年新增造林 9000 亩，林木抚育 22.1 万亩，森林覆盖率达到 58.4%，绿化覆盖率 64.4%，林木绿化率 71.0%，细颗粒物（PM2.5）浓度全市最低，为 60.4 微克 / 立方米，可吸入颗粒物（PM10）浓度为 74.2 微克 / 立方米。这表明延庆区平原造林、京津风沙源治理等绿化工程成效显著，并获得“国家水土保持生态文明县”称号。同时，延庆区全力推进实施清洁空气行动计划，PM2.5 年均浓度、主要大气污染物排放量持续下降，空气质量继续保持全市领先。

三 从重点事件看改革开放以来延庆区社会建设的特点

延庆区地处北京西北部，社会建设与城区相比起步较晚、发展较缓，主要发展于奥运会筹办之后。在此时期，延庆确立了以生态文明建设为引领的发展基调，并快速发展文体事业。县委社会工委和县社会办成立之后，延庆以部门为统筹，从构建社会建设整体框架着手，完善整体工作体系。县改区后，延庆以对接市级水平为重点工作，加快推进社会建设，不断提升社会建设水平。

（一）国家生态示范区建设确立了延庆区以生态文明建设为引领的发展基调

2000 年，延庆获得“国家生态示范区”称号。从此，延庆区开始以生态文明建设为引领，全面推进社会建设的快速发展。2006 年，获得首批“国家园林县城”和“全国绿化模范县”称号;“十二五”时期，获得“国家水土保持生态文明县”称号，并成为全国首批生态文明先行示范区。延庆区以生态文明建设为引领的发展基调，与《北京城市总体规划（2016 年—2035 年）》提出的建设生态涵养区的任务目标一致，为生态文明示范区建设奠定了重要基础。

（二）奥运会的筹办促进了延庆区社会建设的快速发展

筹办奥运会，对于北京市来说，是与世界级城市发展水平接轨的一次重要契机。对于延庆区来说，是推动经济社会各领域快速发展的一次重要机遇。在此过程中，延庆区紧抓奥运主题，发挥区域特色，重点发展与奥运密切相关的文体事业、志愿服务事业，并取得了长足发展。同时，延庆区的社会建设水平也得到了快速提升，在生态文明建设、环境治理等方面获得了多个荣誉称号，社会服务体系与社会治理体系不断完善，为形成具有延庆特色的社会建设格局奠定了重要基础。

（三）统筹领导部门的成立促进了延庆区社会建设的系统化发展

2009 年，延庆县委社会工委、县社会办正式成立，这标志着延庆区社会建设进入了部门统筹领导的发展新阶段。2011 年，延庆县出台《延庆县加强社会建设实施意见》，对全县社会建设工作进行整体部署，内容涵盖社会治理、社会服务、社会领域党建、社会组织发展、社工队伍建设、志愿服务发展等各个方面。随后，延庆区在各个领域出台了一系列文件加快推进社会建设，如《关于推进网格化社会服务管理工作意见》《延庆县推进六型社区建设工作方案》《关于推进延庆县“枢纽型”社会组织规范化建设的实施方案》《延庆区关于进一步规范社区工作者工资待遇的实施办法》《延庆区关于进一步加强区域化党建工作的意见》。

（四）县改区促进延庆区社会建设与市级水平接轨

2015 年，经国务院批准，撤销延庆县，设立延庆区。县改区代表其人口密度、经济社会发展水平、城镇集聚的人口达到城市化的标准，尤其是非农业人口达到城市化的标准，并且各项经济总量指标达到城市化的程度。同时，县改区也为延庆区加快城市建设、承接中心城区部分功能提供了重要条件。在京津冀协同发展的大背景下，延庆地处北京与河北交界，要更好地发挥功能承接与协同发展的节点作用，服务好首都发展与京津冀协同发展。

四　关于延庆区社会建设未来发展重点的思考

《北京城市总体规划（2016 年—2035 年）》明确了延庆区的重要目标和任务。对于延庆区来说，社会建设要结合区域特色，围绕生态文明示范区建设的发展主线，对接北京市社会建设标准与要求，按照坚守底线、突出重点、完善制度、引导预期的基本思路，从提升就业质量、加强社会保障、发展社会事业、创新社会治理等四个方面着手，全方位提升区域社会建设水平，让发展成果更多、更公平、更实在地惠及广大人民群众，全面建成小康社会。

（一）全面提升就业水平，改善人民生活质量

就业水平与居民生活水平密切相关。延庆区在促进就业的过程中，要从

拓宽渠道、加强培训、政策保障等三个方面着手，不断提升居民就业水平，进而提升居民生活水平。

以发展绿色经济为引领，积极拓宽就业渠道。通过优化产业结构、积极鼓励大众创业就业、深化公共就业服务等，努力拓宽就业渠道。鼓励以商贸、休闲农业、旅游服务、“互联网+”等多种形式自主创业，带动更多人实现就业。搭建创业服务平台，开展创业培训，为创业者提供服务。健全绿色就业富民的促进机制，鼓励用人单位积极招用农民就业，提高农民单位就业比例，推进绿色生态就业企业化、员工化。推进政府购买公共就业服务，继续发挥公益性安置的重要作用，加强困难群体就业援助，全面提高城乡劳动力就业的保障程度和稳定性。

统筹多方力量参与，加强职业技能培训。加强职业技能培训平台建设，增加资金投入，支持培训机构加强师资队伍、培训工种和培训场地建设，鼓励企业与培训机构合作，增强职业技能培训能力。依托职业技术学校等培训机构，面向新增劳动力、城镇失业人员、高校毕业生等群体，开展各类职业技能培训，提升可持续就业能力。围绕世园会、冬奥会等重大活动，着重培养办会志愿者、世园小使者、园艺产业工人、园艺师。组织行业主管部门开展岗位练兵和技能比武等职业技能大赛，以赛促训。推进延庆职工素质建设工程，建立首席员工、首席技师制度，大力开展“职工创新工作室”“首席技师工作室”创建工作，培养高素质、高技能人才。

持续扩大政策覆盖面，完善就业政策保障体系。建立城乡一体的就业管理和综合服务体系，将社区公益性政策向社会公益性政策全面延伸，逐步扩大农村就业困难劳动力安置试点范围，全面提高农民就业的保障程度和稳定性。研究制定稳定就业政策，确保就业人员的长期稳定就业。加强劳动执法，健全劳动人事争议处理机制，做好对劳务派遣的监管，强化矛盾纠纷的源头预防和应急处置机制，加大对劳动保障违法行为的打击力度，切实维护劳动者合法权益，建立稳定和谐的劳动关系，促进劳动者体面就业。

（二）完善社会保障体系，强化民生服务功能

社会保障体系具有民生托底的功能。延庆区在加强社会保障的过程中，要从居民最关心、最需要的问题着手，建立健全覆盖城乡的保障制度体系，不断提升社会保障水平。

以扩大覆盖范围为重点，提升社会保障水平。不断完善各项社会保障制度，扩大覆盖范围，落实全民参保登记计划，实现法定人员全覆盖。稳妥推进机关事业单位养老保险制度改革。建立统一的城乡居民医疗保险制度，探索建立长期护理保险制度，完善生育保险政策。完善失业保险和工伤保险制度，大力开展工伤预防和职业康复工作。健全公共财政对社会保障的投入机制，稳步提高社会保障标准。加强社会保障公共服务平台规范化、人性化、智能化建设，完善经办服务体系，优化经办模式，提升社会保障经办管理服务效能。

以服务民生为导向，完善民生保障体系。强化政府兜底保障职能，健全基本民生保障制度。统筹社会救助、社会福利与慈善事业发展，完善爱心基金筹集机制，健全全方位、多层次的城乡社会救助体系，实现社会福利制度向适度普惠型转变。保障老人、妇女、儿童、残疾人等特殊人群的合法权益，加强残障人员社会保障和服务体系建设。构建以医疗保险为主体、医疗救助为支撑、公益慈善为补充的综合保障体系，缓解因病致贫和因病返贫问题。实现特困人员供养城乡统筹，保障困难群众基本生活需求。完善优抚安置保障体系，健全优待抚恤标准动态增长机制。

以群众最关注的问题为导向，持续实施安居工程。一方面，加大公共租赁住房、共有产权房屋的开发建设力度，进一步保障居民住房需求；另一方面，加强房地产监管与调控，积极响应中央号召，确保“房子是用来住的，不是用来炒的”。同时，要处理好拆迁安置、山区搬迁等重点工作，不断改善居民住房条件。

（三）引导多元力量参与，加快发展社会事业

社会事业涵盖了教、文、卫、体、养老等诸多方面，单凭政府力量难以

完全承担。因此，延庆区在发展社会事业的过程中，要以多元参与为重点，推进社会事业管办分离，创新基本公共服务供给方式，加大政府和社会资本合作力度，实现社会公共服务水平新提升。

以优质、均衡、开放、特色为目标，深化教育改革，优化空间布局，促进教育公平与质量提升。加强资源均衡配置，实现学前教育普及发展、义务教育优质均衡发展、高中教育多样发展、职成教育品牌发展。实施全方位开放办学战略，支持社会力量办学。完善终身教育体系，满足受教育者多样化和多层次教育需求。在城区及部分农村地区新建、改扩建一批幼儿园和义务教育阶段学校，保障适龄儿童少年就近接受良好教育。加强干部教师队伍建设，提升教育教学质量。积极开发特色地方教材，在青少年中全面普及世园知识、校园足球和冰雪运动。提高教育信息化水平，以教育信息化促进教育现代化。

深入推动健康城市建设，持续深化医药卫生体制改革，完善公共卫生服务体系。完成区中医医院、精神卫生保健院新建和妇幼保健院改扩建工程，区医院和区中医医院达到三级甲等医院水平。促进分级诊疗，完善异地就医服务政策，不断提高全区居民主要健康指标和服务保障大事能力。完善社区卫生服务体系，新建一批社区卫生服务站或村卫生室，实现“30 分钟就医圈”的全覆盖。加强急救体系建设，适时增设区急救站点。强化预警监测和应急保障，提高突发公共卫生事件的应对能力。

大力弘扬社会核心价值观，争创首都公共文化服务示范区，保障人民群众基本文化权益，广泛提升群众文化素养和文明素质。加强基层公共文化服务标准化建设，加强基层公共文化服务均等化建设，建立健全政府购买公共文化服务机制，培育非营利组织，开展志愿服务，开拓服务社会化新途径。实施图书馆、文化馆、博物馆数字化工程，建设公共文化数字化、网络化服务平台。

完善全民健身公共服务体系，加快体育事业多元发展。加快推进体育中心和城镇社区“15 分钟健身圈”和健身步道等基础设施建设。积极培育发展各级各类单项协会，扶持壮大基层体育健身组织。通过政府购买服务等方式，引导社会组织和社会力量开展全民健身活动。鼓励并支持建设全民示范街道和体育特色乡镇。加强体育后备人才培养组织建设，争取竞技体育成绩及后备人才培养有所突破。

积极发展老龄服务事业，探索形成专业化运营的社会养老服务新模式，推动养老事业科学发展。鼓励养老机构向居家和社区延伸养老服务，培育发展为老服务的社会组织网络体系。加快推进居家和社区养老服务设施建设，积极推动村级养老工程建设，提升基层养老设施服务保障能力。有序推进养老机构公办民营。完善政府托底保障老人入住养老机构的评估机制，加强对有限公共资源的高效、合理、公平、公正配置。做好医养结合改革试点工作，促进医保资格、医疗资源逐步进入养老机构。

（四）深化社会治理创新，构建共建共享格局

社会治理创新是当前延庆区对接北京市建设标准，提升社会建设水平的重要途径。在推进社会治理创新的过程中，延庆区要完善社会治理结构，推进社会治理精细化，构建全民共享的社会治理格局，为举办绿色发展大事营造安定、和谐的社会环境。同时，还要注重围绕“疏解整治促提升”的工作任务，加大疏解力度，提升服务水平。

以多元参与为导向，完善社会治理结构。拓宽共同治理的渠道。完善“枢纽型”社会组织服务管理体系，积极培育、引导和规范社会组织依法有序参与社会治理。完善社区治理体系，推行“参与式协商”民主自治模式，强化社区自治和服务功能。创新社会矛盾预防和化解机制，进一步健全重大决策社会稳定风险评估机制，从源头上最大限度地预防和化解社会矛盾。以确保公共安全、提升群众安全感和满意度为目标，完善社会矛盾排查预警和调处化解综合机制，着重加强全社会面、重点行业、乡镇（街道）和村（社区）等治安防控网建设。

以精细化为导向，提升城市管理水平。一方面，要完善城市管理的领导体系，加强城市管理部门与其他职能部门之间的协同合作，构建“大城管”工作体系。另一方面，要以网格化建设为重点，加快推进社会服务、城市管

理、社会治安“三网”融合，实现区域网格全覆盖，为推进精细化管理构建网格基础。同时，要以多元共治为导向，充分发挥社会、居民的主体作用，引导多元主体参与城市管理，形成共治共管共享的管理格局。

以人为本，加强人口服务管理。强化人口调控工作责任制，加快落实“疏解整治促提升”，充分发挥产业对人口规模控制的源头作用，依法全面加强房屋及地下空间使用管理，加大人口疏解力度。提高人口服务管理精细化水平，积极推动居住证与“北京通”的衔接融合，建设以“北京通”为基础的人口服务管理数字化平台，建立完善外来人口综合管理信息基础数据库。按照尊重意愿、自主选择、因地制宜、分步推进的原则，以全区户籍农业人口为重点，有序推进农业人口转移，有序推动一批已进城就业定居的农民工落户实现市民化。

参考文献

北京市昌平区人民政府:《昌平新城规划 2005—2020》，北京市规划和国土资源管理委员会网站，2017 年 11 月 6 日。

北京市昌平区人民政府办公室:《北京市昌平区国民经济和社会发展第十三个五年规划纲要》，首都之窗，2017 年 9 月 8 日。

北京市昌平区社会建设工作办公室:《昌平区“十三五”时期社会治理规划》，北京市昌平区社会建设办公室网站，2017 年 11 月 8 日。

北京市昌平区统计局:《昌平区 2006~2016 年统计年鉴》，昌平区统计信息网，2017 年 11 月 1 日。

北京市朝阳区发展和改革委员会:《北京市朝阳区国民经济和社会发展第十三个五年规划纲要》，首都之窗，2016 年 4 月 21 日。

北京市朝阳区发展和改革委员会:《朝阳区“十二五”时期社会建设规划》，首都之窗，2011 年 12 月 2 日。

北京市朝阳区发展和改革委员会:《朝阳区“十三五”时期社会治理发展规划》，首都之窗，2016 年 11 月 24 日。

北京市朝阳区发展和改革委员会:《朝阳区“一廊”地区“五大提升工程”建设取得新进展》，首都之窗，2016 年 9 月 7 日。

北京市大兴区人民政府办公室:《北京市大兴区国民经济和社会发展第十三个五年规划纲要》，首都之窗，2017 年 9 月 8 日。

北京市大兴区社会建设工作办公室:《北京市大兴区和北京经济技术开发区“十三五”时期社会治理规划》，首都之窗，2016 年 8 月。

北京市大兴区统计局:《大兴区 2006~2016 年统计年鉴》，大兴区统计信息网，2017 年 11 月 1 日。

北京市东城区人民政府:《北京市东城区国民经济和社会发展第十三个五年规划纲要》，数字东城网站，2016 年 1 月 6 日。

北京市东城区统计局:《东城区 2000~2015 年统计公报》，东城区统计局网站，2017 年 11 月 1 日。

北京市发展和改革委员会:《未来的“新北京富有活力的地区”——〈促进城市南部地区加快发展行动计划〉解读》,《前线》2009 年第 12 期。

北京市房山区发展和改革委员会:《房山区“十三五”规划纲要内容解读》，北京市房山区发展和改革委员会网站，2016 年 11 月 25 日。

北京市房山区人民政府:《房山新城规划 2005—2020》，北京市规划和国土资源管理委员会网站，2017 年 11 月 6 日。

北京市房山区统计局:《房山区 2006~2016 年统计年鉴》，房山区统计信息网，2017 年 11 月 1 日。

北京市丰台区发展和改革委员会:《北京市丰台区国民经济和社会发展第十三个五年规划纲要》，2016 年 11 月。

北京市丰台区发展和改革委员会:《丰台区“十三五”时期城乡一体化发展规划》，2016 年 11 月。

北京市丰台区发展和改革委员会:《丰台区“十三五”时期民政事业发展规划》，2016 年 11 月。

北京市规划和国土资源管理委员会（城乡规划）:《北京城市总体规划（2004 年—2020 年）》，首都之窗，2006 年 8 月 6 日。

北京市规划和国土资源管理委员会:《北京城市总体规划（2016 年—2035 年）》，首都之窗，2017 年 9 月 29 日。

北京市海淀区人民政府:《北京市海淀区“十三五”时期基本公共服务体系建

设规划》，2017 年 3 月。

北京市海淀区人民政府:《北京市海淀区国民经济和社会发展第十三个五年规划纲要》，2016 年 1 月。

北京市海淀区统计局:《海淀区 2009~2016 年统计年鉴》，海淀区统计信息网，2017 年 12 月 1 日。

北京市怀柔区发展和改革委员会:《北京市怀柔区“十三五”时期社会治理规划》，2016 年 7 月。

北京市怀柔区发展和改革委员会:《国民经济和社会发展第十三个五年规划纲要》，2016 年 1 月。

北京市怀柔区统计局:《怀柔区 2009~2016 年统计年鉴》，怀柔区统计信息网，2017 年 12 月 20 日。

北京市门头沟区人民政府:《门头沟区公共服务与社会治理标准化建设规划（2016—2020 年）》，2016 年 12 月 5 日。

《北京市门头沟区社会领域全域党建模式的实践探索》，北京社会建设网，2016 年 12 月 30 日。

北京市门头沟区统计局:《门头沟区 2006~2016 年统计年鉴》，门头沟区统计信息网，2017 年 11 月 1 日。

北京市密云区人民政府:《北京市密云区国民经济和社会发展第十三个五年规划纲要》，2015 年 12 月。

北京市密云区统计局:《密云区 2006~2016 年国民经济与社会发展统计公报》，北京市密云区网站，2017 年 11 月 1 日。

北京市平谷区统计局:《平谷区 2006~2016 年统计年鉴》，平谷区统计信息网，2017 年 11 月 1 日。

北京市社会建设工作办公室:《中共北京市委 北京市人民政府关于深化北京市社会治理体制改革的意见》，北京社会建设网，2015 年 8 月 15 日。

北京市石景山区发展和改革委员会:《北京市石景山区国民经济和社会发展第十二个五年规划纲要》，2011 年 3 月。

北京市石景山区发展和改革委员会:《国民经济和社会发展第十三个五年规划纲要》，2016 年 9 月。

北京市石景山区发展和改革委员会:《石景山区“十三五”时期“智慧石景山”建设发展规划》，2016 年 9 月。

北京市石景山区发展和改革委员会:《石景山区“十三五”时期城市基础设施建设规划》，2016 年 9 月。

北京市石景山区发展和改革委员会:《石景山区“十三五”时期高端的城市规划体系建设规划》，2016 年 5 月。

北京市石景山区发展和改革委员会:《石景山区“十三五”时期高端的城市运行管理规划》，2016 年 9 月。

北京市石景山区发展和改革委员会:《石景山区“十三五”时期构建高端的城市建设体系规划》，2016 年 8 月。

北京市石景山区发展和改革委员会:《石景山区“十三五”时期构建高端的民生保障体系建设规划》，2016 年 9 月。

北京市石景山区发展和改革委员会:《石景山区“十三五”时期构建高端的社会治理体系建设规划》，2016 年 9 月。

北京市石景山区统计局:《石景山区 2009~2016 年统计年鉴》，石景山区统计信息网，2017 年 12 月 12 日。

北京市顺义区统计局:《顺义区 2005~2015 年统计公报》，顺义区统计局官网，2017 年 12 月 25 日。

北京市通州区统计局:《通州区 2006~2016 年统计年鉴》，通州区统计信息网，2017 年 11 月 1 日。

北京市统计局:《北京统计年鉴 2016》，中国统计出版社，2016。

北京市西城区统计局:《西城区 2006~2016 年统计年鉴》，西城区统计信息网，2017 年 11 月 1 日。

北京市延庆区人民政府:《北京市延庆区国民经济和社会发展第十三个五年规划纲要》，北京市延庆区人民政府网站，2016 年 6 月 30 日。

北京市延庆区统计局:《延庆区 2006~2016 年国民经济与社会发展统计公报》，北京市延庆区网站，2017 年 11 月 1 日。

蔡奇:《核心区不是简单的东城加西城的概念》,《北京青年报》2017 年 9 月 5 日。

《党代会报告解读之二：建设国际一流的和谐宜居之都》,《北京日报》，首都之窗，2017 年 6 月 21 日。

丁晓辰:《我区落实〈北京城市总体规划（2016 年—2035 年）〉解读》，首都之窗，2017 年 10 月 16 日。

《东城区迅速学习贯彻北京市城市总体规划实施动员和部署会议精神》，数字东城，2017 年 9 月 29 日。

冯长水:《科教兴昌——十年磨一剑》,《前线》1999 年第 8 期。

郭金龙:《要始终坚持生态涵养区功能定位》，人民网，2015 年 10 月 23 日。

国务院:《全国主体功能区规划》，国务院办公厅网站，2010 年 12 月 21 日。

海淀区委社会工委、区社会办:《2015 年海淀区社会建设与社会治理工作总结与分析报告》，2015 年。

洪大用:《中国社会建设三十年：成就与问题》,《学习与实践》2008 年 8 期。

李光明:《关于北京市房山区 2016 年国民经济和社会发展计划执行情况与 2017 年计划草案的报告》，北京市房山区发展和改革委员会网站，2016 年 12 月 29 日。

李凰:《京津冀一体化视角下的朝阳区功能定位和实现路径——从功能优化与疏解的角度》，对外经济贸易大学硕士学位论文，2015。

李梦云:《中国社会建设的基本历程与未来发展》,《学术探索》2015 年 8 期。

李晓壮:《北京社会阶层结构的变迁及优化》,《北京社会科学》2016 年第 3 期。

陆学艺:《北京社会建设 60 年》，科学出版社，2008。

马楠、赵晨蕊:《绿色高端产业体系助力密云发展》,《京郊日报》2015 年 12 月 23 日。

密云区宣传部:《把学习宣传贯彻十九大精神同做好当前各项工作紧密结合》，北京市密云区网站，2017 年 11 月 6 日。

《区委书记张家明在全区领导干部大会上强调：迅速掀起学习宣传贯彻十九大精神热潮 展现核心区新气象 实现新时代新作为》,《新东城报》2017 年 10 月 29 日。

任海:《2008 年奥运会及其社会影响》,《体育科学》2008 年第 9 期。

尚秋谨:《城市基层社会事业的问题与对策研究——以北京市西城区为例》，《社科纵横》2014 年第 2 期。

顺义区发展和改革委员会:《顺义区“十三五”时期社会治理规划》，2016 年 5 月。

《顺义区推进社区共驻共建工作健全社区工作运行机制》，北京社会建设网，http：//www.bjshjs.gov.cn/412/2011/09/13/66%406801.htm，2018 年 1 月 2 日。

宋贵伦:《要深刻认识加强社会建设的本质要求》，怀柔区社会建设网，http：//hrshjs.bjhr.gov.cn/hrshjsw/xxgk/jjxw/431104/index.html，2017 年 12 月 20 日。

孙晓胜:《北京行政区划调整：西城宣武合并东城崇文合并》，新华网，2010 年 7 月 1 日。

通州区人民政府:《通州区国民经济和社会发展第十三个五年规划纲要》，北京市通州区发展和改革委员会网站，2016 年 2 月 18 日。

王学武:《北京市顺义区社会建设发展报告（2017）》，社会科学文献出版社，2017。

习近平:《中国共产党十九大报告》，新华网，2017 年 10 月 18 日。

肖明、白姣霞:《北京密云、密云撤县设区 重新规划功能》,《21 世纪经济报道》2015 年 11 月 16 日。

延庆区广电中心:《区委常委会召开扩大会议传达学习北京城市总体规划实施动员部署大会精神》，首都之窗，2017 年 9 月 29 日。

赵环环、许亢:《学习贯彻十九届中央政治局会议精神 区委常委会召开第 38 次会议》,《昌平报》2017 年 11 月 3 日。

中共北京市顺义区委、区政府:《关于推进网格化社会服务管理体系建设的意见》，2012 年 11 月。

《中共中央关于全面深化改革若干重大问题的决定（全文）》，新华网，2013 年 11 月 15 日。

图书在版编目(CIP)数据

北京市社会建设：1978-2018 / 连玉明主编. -- 北京：社会科学文献出版社，2019.4
（改革开放研究丛书）
ISBN 978-7-5201-3941-0

Ⅰ. ①北… Ⅱ. ①连… Ⅲ. ①社会发展－概况－北京－1978-2018 Ⅳ. ①D671

中国版本图书馆CIP数据核字（2018）第265037号

·改革开放研究丛书·
北京市社会建设（1978~2018）

丛书主编 / 蔡　昉　李培林　谢寿光
主　　编 / 连玉明

出 版 人 / 谢寿光
责任编辑 / 张　媛

出　　版 / 社会科学文献出版社　皮书出版分社（010）59367127
地址：北京市北三环中路甲29号院华龙大厦　邮编：100029
网址：www.ssap.com.cn
发　　行 / 市场营销中心（010）59367081　59367083
印　　装 / 三河市东方印刷有限公司

规　　格 / 开　本：787mm×1092mm 1/16
印　张：22.75　字　数：313千字
版　　次 / 2019年4月第1版　2019年4月第1次印刷
书　　号 / ISBN 978-7-5201-3941-0
定　　价 / 98.00元

本书如有印装质量问题，请与读者服务中心（010-59367028）联系